我播種黃金

唐諾

目次

前言

只一根手指頭力量的書

之前，理想國出版社的朋友，三番兩次到台北來要我也做音頻，梁文道帶頭，能來的都來，鄭重到我都得當義務了。當然，最終我仍沒點頭，我依然相信這會是災難，對出版社，也對我。因此我得證明，一次解決以絕後患，而且這也是一種禮貌。

證明的方式是，我完全依照他們基本的長度規格來寫——每文分兩段（兩集），每段四千字。如此，他們很輕易就會看出來，我寫的完全是文字，幾乎無法唸出來，硬唸出來也幾乎沒人聽得下去，除非出版社訴求的是不幸有失眠困擾的人。

文字老早不是語言的紀錄了，文字單獨前行單獨工作已很久了。

我猜想，依這個可能很不舒服的規格來寫應該也有好處。我愈寫愈能體認出形式的意義，形式的限制同時也必定是「限定」，一個有限空間，人（暫時）把全部心神集中於此，讓書寫專注不亂跑，形成焦點，形成局部優勢的稠密性。如此，六個月、一年、兩年挺下來，猜猜會發生什麼事？

書寫者要幾近無限大的自由，卻又一次又一次把自己關起來，關入各式各樣的自製監牢裡（或柔軟點，賈西亞．馬奎茲說的「孤島」）。別說，還真有不少好作品是坐了牢才寫出來的，像是塞萬提斯、王爾德、蘿莎．盧森堡，以及周文王的《易經》關鍵一步。此外，像《一千零一夜》如夜間死囚的山魯佐德算不算？《往事追憶錄》拉上窗帘的普魯斯特又算不算？但這麼想下去我們很快就得到一座大圖書館了。

然而，此番真正觸動我的是，我已知道，每一書寫形式都是一種特殊的捕捉方式，抓那些合適它的、通常尺寸可以更小的東西，如特定的魚鉤釣特定的魚。我知道自己已來到書寫的「末端」時日了，書寫不再理所當然，遑論如蘇軾所說那種自然的湧現，我得學著使用各種形式如拆解開自己，才有機會觸及過去一直寫不到的、抓不起來的那些東西。

所以，我的設想一是，用4000×2字來寫，就不可能如過往那樣流水般進行，尤其碰到難解處不知不覺走安全的、已成習慣的老路。形式限制會打斷此一任性，其大前提必定是，不可能犧牲品質甚至不可以減少內容量（否則還不如老老實實活著別寫），也就是用八千字設法寫到過去也許兩萬字才寫得到的，不是刪節，那就得改變思索路徑，不仰賴第一感（第一感點美妙但總是蕪雜的），這一定會讓我寫得比較痛苦，但奇怪我也有一點點雀躍之感。

我的設想之二倒過來是，我已經開始期待了，這本書寫到哪裡時，我會像掙開腳鐐手銬的痛快丟開此一字數限縮，我估計得至少寫完半本之後，等這一（稍稍）不同過往的寫法已成立已穩固下來之後，屆時，字數限制就單純只是妨礙了，怎麼可以讓形式真妨礙內容呢？

果不其然，在寫到三島的《豐饒之海》四部曲時，我已感覺這一形式限制開始鬆動了，我仍不聲張的小心翼翼前行，彷彿唯恐它熄滅的輕輕握著這個新的自由，最後這半年左右的書寫，的確是我多年來很難有的書寫享受時日。

「人總是不停的犯錯，而他只記得當時天空的湛藍。」

本書的內容是一紙書單，順時間之流隨機取於這段瘟疫日子裡我自己的閱讀（想想也許應該加進薄伽丘的《十日譚》），只除了《寬容》一書是我預先設定，原本就打算拿它當全書結語，我對現實世界仍有感覺仍會生氣。不同以往的是，這次，我想寫一本只有一根手指頭力量的書。

「只有一根手指頭力量的書」，我的意思是——

在如今這個閱讀式微的時日，多少身為一個書籍的「擺渡人」（我從年輕作家蔣亞妮那裡學到這個不錯的詞，我多想，此河必是時間大河，逝者如斯不舍晝夜），愈來愈吸引我的是那些猶斷斷續續讀著書的人；尤其，我仍偶爾會看到誰提起某一本已罕為人知如不曾有過的美妙之書，我竟生出莫名其妙的受寵若驚之感（儘管毫無立場）。我曉得我所餘不多的能耐和時間應該集中於這些同類之人身上。

日文漢字「背中押」，說的是在人背後推他一把。如今，閱讀再沒那麼容易持續，因為生活裡總有太多事發生。只是，這些「太多事」不見得是必要的，我以我接近完整一生的生命經驗指證，很多我們當下以為急迫如索命的事，其實半點不急，甚或不理都行。閱讀的善念稍縱即逝，這個時點，我總想，如果有人恰好在他背後推一下，輕輕的，只一根指頭的，也許那一刻他就真坐下來了。

古道照顏色。

多年來，我早已放棄此事，那就是，「寫本書來勸說那些從不讀書的人開始讀書」。我自己只（會）

使用文字，因此於我是悖論。

如今很可能得把說話對象再縮小範圍一次，八千字的限制讓此一必要更水落石出——我得略去一些基本介紹，假設人們多少知道這些書和這些書寫者，假設人們甚至讀此書不止一回，否則我們會難以多說下去多想下去，我們一直困在開頭原地打轉。

我始終記住，文字是很後來才發明的，在人們已熟練說話幾百萬年後。比諸語言，文字無疑相當程度的不生動、不栩栩如生，放棄掉大部分的音樂力量（語言最大的說服力或許不來自析理，而是音樂，其聲音其節奏其表情如同心跳逐漸合一的效應；音樂與語言同在、一樣早出文字數百萬年），如此代價，文字總得做成某些語言做不了的事才算值得才算完滿，否則要它何用？

文字得設法走遠，走到語言消散所走不到的遠處。向前思索的遠處，向後記憶的遠處，以及，所有事物內部極精緻的遠處。

如今，昆德拉所說的「沒有遠方」，和文字的日衰是同一件事。

來說維吉爾，但丁的引路人，他的《埃涅阿斯記》，這部史詩站在時間大河上一個很特別的點，那就是，史詩不復是人們無意識的、代代口語流傳而成，而是一個人從頭到尾孤獨的書寫；是文字了，而非語言。

於此，波赫士有一番極精采的實例說明，我一直想找機會複述給更多人看——

「維吉爾不說亞該亞人乘夜的間隙進入特洛伊城，而說利用月光的友好靜謐；不說特洛伊城被摧毀，而說『特洛伊城已然逝去』；不說命運多舛，而說『諸神對命運作了不同考慮』。為了表達我們今天所謂的泛神論，他給我們留下這樣的句子：『朱比特存在於萬物中』。維吉爾沒有譴責人好戰的瘋狂，說那是『對鐵的鍾情』。他不說埃涅阿斯和女預言家『穿過陰影，孤零零走在幽黯的夜晚』，而寫成『穿過陰影，幽黯的走在孤零零的夜晚』。」

本書書名，幾經折騰，最終定為「我播種黃金」，借自夏多布里昂家族的族徽銘文，沒有自豪，只是希望。

《我們在哈瓦那的人》．葛林

為什麼讀《我們在哈瓦那的人》？很多年了，我推銷葛林算不餘遺力，我以為葛林是一個很好的閱讀梯子，是一條路，由此我們可以進入到讓人有些望而生畏的現代小說世界。的確，有些小說真的不那麼容易讀，讀者得自行準備的東西不少。

其一

葛林曾把自己的小說戲分兩類，一是正經嚴肅的，另一則僅供消遣。《我們在哈瓦那的人》被葛林設定為消遣用，所以我們不必怕它。

確實，《我們在哈瓦那的人》有個很好的故事，有一路緊扣著不碎裂不半途拋棄讀者的情節進行，而且還很好笑，那種冷冷的、最知性的英式幽默——事情當然發生在古巴，革命前夕如天起涼風已有點恐怖的古巴。英國情報機構以為必須有人在當地搜集情報，遂找上在哈瓦那賣吸塵器的英籍商人伍爾摩。伍爾摩此人，鰥夫，有個很花錢又永遠懂得如何從他老爸身上掏出錢來的十七歲女兒米莉，這會兒米莉又想買一匹名瑟拉菲娜的栗色馬，所以間諜打工仔伍爾摩也就得設法從英國那邊掏更多錢，他編各種情報，並迅速吸收多名下線人員發展情報網，但這一切當然全是虛擬的，只有這樣才有更多人領錢，可申請更多津貼、旅費和獎金——這是伍爾摩和米莉的溫馨父女對話，那晚，伍爾摩又在家「發現」了一處無何有的祕密軍事基地，古巴當局似乎已研發出某種新的毀滅性武器，伍爾摩把吸塵器拆開，噴氣口、針筒、套筒管、噴嘴等等，稍稍變造一下繪成此一祕密武器的草圖，且一英吋等比放大為三英呎，「爸，你在做什麼？」「踏出我新事業的第一步，」「你打算當一個作家嗎？」「是的，充滿想像力的作家。」「那會讓你賺很多錢嗎？」「中等收入而已，米莉，而且得奮力不懈，保持進度才行。我打算每星期六下午都完成這樣一篇文章。」……「那我可不可以買一對馬刺？」

是的，在修理情報工作同時，小說家也回望了自己順便開個玩笑——自嘲，永遠是最高檔也最有教養的幽默。這英國人舉世第一、這也正是我之所以喜歡英國人、英國作品的一個極重要理由。

稍後，這紙草圖把倫敦當局所有人嚇傻了，沒人知道古巴人想幹什麼，好半天，只有一名工作人員小心翼翼的試著指出，可是這有點像個超大吸塵器不是嗎？長官憂心忡忡，這麼回答：「這正是我害怕的原因。」

於小說，朱天心有個詞叫 take off，起飛，指的是小說寫著寫著有時（託天之幸）會出現某一個點，神鬼般的奇妙一點，這一般水平的小說不會有，絕好的小說也不見得有，到這個點，小說抓到氣流陡然飛起來，瞬間拔昇到一個讓人兩眼一亮、完全不一樣的世界，這是小說最最過癮的一刻，讓人屏息，也幾乎驚叫出聲，不管是讀的人或寫它的人。

比方徐四金的《香水》，阿城口中的「奇書」，這個點出現在惡魔香水師葛奴乙一路南行抵達格拉斯城後，他開始嘗試掌握種種欺瞞人心幻惑人心的氣味。先是，一種能不引人注意的氣味，「好像厚厚一層乾癟老人身上的亞麻和全毛衣服散發出來的」，他披著這氣味如同披一件隱形衣可自由出入穿梭於市街人群中（書寫史上最棒的隱形衣）；再來，是一種濃烈的、略帶汗味的氣味，「嗅起來讓他外表顯得較粗魯，讓人以為他很趕，他有急事」；再來，是足以激起同情的氣味，讓他變身為一個穿破衣、無依無靠的臉色蒼白窮小子，這個清白無辜的氣味尤其對中老年婦女最有效，會叫喚出她們的母性，把肉和骨頭塞給他；然後，則是一種令人厭惡、讓人想躲開他的氣味，這氣味像滴了殺蟲劑，也像四面厚牆，「足以擋住入侵者，人或動物」。

至此，我們讀小說的人已完全確信一定有什麼非比尋常之事就要發生了，我相信徐四金自己也必定察覺自己已身在跑道上了。最終，葛奴乙把牛油油脂塗上了黃銅球形門把，成功的提出它的氣味，很微弱，很柔和遙遠，但確確實實是這氣味——給我一萬個這種黃銅門把吧，我一定可以製作出一小滴精純的黃銅門把高級香精來。

《百年孤寂》裡的這話：「一種即將獲得自由的無情的力量，無需看到它才去承認它。」是的，香水已不再只困於風信子、百合、水仙、木蘭云云，萬事萬物皆香水，小說起飛了，飛入一個無限大、無限可能如來不及了的未知空間，或用現代年輕人的話，飛入另一個次元——果然，葛奴乙的香水開向石頭、金屬、玻璃、空氣等無生命物體，他調製出一種微型香水，是法蘭西斯教派修道院後頭那整片橄欖樹林的完整氣味，裝在個小瓶子裡，如同帶著修道院和橄欖樹林在身上，帶著走；然後，他轉向了有生命之物，從宰殺一隻小狗開始，化為魔——

《我們在哈瓦那的人》，儘管設定於山雨欲來的歷史時刻，但小說始終一派閑適，始終好笑，尤其伍爾摩的虛擬情報網愈玩愈大，倫敦當局還派了女祕書貝翠絲來協助他（監控他），這更讓他手忙腳亂。但突然這一天，一名他編造的探員傳出死訊，跟著，他虛構的人也一個個活生生現身了。就從這一天，小說的線條整個變了，也急劇動了起來，時間滴答作響，人彷彿被某個巨大無邊的無形力量發現了、盯住了並操弄，伍爾摩得搶在更不可測、更無可挽回的事情發生之前，設法弄清楚這究竟怎麼回事、誰幹的、意欲何為；同時，他得設法自救，並保護米莉和貝翠絲，還荒唐的得保護他那一個一個無何有的手下探員，虛擬的人被殺被折磨迫害，但因此喪命的受苦的可是某個真實的無辜之人……

也正是從這一天開始，小說的色調瞬間變了，陰沉下來，而且悲傷；不再能袖手旁觀的玩笑和嘲諷，人被捲進去了，或者說人本來就一直置身其中，某處歷史漩渦，某種處境，某個無可奈何的命運，這反覆發生如影追躡，只是這下輪到加勒比海的歡快城市哈瓦那和他伍爾摩而已。

在他另一部小說《沉靜的美國人》裡，葛林這麼寫道：「人遲早要選一邊站的，如果你還想當個人的話。」

也從這一天起，伍爾摩被逼到牆角開始抖擻精神反擊了，他有他小人物游擊性的靈動、機智、隱匿性和某種可選擇戰場的局部主場優勢，比方他和警察頭子塞古拉大隊長那場攸關生死的棋局便精采極了，他們以收藏的袖珍樣品酒為棋子，這是伍爾摩的詭計，吃掉對手棋子得喝光瓶裡的酒，棋局優勢的代價是酒精逐步上頭的迷醉，因此，輸贏的消長計算變得很微妙而且危險，要算對手的棋同時得算對手的醉意——這是葛林小說，葛林的人物從不甘心簡單束手就擒，不會只抱怨和歎息，儘管他們面對的總是大小比例如此懸殊的黯黑吞噬力量；當然不可能就消滅它，但拚一下，或許有機會保護住那幾個人、那幾樣珍貴之物，那一點點價值和人性是吧。這正是葛林小說總是不斷有事發生、總是有速度的前行而且一翻再翻、總是如此稠密如此緊張的一個書寫奧義。

一個人的反擊，仔細想，這樣毅然而去的踽踽背影，像中南半島的頹廢老記者佛勒，像海地的嗜賭旅館老闆布朗，像剛果叢林痲瘋村的大建築師奎理，像獅子山國的外交官斯高比，像墨西哥被追獵的威士忌神父，幾乎是葛林小說後半場的固定風景，世界不放過他，他也不打算輕易就饒了這個世界——我自己最喜歡讀這種段落，對我這樣完全不信任集體力量、習慣單獨做事情的人，這是我很難從別處得到的安慰，以及啟示和支持。當然，人無助的被碾成齏粉，這我已經看過太多了，無需小說再加霜告訴我；但那種一個人輕輕鬆鬆擊倒一整個世界的太童話結局，只會讓我更沮喪，就像張愛玲講過的，因為得建構在這麼多不可能的條件之上，這樣子的喜劇只能是更大的悲劇。我佩服葛林不存僥倖的精密計算，你仍有一定的最後一些力量，你可拚到什麼地步可換到什麼，從而，你也得更冷靜，冷靜到冷血地步的一樣一樣自我檢查，哪些東西是絕對不可以掉的，哪些則也許還有點機會，而哪些是決計留它不住但也許可狠心用為交易籌碼云云。

由此，我也窺見了葛林的價值思索、價值選擇及其優先順序。

那一天後的《我們在哈瓦那的人》，因此機智又時時駐足沉思，既緊湊又處處悲傷不捨得。東西是一路丟的，最終，伍爾摩就連留哈瓦那都不可能了，他孑然一身，只米莉和已成他最可靠戰友兼情人的貝翠絲陪著他。朱天心和我都極喜愛這番話，伍爾摩看著這個城市如同此生最後一眼，此刻哈瓦那感覺荒涼無比，伍爾摩跟自己說，是的，一座城市，對你來說，其實就只是那幾個人、那幾條街、那幾家店，當這些都不在了，這就是個全然陌生的城市了，該離開了。

所以說葛林小說就是葛林小說，根本沒什麼嚴肅用和消遣用之別，事實上，這個自行分類他玩沒幾年就無趣放棄了。但這一原初意圖給了我們這個清晰無比的訊息——本來是想寫成一本更輕快的小說給更多人讀；或我們可粗略的如此理解，更注重故事，更講究情節，戲劇性些狗血些，不去碰太沉重的事，不講難懂的話云云。但小說書寫有太多由不得你的東西，愈精采的書寫阻止你的東西愈多，最終，如何寫下去不再是個可選擇的問題，而是個對錯的問題。尤其，你好不容易抓到個好題材，又呼之欲出的寫到了某個點，你不可能硬生生煞車或改道，你捨不得，因為這些被吞回去的好東西很可能一生只造訪這一回，無法保留給下一本書，因為它不是憑空的，它依附於就只這部小說，它鎖死在這部小說裡，你循此路走到這裡它才出現（或說存在），就像《桃花源記》的武陵捕魚人，日後他再尋不回那個奇妙的山洞。

葛林這個清晰無比的訊息也包括——做為一個二十世紀的現代小說家，葛林「逆向」的重新察看故事和情節在現代小說的當前景況和意義，甚至不惜被想成墮落的跨向通俗「實驗」。故事和情節的失落，的確是現代小說的一個「痛處」，相信我，這小說家比讀者更焦慮更受折磨。

現代小說書寫已有更多可能，但敘述仍應是主體（雷蒙·艾宏在歷史講座也這麼說，連歷史書寫的主體形式都應該是敘述），簡單講，只有敘述才能為我們保留事物最完整最稠密最實體的樣態，大地一般，各種進一步的概念性提取和思索係建立在這個基礎上頭。而敘述，恰恰好是小說最擅長的、被賦予某種書寫特權的，一部分現代小說嘗試著脫離情節脫離敘述，正是生成於、反思於這個幾百年沖積而成的厚實基礎之上、之末端，所以毋甯更像是對敘述的一種補充或者利用，而不是真正的反叛。

波赫士顯然也極在意此事，他曾在一篇談論偵探推理小說的文章這麼講，今天，偵探小說仍認真在經營故事設想情節，偵探小說「默默的在保衛著某個現代小說已漸漸失去的美德」。

其二

現代小說逐漸失去故事和情節，這是不得已的——不是失敗，而是這幾百年來的成果驚人，把原來小說能敘述、該敘述的幾乎用光了，尤其小說原生地的歐陸，大約在二十世紀初，講故事的大敘事小說就已經「觸底」了，也就是說，領頭的那一批小說家之後已整整掙扎了一百年；這也不是書寫的退卻，小說要繼續寫下去。勢必得探向更細、更深，前人所未及之處，是以現代小說逐漸脫離一般性的生命經驗，轉向特殊的、更多非實體性的描述，小說遂成為某種更專業的東西。

生產狀態如此，那材料供應呢？

根本上來說，我們曉得，故事的總數是很有限的，人高度雷同的生物樣式和生命長度、高度雷同的生活要件、高度雷同的生存考驗和應對策略云云，能凝結出來、能被講出來的故事就這麼多，神話學最宏偉最深入的研究者李維-史陀，他搜羅各個原始部落社群，告訴我們，神話故事驚人的「重複」，其實就只是為數極有限的「原型」故事的不斷重述和其輝煌變奏。從當前現況來說，現代化全球化城市化，人的生命經驗不僅趨於一致形成規格，而且往往不見頭不見尾甚至一整個碎裂開來，「轉過一個街角就從此消失不見了」，如本雅明說的這樣，沒故事沒情節，只有滿地碎片，小說進入到某個貧瘠的、荒漠化土地的時代。

從滿滿人煙話語的巷弄、走向生冷沉寂世紀大城的上海小說家王安憶曾這麼體認：「城市無故事」——或者說，再沒有完好的、可直接伸手去拿的故事了。這一景觀，安博托・艾可寫在他《玫瑰的名字》末尾，那是大火燒毀一切的多年之後，當年的見習僧埃森重返大圖書館廢墟現場，當年完整的書，如今只剩殘破且字跡模糊的羊皮紙碎片，只辨識得出一句話甚至幾個詞，但埃森依稀知道這原是哪本書（這當然是能力），為了撿拾這些斷章殘紙，埃森裝滿了好幾大口袋，還「因此丟棄了好些有用的東西」，並為自己重建了一個由碎片組成的小圖書館——埃森做的，很像當代奮力書寫的小說家，我們馬上想到的也許是寫《猶力西士》的喬哀斯。

葛林的嚴肅用和消遣用分類，如今於是形成更分明的分割——消遣用小說較不在乎此一現實處境，它不怕重複，事實上，在妝點式的求新求變表象之下，它是歡迎重複的，因為它的讀者喜歡重複。畢竟，人活在這麼一個急劇變動、處處愈陌生、事事不確定的擔驚受怕世界，重複代表安全，代表你又回到了那個熟悉的、穩定的、可以放心的世界，代表接下來發生的事保證不會嚇到你，甚至代表你會得到諸如惡人伏誅好人從此過著幸福快樂生活這樣已充分驗證過的享受。伍迪・艾倫一部頗可愛的電影，拍的便是坐在電影院裡的米婭・法蘿，外頭是一九三〇年代大蕭條風暴的悲慘世界，她一遍一遍看著同一部冒險英雄電影，直到電影裡的英雄走出銀幕，把她帶進那個無何有的華美世界去……

然而，在已碎裂的世界，重新編織有頭有尾的故事，這裡有一道微妙但確實存在的界線，越過了它，這樣編織出來的故事便和世界脫鉤了，不再能夠幫我們解釋、理解這個世界，也不「可信」，只供消遣享樂之用——所謂通俗小說，和神話、童話共有著同一個意涵，稱之為「我們不以為事情真會如此發生的故事」。

消遣用小說不懼重複，但嚴肅用小說不能這麼想，這不是規定，但卻幾乎是天條。帶著思索、探勘意圖的小說意味著你得寫出（多少）有別於過往偉大作品的東西否則你幹嘛還寫它呢？全然重複，這裡頭隱藏著一個更根柢性的書寫危機，一個小說家的共同惡夢，那就是，小說是不是寫到頭了？小說這東西是不是已用盡了它全部可能？一百年來，這個不祥聲音由遠而近，由隱晦而清晰，由細微而巨大，二流的書寫者也許聽不見，但一直纏繞著最好那一級的小說家，無關乎人高貴或自私，小說家甯願相信這只是自己的某種書寫困境，而不是小說的終結；這樣想感覺還有機會。

所以，現代小說便是在這樣進退維谷的狀態下繼續奮力前行。它再回不去、當然也不該回去那種小說等於故事的前一書寫階段，這是退步，事實上也不知今夕何夕、對不上也觸不到人當前最該探索的那一面生命處境；但是，順此簡單放棄故事和情節又讓人很難受很不安，倒不是對那些只想聽故事的人歉疚（他們滿足的形式太多了），而是，書寫是否已不知不覺步上了某道歧路？甚至荒謬，怎麼搞的小說家不再做自己擅長的、長期淬鍊的事，反而去寫、乃至於去呀呀模仿那些他們不太會的、也準備不足的東西？的確，在現代小說裡我們看太多了，蹩腳的心理學，蹩腳的科學，蹩腳的經濟學政治學，更讓人難受的是，滿口蹩腳的哲學，只有術語，只有混亂，沒有複雜和深奧，沒有最基本的準確或更確切的說，以混亂偽裝成複雜和深奧，或笨到以為混亂就等於複雜和深奧。

波赫士講卡夫卡「以一種清澈的風格來寫混濁的惡夢」——是得這麼做。敘述變得愈發困難沒錯，但還是得設法清晰的、有序的串接這些蕪雜短促的生命經歷碎片（所以小說的書寫技藝非常重要，更重要了，小說從不是簡單的），讓它們不徒然不浪費，讓它們可以被說出來，可以存留並思索，可以賦予意義。

敘述仍應該是小說的本質，好保有小說廣度的、稠密度的根本關懷。小說不用來解答某些特定的商業經營問題或政治立法問題，比它能做好這些事的滿地都是別自找難看。

大小說家裡，葛林始終是寫得最清澈的一個，清澈到有著相當普遍的誤解，我甚至不願用「舉重若輕」這一可能加深誤解的贊詞——葛林總是深沉的寫最重的題目，經濟、政治、神學、歷史云云這些已從我們一般生活層面分離出去、自成體系的巨大東西，葛林一次一次把它們拉回來，原來這些本來都是我們生命處境、生命思索的重大構成成分，也都是我們嘗試弄清楚、嘗試獲取解答好掙脫困境的途徑。葛林能寫得如此清澈有序（甚至被說控制過度），是因為他想得最徹底最清楚，以及，他書寫技藝精湛。

如此，我們便較正確知道葛林寫消遣性享樂性小說的真正意思。這是遊戲，游於藝，浸泡於老練純熟的小說技藝太久所生成的某種有益遊戲，畢竟，消遣小說多點自由，少點現實質疑，也許可用來抓取一些沒把握的、以及不好登堂入室的東西；大概也是實驗，試著更徹底點回歸故事回歸敘述。

但今天，我們後見的總結來看，真正對葛林小說的最富意義行動，倒不是此一實驗，而是他的出走，走出英國，走出老歐陸——葛林，泰半人生而且是他生命中最精純、思維最成熟的歲月都活在異國，他最好的小說，也幾乎都寫成於異鄉，以當地為場域，當地的故事。

但，主人翁或者說想事情的那個人，始終是葛林這樣的老歐洲人，包括《權柄與榮光》裡的墨西哥酒鬼神父，更清楚的身分仍是歐陸的天主教徒——這個設定非常重要，這樣設定永遠無法息事甯人，無法只是那種傳統的、民俗的在地甜蜜故事，所以不是純然的回歸敘述，是兩者的撞擊，可以１＋

1大於2，如耶穌說的那樣，「你們不要想我來，是叫地上太平；我來，並不是叫地上太平，乃是叫地上動刀兵。」

本雅明曾把人類的說故事傳統俐落的分兩支：「行商」和「農夫」，但這其實是隨時間變化並消長的，前期，行商是主體，故事生於未知的遠方，由行商帶來沒見過的奇事奇物奇人；但隨著地球的開發和占領，祕境一處處消失，人類世界不斷趨同，新的故事也緩緩從輸入的商品轉為在地作物，得耗時的從某一方「郵票大小的土地」生長出來。是以，民間說故事人的基本形貌，不再是步伐矯健的商人，而是閑坐的垂垂老者，這意味著時間熟成，意味著生命閱歷，意味著對世人世事的洞察，意味著他從頭到尾在場。

現代小說生於其後期，並更往人心、人性深處持續探入（使用的是文字而不再是口語紀錄），小說家因此對他的這方土地依賴日深，不是因為那些什麼鄉土國族亂七八糟意識，而是人和他所在之地長時間的、確確實實的、難以複製的糾葛牽絆，除非離開得尚早，還堪堪有足夠生命時光重新如此經歷另一塊土地（納布可夫、昆德拉），但這仍是很困難的，如同在已有字跡的紙上重新書寫云云，所以納布可夫才這麼得意他能寫出《蘿莉塔》、能成為一個「美國小說家」。一般而言，這樣流落於異鄉的小說家（如我們較熟的張愛玲、郭松棻）能寫的仍是他故土故人。於小說，他比較像流亡者，而不是在地農夫。

水準不到姑且不論，能一個一個異國這麼寫過去，大概就這兩人吧，海明威和葛林，可這兩人截然不同。

海明威從沒真的進入，敬佩他的卡爾維諾說，他能把知道這麼少的異國寫成小說，其奧祕在於「輕描淡寫」，一種「暴烈的觀光主義」。卡爾維諾意思是，海明威的介入只是觀光客層次，加「暴烈」一詞則讓我們想到那種十天九國超值旅行團（「如果今天是星期二，那這裡一定是比利時」）。海明威的記者之筆直接明亮，有絕佳的由眼而手的描述能力，他需要的、取用的只是那一抹異國風情。

葛林完全不是這樣。他是逃離，那種彷彿被自己腳步聲追躡，得不斷逃跑的人。異國哪裡只是他隨機的、順流而下的當下選擇而已，就像他筆下的大建築師奎理，他那天早晨吃太飽，遊魂般搭上飛往非洲的航班只因為這架飛機最早起飛，最終停在剛果叢林痲瘋村則是，「船只走到這裡」。

往往，我還覺得葛林這根本是「找死」，某種變相自殺。這麼想並非全無依據，他早年就自殺過，也彷彿早已看透如《喜劇演員》曲終人散布朗成了殯儀館收屍人員那一般，生與死如此臨近界線如此模糊，你甚至不察覺自己正在跨過它，「當生與死變得完全一樣，你就自由了」。至少，在一次又一次走進這些戰亂、迫害、殺戮、瘟疫仍滿天飛舞的異國，我想一直有個這樣悄悄的心裡聲音——那就讓它發生吧。

人想著什麼，才能看到什麼。文學史上，我以為葛林和托爾斯泰是兩個最多疑的人，以撒．柏林所說那種酸液般腐蝕一切的懷疑，最終，這一定會腐蝕自身為虛無（馮內果講的，「發明出萬能溶劑半點不難，難的是你拿什麼裝它」）。不同的是，托爾斯泰晚年逃入了宗教，四福音書，身心安泰如智者；葛林做不到，他洞悉、理解、很能欣賞甚至欽慕舉凡宗教、哲學種種緩解的、不（無法）窮究的、留著明顯矛盾和空白的有限度「解方」，以及相信它並真誠實踐的幸福之人，但葛林說服不了自己，他無所歸依，只不斷再出走，棲棲於途並衰老。

「非洲的形狀像是一顆人心」，葛林喜愛這話。酸液溶解到底，最終便是人心了，是亙古以來人的所以為人的根本生命處境。這一根本聯繫如人和人的甬道，由此，異國種種不過都是人此一處境的無盡輝煌變奏而已。對葛林這個想得最多的人，這是不陌生的、可解的、親切的（不孤獨了、不是自己發瘋），如自身「另一種生命經歷」可融入記憶用為書寫；甚至，某些關鍵處，葛林還能比在地之人知道更多察覺更早。所以，小說史沒有海明威國，只有「葛林國」，敢於如此命名，是因為就確確實實的書寫意義，這些已不是異國了，它們被葛林的書寫串穿起來，變成和老英倫、老歐陸平行並列的葛林文字土地。

之所以能比當地之人知道更多更早，是因為葛林的這道時間縱軸、我想到愛因斯坦把時間設想為空間的第四維，從而改變、顯露的全新物理世界基本圖像，——一場血腥鎮壓，一次奪權謀殺，一個戰爭，我們通常會用「爆發」這個震驚之詞來說，但置放到時間大河裡，這只叫「又來了」，叫人類叫不醒的噩夢，叫人的愚行，又沮喪又乏味。葛林來自於時間早走好幾步的蒼老如廢墟歐陸，又是個記憶深如刀割之人，過去和將來，記憶和預判，是這才發生還是反覆重演，是災難還是契機，因此全揉成一團，相互拉扯也相互解說、補充、印證。

如此層層疊疊如沖積，使得這些異國反倒是更丰饒更完整的小說沃土，復活了小說的敘述力量；但也不免讓葛林（呈現於他小說中的主人翁）更沮喪，哈姆雷特的沮喪——那些為著自身利益和權力的爭鬥，他當然不加入；反抗一方呢？他辨識得出哪些只是利益爭逐的偽裝，哪些儘管誠摯但太天真了，只能是徒勞，如此行動絕對得不到你要的那個結果，哪樣的思維會招致什麼樣的危險，以及更糟的，極可能在哪階段變質成更黯黑可鄙的力量，當下的正直只是還沒找到機會敗壞而已，等等。葛林小說於是有一種「冷血般的冷靜」，掙脫道德綁架，袖手如透明人如鬼魂，沒興趣不相干無利益，而這正是漢娜・鄂蘭所說的最佳觀看者位置，人對自己夠殘忍才站得住的位置。

然而這樣的人禍，遲早（且不會太遲）會找上門來——它不可能一直封閉於狗咬狗的小世界裡，它會泛溢出來傷及無辜，傷害你無論如何得保護的人，傷害那些葛林自言「你還想當個人的話」就不可以棄守的最底線價值信念，伍爾摩如此，奎理布朗佛勒無不如此。他們壓根沒想成為英雄，或用錢德勒稍嫌華麗的名言：「你要當個好人，就非先得是個英雄不可。」

這樣一個人毅然反擊一個巨大的黯黑力量、一個國家、一個時代、一整個不見盡頭的群眾，這令人動容——完全是明知故犯，不天真，沒僥倖，幾乎已完全知道其大致結果（或曰下場），知道絕不會有你們講的那種勝利。這裡，葛林劃下一道線，脆弱不堪但滿滿意義的一道線。

福克納說「人必將獲勝」，他不少小說也試圖在故事末端設法「上揚」，給我們此一（過度）慷慨的允諾——但這愈來愈難說服我了。這些加掛的、補充的、總帶著啦啦隊氣質的鼓勇話語，我不是不相信，而是已相信太多次了，相信得疲憊不堪。如今，我比較愛看葛林這樣一無承諾但贏回一點是一點的時時處處反擊。

尤其，做為一個人這種深度的不甘心，這種品質的堂堂正正報復，你會有一種活過來的感覺。

我一直跟著學，以備不時之需，以俟來日大難。

《此生如鴿》．勒卡雷

為什麼讀《此生如鴿》！我們先試讀這段文字吧，年過七十五歲的勒卡雷這麼回想，這也是這本書的前言——

「我寫過的書幾乎都曾暫時以『鴿道』做為工作檔名。這個書名的來由很簡單，我父親常去蒙地卡羅賭錢狂歡，我大約十五、六歲時，他有回決定帶我同去。舊賭場旁邊是運動俱樂部，底層有片俯瞰大海的草坪和射擊場。草坪底下是九條平行的小隧道，出口臨著海濱，排成一排。隧道是放活鴿用的，這些在賭場孵出然後被圈養的鴿子，唯一任務就是拍著翅膀，沿黑漆漆的隧道飛向地中海天空，成為槍靶，讓那些飽食一頓午餐、帶著獵槍或站或臥等待開槍或狩獵的紳士得以大顯身手。沒被擊中或只輕傷的鴿子，則善盡鴿子的本分：牠們回到自己的出生地，也就是有同樣陷阱在等待牠們的賭場屋頂。／至於這個意像為何縈繞我心頭，歷經如此漫長歲月猶揮之不去，我想或許讀者比我更能判斷原因吧。」

別客氣，說得夠明白了，我相信，對某些內心較柔軟易感的人，讀了這段之字就夠理由閱讀了；出版社的人顯然也懂了，所以他們把這本原直譯為「鴿道」或「鴿子隧道」的書名，改成定讞式的「此生如鴿」。

其一

好小說家很多，但勒卡雷有個極特殊歷史位置，文無第一武無第二，這個俗諺對勒卡雷不生作用。依我的意見，應該還有不少人同意，他就是間諜小說的「山羊」，GOAT，Greatist of all Time——這樣看似誇大、置未來書寫者於何地的斷言，一方面是因為勒卡雷遠高於間諜小說同儕一頭，已不僅僅是間諜類型小說了；另一方面是，我個人以為，間諜小說，一如它所書寫的間諜世界，其實非常窄迫封閉，外頭的人光靠想像是無法掌握的，因此，從書寫材料到書寫者的能力和準備，有極多的限制和要求。曾經，有不少人說冷戰的結束極可能就是間諜小說書寫的終結，從柏林、維也納到伊斯坦堡這道南北向的人工分界善惡曲線上的各城市不再是各路間諜薈萃之地，大家解甲歸田了云云。這個太天真也當然太樂觀的說法馬上遭到勒卡雷的駁斥，「間諜小說不因冷戰而生，也就不因冷戰而死」，是啊，人的世界，何處何時沒有窺探、監視、入侵、欺騙和背叛這些東西呢？間諜，尤其是廣義說法的間諜永不消失，包括你的某鄰居某同事或某家人，但間諜小說這個書寫載體則是有限的，會寫完它能夠寫的，尤其勒卡雷把間諜小說一下子拔高到這樣，剩給接下來書寫者的空間及其可能性也就更少了。

所以怎麼能夠不讀勒卡雷呢？你也許可以錯過一些更好的小說，但勒卡雷是山羊，是某一個世界的最高峰，難有替代——在如今我們這樣一個收集的、獵奇的、××到此一遊如勳章如紀念品的年代。

說來，間諜小說是最古怪的一組類型小說，幾乎是詭異了。首先，它來得意外的晚，相較於早已肆虐人類世界如陰魂的間諜這一行當，我們不是都說，有了人類就有了間諜；其次，間諜小說書寫好像是有「資格」的，很長一段時日幾乎只有英國人才寫，而且限定於真的實際幹過間諜的英國人，比方推理女王阿嘉莎．克麗絲蒂，英國人，老練的類型書寫者，有縝密思考的能力和習慣，但阿嘉莎寫二戰的間諜小說是她最糟的一批作品，兒戲，一看就曉得她只是個愛國公民，不是間諜；以及，間諜小說幾乎一開始就分道，同時走光鮮和黯黑兩條全然背反的路，彼此駁斥相互嘲諷，政治命運也兩極化，情報單位熱愛前者，這讓他們有面子而且得到更多預算，這就是勒卡雷在《此生如鴿》書中講的：「一九〇〇年代初期，作品格調不一的間諜小說作家，從厄斯金．柴德斯到威廉．勒克和菲利浦斯．奧本海姆，喚起大眾反德的公憤，所以說最初是他們協助創設了情報組織倒也不失公允。」情報單位則痛恨後者，以叛徒視之，這些書寫者通常是他們陣營出身的，這組小說觸怒情報當局，只因為書寫得太真實了，就像昔日蘇聯查禁某一本書的理由：「這本書寫得太真實了。」

來說一下毛姆的故事，這位父親是英國駐巴黎大使館法律官員、而且就出生在大使館內的小說家，可能因為這樣的生命背景和成長記憶，他也寫間諜小說，而且還很可能成為間諜小說的先驅書寫者之一，扮演攔路虎的正是英國情報當局，還上達到更高層，依勒卡雷，邱吉爾公開點名抨擊了他的《祕密情報員》一書，指控毛姆違反了國家機密保護法，面臨同性戀醜聞威脅的毛姆只好燒掉十四篇未出版的短篇小說——同性戀，勒卡雷行內人的告訴我們，極度卑劣的手段，這正是間諜世界最好利用也最常用的生命缺口，「不管怎樣說，M15都是英國公務員和科學家私生活的道德仲裁者。在當時的調查程序下，同性戀和其他被認為越軌的行為都是可以拿來勒索的弱點。」

阿嘉莎的書寫失敗，實證的告訴我們，間諜世界真的不是我們正常人的世界——當然，舉凡懷疑、窺探、監控、偽裝、欺騙、背叛、謀殺云云這些我們正常人世界全都有，我們正常的視之為惡，即便根除不了，也努力將它們逼到某個幽黯封閉角落裡，盡可能不讓進入到正常人世界裡。但我們說，如果一個世界除此之外再沒其他東西了，世界就剩這些、幾乎只由這些惡念惡行所構成，這是何等荒涼可懼到難以思議的一個世界？或更確切的說，我們這裡借用現代年輕人熟悉的這個詞：「奪舍」，我們所有熟悉、自古有之、可依賴可信靠如天經地義的人和事物，其實都只剩薄薄一層外殼，都遭侵入替換掉了，仍都是偽裝、懷疑、窺探、監控、欺騙、背叛而且隨時可利用、可犧牲、可消滅，人這樣活著，只這麼看世界以及和他者相處，這是養怪物吧？沒任何人能長期禁得住不扭曲、不變形、不失控、不變得殘忍，即便少數心志最堅韌的人，也至少會陷入長期的憂鬱、罪惡感和深不見底的孤獨之中，直探虛無。

我仍要再講一次《孫子兵法》裡最讓我不舒服的那兩句「廉潔可辱也，愛民可煩也。」廉潔和愛民，又乾淨又柔軟的好東西，都是人不易建立更不易護持的珍罕品質，但在這世界裡，這都成為最好利用的攻擊缺口，在敵我二分只剩輸贏的神聖前提下，這樣的攻擊還是聰敏的、洋洋得意的、乃至於會贏來勳章——是的，除了不正常，幾乎什麼都逐漸消亡殆盡的一個世界。

由此，我們便進一步察覺，這裡面必定還有個不正常的極巨大東西，那就是神聖——我們常說，愛國是惡棍最後的護身符，如特赦還如漂白水。間諜，原是戰爭的產物，夜間的、延續的戰爭，間諜本來就如此誕生於所謂國家生死存亡的神聖榮光之中，加上，間諜又是設計來躲過、穿透、破壞種種有形無形防禦界線的，因此，間諜最「自由」，兩倍的行動自由，連戰場上士兵多少得遵守的他都不必，後頭還有國家的掩護支援，豁免於法律，更豁免於所有的道德規範之外，這是很難讓人回得來的自由。伊安・佛萊明〇〇七系列裡有個超級過癮的東西，License To Kill，殺人執照，但這不全然是小說家的華麗想像，毋甯是現實間諜世界的最基本事實，只是沒這麼戲劇性成為一紙執照而已。神聖性的可怕，不只在於它豁免人為惡，更在於它直接把惡變成善，變聖徒變英雄，這樣的沐猴而冠，對人是多大的誘惑力量，以及摧毀力量不是嗎？

間諜小說由英國人開始，而且好像只英國人能寫、英國男性作家能寫；這個詭異書寫現象，我們稍稍回看其歷史經過，倒又感覺好像很合理。

英國是現代世界第一個大帝國，目指一整個地球，儘管只能做到鬆弛的殖民，其控制的土地之廣、之散落、之多樣複雜，是人類歷史之僅見（美加、澳紐、印度、非洲南北兩端云云），還有積極進出但未得逞的（如中國、中東）。而當時，還是各地各國仍彼此阻隔、誰也不了解誰的曙光時日，所謂的情報工作涵蓋面遂極廣，去到看到的全都算，更多是第一階段的搜集而非日後的刺探竊取，可直接在陽光下堂堂正正進行，國家要的和個人志業工作參差交疊沒界線，舉凡行商、傳教士、人類學者、探險家等等都可以同時是間諜，完全同一份工作，他自身的工作成果，很容易找出可上貢女皇陛下的一部分。因此，間諜的規模陡然放大，這解決了間諜小說書寫必要的人數問題，間諜人數得跨過某一臨界數字，才足夠形成一個自己的世界，凝結出有自身獨特意義的現象及其反思成為書寫題材，也才可望從中生長出來書寫者；同時，這也一併解除了罪惡感這個書寫的反向力量，因為這是開拓的、啟蒙的、進步的乃至於是助人救贖人帶來天國福音的。有國家、有上帝、更有無可懷疑的進步意識形態，這哪裡罪惡？

兩部極了不起的著作，儘管不屬間諜類型小說，卻是間諜小說討論幾乎一定提到的，一是吉卜齡的史詩也似小說《基姆》，一九〇〇年，另一是阿拉伯勞倫斯的史詩也似自傳《智慧七柱》，一九二六年——書裡間諜，虛擬的小男孩基姆和實存的孤絕勞倫斯，都是極正面看待間諜工作、我們也正面看他的精采人物

解除了間諜量的問題，接下來是質的問題，這也許更難，其間有近乎悖論的矛盾。

間諜世界和小說書寫世界，怎麼想都是極度不相容的，需要的聰明、才能和信念也接近背反，也許先講間諜必要的沉默和小說書寫者必然的多言就夠了。我們說，間諜小說，尤其是蔚為類型的耕作式書寫，無法外借，必須是真的浸泡過其中的自己人。但根本上，寫小說和幹間諜各自吸引來的就是不同的兩種人，就算有那幾個人違禁品般把那些小說書寫必要的東西帶進間諜世界，也會在這個封閉、陰暗的世界沒陽光沒空氣沒水的枯萎掉，一個一生幹間諜、的確內行得不得了的人，除了回憶錄，你還能指望他寫得出來什麼？如果允許的話。但鬼使神差的，英國早年這支業餘的、雜牌軍也似的大間諜部隊，卻意外是個絕妙解方。不從間諜標準，我們回歸到人的普遍品質來說，高矮胖瘦士農工商，這絕對是人類歷史上程度最好、最富個性也最手碩多樣才華的一群間諜，我敢保證今後也不會再有了。日後，尤其因為兩次大戰和冷戰的森冷肅殺空氣，間諜世界持續收攏、封閉，組織化科層化效率化而且無趣化，惟極特別的是，逐漸喪失重要性的英國倒是相當程度把這個雜牌軍特質給保留下來如一個傳統。這可能和另一個英國知識分子特殊傳統有關，英國知識分子對他們女王一直有一種素樸的、素樸到像是禮儀式的忠誠。女王已不親政不掌權，因此，這樣的忠誠如同一種回憶、一個懷念，有相當

的美學感，像是重溫那個世界嶄新、海天空闊、人慨然有天下之志的時代。

所以驕傲如葛林是間諜，勒卡雷是間諜，甚至，像自由主義大師以撒·柏林都曾被說是間諜云云。一直到今天，英國的間諜依然不是那些大學考不好的人。而是如勒卡雷在本書告訴我們的：「你必須上好學校，最好是私立的，然後上大學，最好是牛津劍橋。最理想的狀況是，你的家族早就有間諜背景，或至少有一兩個軍人……」這是二〇一六年才剛說的話。

還有——「甚至，相信我，是在執行民主功能，因為在英國，我們的情報組織無論如何都還是我們的政治、社會與企業精英的心靈歸宿。」

其二

間諜小說始生於英國，讓這些在哪個國家都不可以說的事化為白紙黑字公諸於世，最一錘定音的理由當然是因為英國的民主自由，全世界領頭羊的動人民主自由——看近兩三百年歷史，我們曉得諸如此類衝破禁忌，尤其政治性禁忌的事，通常都先在英國。《此生如鴿》裡勒卡雷講了這樣一個實例，軍情六處退下來的小說家兼傳記作家康普頓·麥肯奇，因為他的《希臘回憶錄》在一九三二年（注意這個年分，快百年前了）被依國家機密保護法起訴，一般我們總認定麥肯奇會就此失蹤或至少打入大牢坐穿，但英國對他的重懲是，罰款一百英鎊，這真是個令人羨慕也令人尊敬的國家。

甚至，勒卡雷一砲而紅的《冷戰諜魂》出版於一九六三年，而這已是他的第三部小說了。問題是，他一九六四年才離開間諜工作，現役間諜同時寫間諜小說，叔可忍嬸嬸也不可忍吧——除了英國，究竟有沒有其他國家也發生過這種事？

伊安．佛萊明式的正面英雄間諜先來，這合情合理更合於掌權者幅度有限的寬容；絕不正面的狼狽間諜只慢半步緊跟而至，這就有點怪了，關鍵應該仍是時間，不是後者太快，毋甯是前者太慢了——壓抑到二十世紀初方得由英國人開始寫間諜小說，但現實裡這已進入到大英帝國榮光遠矣的夕暉時段了。兩次大戰是贏了，但贏得很慘，沒真正得利也成就感不大，和傷害完全不成比例，這英國人心知肚明，歌功頌德的作品先來，這無可厚非。但只無腦的、戰爭神劇式的陶醉歌頌，是小看了英國人的沉靜、誠實和想事情的習慣。尤其間諜小說真正成熟的冷戰年代，現實中，英國間諜更滑落成美國的小弟，馬前卒打工仔，假裝我們還在作戰，而且還是善與惡的亙古永恆爭戰，假裝世界危於旦夕，是我們在撐著，我們所做的這一切攸關人類的未來和命運云云。我盡量溫和的借用波赫士的話：「人作夢持續不了那麼久。」

冷戰，當然有諸多歷史因素，但相當主要一部分，也是因為人作夢，某種噩夢，否則至少不會撐那麼多年。

而這個很淒涼的英國間諜圖像，也正是勒卡雷早期那幾部名著的主畫面、主要關懷，尤其是《鏡子戰爭》，一九六五年，極可能就是勒卡雷最好的小說，非常悲傷，講一群曾叱吒二戰的老去間諜，緬懷、幻想、並興奮的試圖製造出一場讓他們又活過來的戰事，鏡子裡的戰爭。

時間的另外兩個現實面向是——其一、小說本體這邊。寫到二十世紀，小說已不斷內折，人的內心活動已逐漸取代外在描述，小說追問反思的能力和習慣大增；其二、大世界這邊。二十世紀已是人類世界除魅臻於成熟的時日了，懷疑乃至於批判已不需要有特別的感悟，不必靠勇氣支撐，而是逐漸成為日常生活的基本事實，成為人的第一反應，所有神聖氣味的字詞稱謂，要說出它來都得刻意加括號、加但書、加一堆你知我知的表情和語調。

也就是說，在間諜小說才開始閉門造英雄造神時，外面世界其實已倒向了狼狽不堪的凡人間諜這邊。

〇〇七龐德，最迷人的間諜，身高一八三，體重七十六，身材修長，「龐德的臉輪廓分明，皮膚曬得發黑，右臉有條大約三寸長的傷疤。烏黑的頭髮隨意的梳向左邊。右眼角上有顆黑痣。鼻子修長挺拔。嘴巴寬大看上去異常殘忍。下頜線條明快，宛若刀削斧鑿。」這是伊安．佛萊明在《俄羅斯情書》裡的親筆描述，寫在俄國KGB的檔案資料裡。這是個誰都會一眼看到並記住的人物，尤其年輕女性；而勒卡雷這麼講他的王牌間諜喬治．史邁利，也是最讓我們尊敬的間諜：「五短身材，偏肥胖，加上溫順的脾性，似乎還熱衷把錢花在一些品味差勁的衣服上。」他的美麗老婆安嫁他的理由是，「一個普通得令人心痛的人」，但兩年後就跟個古巴摩托車手跑了。總之，這是個不會有人注意的尋常中年男子，看過他的人也旋即將他從記憶中抹去，讓他從此消失於人來人往的芸芸眾生之中。

兩組全然背反的間諜小說貼得近、又兩道鐵軌般齊頭而行，我們並不好說後者是因著顛覆、瓦解前者而寫、而生——勒卡雷寫到了類型小說之上、之外，但並未真的毀損掉間諜小說做為一種類型書寫的根基和設定，不像比方有了《唐吉訶德》之後我們簡直再難回頭去寫、去看那種裝腔作態的騎士小說。

勒卡雷審慎的停在某個微妙的交界點處，本體上仍是類型小說家，我相信這也是他的本意、他的生命構成；他熱愛間諜世界如同一個從杳逝時間世界走出來的人、僅剩的人，說真的，抽走了間諜，他的生命菁華盡去所剩不多。真正對間諜世界無情的是葛林，葛林的世界太大，關懷層面太複雜，間諜只是他生命的一小塊，甚至只是不成熟自己的「誤入」，他站間諜世界外頭冷嘲熱諷，也許嘲諷的也有昔日的自己。

勒卡雷的嘲諷不一樣。他一直在裡面，就連一九六四年離職後也沒離開，他攜帶著。勒卡雷看似嘲笑、暴現這些活在荒謬閉鎖世界如愚人的間諜，但較多的是痛心、替他們不平、以及勒卡雷式的自傷自憐。是的，他講那些養來當活靶、只是遊戲祭品而已還不是神聖祭品的鴿子，是適用於某種人普遍處境的隱喻，但他直接想的就是間諜，就是他的如斯人生，此生如鴿。

是以，勒卡雷遠比葛林煽情，這吸引著相當一批人，分享著某種感傷，某種勒卡雷幫他們先講，所以說出來並不丟人的感傷。

一九六四年離職但並不離開，這是我們講的；勒卡雷自己說的是，他十七歲成為間諜世界的跑腿小弟，但早在這之前他就是老間諜了，他是訓練好了來的，他那位著名的大騙子父親和在他五歲就拎只皮箱消失的母親，讓他在成長歲月就熟悉、且一樣一樣學會間諜所需的一切理解和技能，倒是英國情報當局的訓練，大概無非是些戰鬥技藝和工具操作云云，吾生也晚，其實是從沒派上用場的東西。

因此，寫的是欺騙背叛的間諜小說，但書寫者勒卡雷的最特別書寫內核卻是「真誠」，一種刺猬的、彷彿生命僅此一物的真誠——寫類型小說尤其不需要這樣，甚至，在嚴肅小說領域特別是學院派口中，真誠也早就不是什麼好詞，但這其實是他們不夠認真或懂得並不夠多的緣故。真誠當然是好東西，於書寫，意思是專注加上竭盡所能，他們不曉得那種不分神的。直去無用的高度精純書寫能帶人進多深走多遠。一般間諜小說家只是職業，勒卡雷卻是拚命。我們都看出來了，其成果差距有多大不是嗎？

作用於我們身體的部位也大有不同，某個內心深處、靈魂戰慄深處。

勒卡雷不當錯過，但是哪一本開始看好？誠實的回答是任一本，他的小說素質極整齊，只是我自己稍稍偏愛前期的、類型成分較多的那幾部，《冷戰諜魂》、《鍋匠·裁縫·士兵·間諜》、《鏡子戰爭》。如今，又有了這本彷彿回到一切源頭的《此生如鴿》，也許就它吧。

《此生如鴿》設定為回憶錄，體例上卻是時間碎片撿拾的所謂四十個人生片羽。這可能是較偷懶的寫法、卻也可能是更真誠的寫法，意思是，回憶者不勉強去補白串接，不多加東西，只忠誠的聽從記憶本身，在已七十幾歲已平靜不波的時間大河暮光裡，折戟沉沙鐵未銷，什麼在意什麼強韌什麼彷彿洗不去趕不走，就自然浮上來什麼。因此，這是一組大可放心信任的文字，我們可回報一種相襯的閱讀方式——讀內容，更去留意勒卡雷究竟撿了哪些碎片？哪人、哪事、哪時刻、哪地點等等。對我們也算知道一二的對象比方莫斯科此城或阿拉法特此人，勒卡雷看他們哪裡、記住了哪些云云。這種直視，透露出他的生命態度，他的信念價值，他的偏愛和忽略，以及，情感。這些，在七十多歲已如夕暉的柔光裡，會更實在，如結晶如允諾。是的，這一刻我想的仍是朱天心〈遠方的雷聲〉那一問：「假想，必須永遠離開這島國的那一刻，最叫你懷念的會是什麼？」

但也有這樣的頗有意思碎片，像是——勒卡雷津津回想他每一部小說的電影改編，很明顯，他對電影世界的盎然之情不成比例的高於小說世界這邊，說真的，我所關懷的小說家這幾乎是僅見的（想想福克納對好萊塢召喚的不情不願），這點讓他更傾向於是類型小說家。

當然，最大最重的必定是編號33那一塊，〈作者父親之子〉：「我花了很長的工夫才有辦法動手寫羅尼。他是騙子，夢想家，偶爾坐牢的囚犯，也是我的父親。」

勒卡雷有個太戲劇性的人生，希臘神話故事也似的，讓他日後的人生展開，尤其是成為間諜和小說家這兩者，跑多遠都逃不掉，如同注定如同宿命，但小說書寫，把此一詛咒化為稟賦，再化為材料，最終還成為祝福，還是給我們讀小說的人的禮物——這是文學的勝利，難能但結結實實，文學把人生的不幸巧妙轉變成沉靜的幸福。

騙子，間諜，小說家，不構成一平面，而是絞成一條堅韌的繩子，——騙子父親羅尼，讓他才當間諜就已像老手；日後寫小說亦然，勒卡雷自己這麼講：「葛林告訴我們，童年是作家的存款簿，若以此計算，我生來就是個百萬富翁。」也就是說，他在這兩個起跑點上先就領先同儕一大截。

一直到七十歲了，勒卡雷仍會如此自問：「我身上有多少部分還屬於羅尼，而有多少是只屬於自己的，我不禁納悶，一個坐書桌前、在空白紙上構思騙局的人（也就是我），和每天穿上乾淨襯衫、除了想像力之外口袋裡什麼都沒有、出門去騙受害人的人（也就是羅尼），真的有很大不同嗎？」

最有趣的是，羅尼還有點不要臉的當真這麼想，他認定勒卡雷小說就是「我們的書」，父子倆是共同作者，還要求聯名簽書——那是一九六三年《冷戰諜魂》登頂美國暢銷書排行榜的慶功宴，羅尼突然現身，「我們的書」，他還哭著對勒卡雷講，兒子，咱們一起努力有成，是不是呢？

壓到書末才說，但勒卡雷其實早就寫了羅尼，《完美的間諜》。這是一部有爭議的書，有人直講這是勒卡雷最好最深沉動人的小說，也有人指出它結構凌亂鬆散。都對，其實也就同一件事不是嗎？現在有了〈作者父親之子〉這塊姍姍碎片，就全補起來了、完整了。

但我得說，這太戲劇性的人生、太緊實的生命之繩，另一面，也不免把勒卡雷捆太緊了（現代心理學那些制式因果說法，必然不斷加深暗示如嗾使），讓他的生命內容少了餘裕、也少了東西，就像勒卡雷自承的：「從我開始動筆寫作那一天開始，房裡就有兩頭大象：我父親駭人聽聞的一生……；另一個是我的情報關係。」這兩樣又都迥異於、不宜於、也很難回轉一般性的正常人生。你怎麼可能只要這邊不要另外那一邊呢？

這是通則：人的稟賦並非指的只一個、一種（更非那種武斷檢定的IQ）。生命的工作太過漫長，每階段都有它不一樣的困難及其要求。就說NBA籃球吧，會飛如文斯．卡特那是稟賦，但高度敏感於球場空間及其動態變化如魔術強森，沉靜強韌無匹的心智力量如大馬勃德又何嘗不是珍稀稟賦。卅歲前你會飛也許就所向披靡了，但卅歲後呢？流逝的時間會帶來不一樣的球賽，另一種球賽。

猜猜看，哪種稟賦耗損得快？

再講另一個通則，比較危險比較可懼的一種——哪種來得早的所謂稟賦往往會成為陷阱成為牢籠？會把你困在前期的成就出不來，而且耽誤了你去尋求可長可久的專業技藝、尋求更可長可久的整體理解？寫小說，遠比打籃球漫長，更多階段更多歧路更多可能，也要求人更多更複雜，這還用說嗎？

關鍵不在於外在世界的此一變化。一如勒卡雷的有力駁斥，冷戰落幕，間諜並未消失，窺探、監控、偽裝、欺騙、背叛、謀殺更不會消失，間諜小說仍可持續前行，而且潑散開來也似的面對一個更紊亂更各搞各的沒焦點沒基本遊戲規則的世界。勒卡雷也依然最好，無可撼動，甚至，不少熱愛他成迷的人（我認得好些個）嘗試把他推上一個新頂點：去掉間諜二字，直接就說是最好的小說家。

於此，我自己的意見稍有不同。勒卡雷後來的小說，沒冷戰並嘗試較放開類型小說模式，少了這兩個重要扶手，走起來似乎有點顛滯，有維吉尼亞．吳爾夫所說那種「朦朧」（原用來批評失去海洋支撐、上了陸地後的康拉德小說）。我想到早年演電視影集《霹靂嬌娃》（《查理的天使》）全球暴紅的法拉・佛西，她魚躍上電影，影評優雅的批判我印象深刻：「銀幕變大，她好像迷路了。」

我鍾愛的另一位類型小說家，紐約的勞倫斯・卜洛克也有點這樣。

而且，勒卡雷似乎一直保持著他寫類型小說的習慣節奏——我意思是，寫太快了，有點低估了新一階段、面對更大世界的小說難度；或說已是一種肌肉記憶。

環顧周遭世界，我以為我們正經歷著一趟小說鑑賞小說評價的定向位移。有相當長時日，好小說和好讀的、受歡迎的小說，或嚴肅小說和享樂小說各自成立不犯，但如今兩者有逐漸合流的趨向，對不少新的小說讀者，所謂最好的、經典的小說慢慢變成是那種不失享樂（通俗小說式的享樂）、但好像有點東西有點看不懂遂以為高大上的東西。

我不認為誰真能阻擋此一墜落走向，但也正因為這樣，我對已經夠精采的勒卡雷小說，變得不安，變得小氣，變得有些斤斤計較。

榮譽本身沒什麼，但榮譽是指引，是地圖，是聯繫並拉動某些珍貴東西的繩子，所以褒則褒貶則貶，有這樣的無情。如果最好的小說下修（抱歉，用這個詞）到勒卡雷，我大概就可列表哪些偉大小說難再進入人的視野，我也惋惜這浪費了小說讀者可貴的虔誠。

必須在最後講這些掃興話語，因為我們是很認真的閱讀者。

《我彌留之際》・福克納

為什麼讀《我彌留之際》？就因為福克納。

福克納絕對是非常好、不該略過不讀的大小說家，但閱讀他的小說，依我多年冷眼旁觀，有著相當普遍的相似煩惱，屢起屢仆，好像不容易撐到小說結束，讀著讀著睡去的倒不少——其實不是深奧，而是複雜、凌亂乃至於沉悶，已達被誤以為是深奧的複雜、凌亂和沉悶。小說技術太過精湛的納布可夫是文學史上較受不了福克納的人，說他光是玉米棒子的歷史都當本小說來寫。

在我們這個大遊戲時代，沉重是不赦之罪，福克納小說因此處境更艱難，有理由會擔心就此滅絕。怎麼辦才好？我一直有這個好心的念頭，想幫忙找出福克納小說的較恰當閱讀起點，可能是這兩部：一是《我彌留之際》，另一是我多年前很認真推介過的《八月之光》。在福克納那些黝黑不見底、屢屢讓人困於絕望的小說中，《八月之光》算是有「穿透而出」之感的一部，小說的行進速度快些、輕些，有著柔和的微光，有著儘管仍不夠但彷彿可相信的溫和希望，也是因為，我實在很想讓人也知道他這番話，《八月之光》的來歷，《八月之光》最原初的那幅圖像：「在密西西比，八月下旬會有幾天突然出現秋天就來了的跡象，彷彿不自當天而是從古老的昔日降臨下來，甚至有著從希臘、從奧林匹斯的某處來的農牧神、森林神和其他神祇。這種天氣只持續一兩天就消失了，但在我生長的縣內每年八月都會出現。」

肩上陽光，這樣寫成的小說。

所以你看，福克納還是可以講得、寫得這麼漂亮，在他稍微沒那麼認真、用力、嚴肅、以及非追根究柢不可的時候——不是那種表面的、借來的文字之美，而是從內容裡如根部生出來、讓文字得到源源養分如花綻放的明亮通透。

其一

《我彌留之際》，*As I Lay Dying*，寫成於一九三〇年福克納才三十三歲時，只花他六星期算一揮而就有如神助，福克納本人顯然極滿意、得意甚或驚喜，公開講這就是他（至此）最好的一部小說，還說是讀他作品最恰當的入門書，官方認證（他也知道自己小說不好讀是吧）——愛蒂．本德倫太太，死者，留下了遺願，要家人把她葬回娘家所在的傑佛生鎮，有那麼點想抹消自己結婚生子這後半生一場的虛無哀傷味道，遂有了這趟歷時六天六夜、距離四十英哩的殯葬之旅。

這是一支跌跌撞撞的殯葬隊伍，本德倫這一家子心思、情感、企圖各異。這裡，福克納用了較便捷的小說形式，全書拆成五十九個單位，五十九塊碎片，始於二兒子戴爾，終於大兒子凱許，每一場都是一人獨白（共十三人），如昆德拉所言放個麥克風在每人心裡聽到他內心的活動聲音，又通過每個人的參差不齊眼睛重複觀看相互監視，所以這五十九塊碎片其實是魚鱗式的、疊瓦式的向前行。

書寫者給自己方便不見得是好事。一般，這種不整理、不必費神統合串接為一體（意即取消掉書寫一個、一次重要深思過程）以至於容易「偷懶」的形式，極容易流為情節化、大綱化——太多書寫者通常並不真具備足夠好的同情習慣和能力，可以反覆出入於每個人物，因此，人物是典型化的（老人、鄰居、惡棍云云），更像只是角色扮演，話語的進行也像是接力，分配好了你講這段我講那段，所宣稱的多重視角是假的、虛張聲勢的。

但這樣輕一點的形式對福克納也許是好的，至少對讀他小說的我們甚好——福克納小說，會讓我想起下圍棋的人講的「長考無好碁」，這句吐槽的話其實是補充的、提醒的，完整的真相有兩面：長考有時確實會讓人想太多，會被纏繞住甚至入魔，下出不敢相信的敗著；但另一面是，快碁只是爭勝之碁，少有名局，真正的歷史名局仍是苦心思索的產物。所以，《我彌留之際》可直接認定就是福克納最好的、或說最接近完美的作品，遊刃有餘，一種完成後不見疲憊反倒精神奕奕的作品，但恢宏的來說，真正代表福克納書寫、做為他約克納帕塔法世界小說群核心的，仍應該是《聲音與憤怒》、《押沙龍押沙龍》云云這些不乏敗筆也多處混亂不清的作品。深思熟慮仍是文學書寫的根本樣態，典型的敗筆只是他樹立起過大過遠目標的不盡成功，以及他對人對事物太多面反覆觀看、以至於難以整理難成乾淨結論。這讓人、尤其小說同業的後來者尊敬，因為先行，可被後來者繼承，如賈西亞・馬奎茲說福克納教會了他寫南方的炎熱云云，最靈動的的小說如花長於最沉鬱如腐植土的小說之上，這是小說書寫史最美麗的圖像之一。

但《我彌留之際》不真的是一趟輕快的、直行如矢的旅程，甚至感覺他們豈止走了四十英哩。也不只裝載一副棺材而已，福克納打開頭就不斷的往上堆東西，本德侖家每個人心裡各異的、四分五裂的種種東西，愈走愈重如迷途——大致，今天我們很容易在網上看到這樣不斷傳抄的情節介紹文字：「長子凱許是只知幹活的木匠，護送棺木時遇到大水，掉入河中斷了腿。次子戴爾是個敏感的人，路途中放火燒棺，被妹妹送進瘋人院。三子朱厄爾是母親最寵的一個，他在這趟旅程失去了他努力幹活換來的那匹最心愛的馬。么兒瓦達爾也沒能得到他夢想的玩具火車。女兒杜威・德爾懷了私生子，打胎不成反被藥房夥計誘姦。只有老爹安斯買成了一副假牙，還娶了新太太。」

戴爾是最悲劇的人物。我們應該可以講他是本德侖家較「正常」、事事看進眼裡的一個，對母親的情感也感覺最乾淨無私，原是這趟旅程最重要的敘述者，占到十九個章節（19／59），他放火燒棺是因為泡了河水的母親屍體已開始腐爛發臭，招來了五隻兀鷹。戴爾讓人想到福克納小說更重要的思索者敘述者昆丁（也是最像是福克納化身的人），最終撐不住投水自殺的昆丁，似乎，在福克納揭示的這個世界，正常、尤其正常還多點敏感的人是不易存活的，你得有著異樣的自私、愚蠢、殘忍、軟弱云云才行，而福克納的如此揭示又這麼自然不稍遲疑彷彿天經地義，真令人悲傷。朱厄爾正好相反，他只關心他那匹馬，他其實是私生子，父親是鎮上牧師，福克納只用朱厄爾講一個章節，他眼裡無視心中無物（多像台灣當前的一干年輕人），讓他只能生物般被看、被理解（要不要同情呢？）。另一個和戴爾正好相反的人是老爹安斯，日本人說的「老害」，他最狠，毫無負擔的一一榨出所有人最保護的東西，一切利益歸他，六天六夜下來，每個人都失去了重要的某物，只他滿載而歸——父不父，子不子。

大概正因為如此，台灣過去有一譯本直接改名為「出殯現形記」，但這較合適錢鍾書而非福克納——福克納幾乎不嘲諷，即便這一家子遍處是材料。《我彌留之際》原是他最喜劇最狂歡的一個故事，但福克納仍如此正經、鄭重甚至嚴肅的來說它，認真對待每一個也許並不值得認真寫的人。

要知道，福克納原是個足夠幽默感的人，或較準確說，滑稽七幽默三的狂歡之人，本來能寫更好笑也更好讀的小說，這個性格樣態充分顯現於他年輕、尤其前小說書寫的那段荒唐日子。我覺得最有趣是所謂的紐奧爾良福克納城市掌故——一九二四年（二十七歲）後他住紐奧爾良試著寫小說，也打工養活書寫。他當導遊，也許事先沒作功課（依他的懶散這非常可能），也許就只是天性使然、煞不住，福克納總是隨口亂編故事，不存在的人，沒發生過的往事，一個平行於現實的不思議紐奧爾良。惟多年之後，紐奧爾良市政府很聰明的正式認證為真，當然也註明係由福克納製造。這是福克納給這城市的一部未化為文字小說、一組爵士樂曲。

再稍前，一次大戰末，戰爭英雄夢的福克納，還假裝自己在一場不存在的空戰傷了腿，披著軍服拄根拐杖把家鄉當伸展台走了好幾個月。

他本來該順此是一隻狐狸，但最終他徹徹底底成了刺猬，尤其他所寫的約克納帕塔法小說（契卡索語，河水靜靜犁開來的平坦土地）。本來，這種直視人生命現場、人辛苦存活的小說，總是狼狽的、突梯的、出邊出沿的，好笑，且多自我嘲諷。事實上，現代小說正由此開始，如我們說現代小說始自於《唐吉訶德》和《巨人傳》。而且，每個國度學會現代小說書寫，都又重來一次，因此這是普世的、開發最成熟、最好上手、也最沒空間隔閡容易被接受的小說，坦坦大道。

所以我尊敬福克納，他不走這簡單的大路，他的書寫，用佛洛斯特的「旅跡較稀之徑」來說都顯得太輕快、太帥，福克納之路，不但孤獨，而且危險，以及折磨，我這麼說半點沒誇大。

福克納把小說書寫扎根於他的南方家鄉和家族，動機原是浪漫的，一開始吸引他的是曾祖父威廉．克拉克．福克納，家族開創者，一代目，福克納就是繼承他的名字，這增添了更多神祕聯繫和想像。打過美墨戰爭和南北戰爭、發了財當了州議員也不只一次開槍殺人的老上校，當然是在地代代相傳的傳奇英雄，但歷史事實一路揭開來，今天我們都知道了，這只是那種美國南方典型的殘酷奴隸主，是白人至上的種族主義者，是身披白色尖頂長袍的三K黨人，是揮舞愛國愛鄉大旗的惡棍，也是二〇二〇年衝進美國國會高喊吊死潘斯吊死斐洛西的那些蠢蛋。

此一事實真相，也正是老上校在福克納小說一路展開的模樣，只是早了世界好幾大步。福克納本來要祝福他，最終卻只是成功分解了他——從《墳墓裡的旗幟》中已真實化複雜化的沙多里斯上校，到《八月之光》裡海托華牧師的極不堪祖父，再到《押沙龍押沙龍》正式惡靈化、死後仍詛咒般不放過子孫的斯特潘云云。還有，更多散落在他這個那個小說人物身上的碎片。

海托華牧師崇拜祖父，傳說中英勇戰死於傑佛生鎮的南軍英雄，但最終，他發現事情真相極可能是這樣才對——祖父只是去搶劫人家的糧食、菸草和酒，「一個鄙俗不堪的壞蛋被獵槍（持槍的不是北軍，只是一個保護自家鄉舍的農婦）擊斃在雞籠子裡。」

解剖一個陌生惡人可以是快意的，也許還會有道德滿足感；但解剖親人，尤其是自己原來最崇拜的親人，這接近於拿刀活生生自我解剖是吧——所以，最接近福克納化身的昆丁，逃離了家鄉不夠，最終還是頂不住跳水自殺。戲劇點說，這樣寫的福克納算死過一次了。

本來，順著他天花亂墜編故事的本性和能耐，順著大家愛聽的這一類傳奇故事（像《飄》這樣的小說和電影，像日後好萊塢的大類型西部片，其主人翁便多是南北戰後的流浪南軍英雄，如傳奇槍手林哥或強尼．尤馬），福克納本來輕輕鬆鬆就成為新一代的南方英雄，但他過度正直的書寫把自己逼到一個非常非常尷尬的位置，成為一個瘟神也似的人，讓自己痛苦，也讓家族家鄉所有人痛苦不堪。一直讓別人痛苦會招來危險，尤其在封閉的美國南方，這個危險一路升高，到福克納晚年的六〇年代正式大爆發，當時，私刑和謀殺不斷而且幾乎就是公開的，還可以得到州政府（警方、司法系統）的掩護和赦免，任何質疑黑白種族隔離、替黑人說點話爭點權益的言行都有立即性的生命危險，最著名的當然是金恩博士的暗殺事件，福克納本人也多次遭到死亡威脅。

二〇二一今天，台灣也反智返祖的有點這味道，只希望別像得太徹底。

福克納知不知道這樣寫小說很危險？怎麼不知道，他在小說裡都提前寫出來了不是嗎？他小說中多少人因此而死、而如活於煉獄？

這句有點說得太聰明的話如今已快是流行語了：「有兩樣東西不可直視，一是太陽，另一是人心。」——確實如此，尤其是家人親人，不要太有所倚仗，不要太信血濃於水這類只是年深日久的期望之語，這算是我這樣年過六十之人的一個忠告，只是，文學書寫者無法完全避開，這是其職業風險、職業傷害，當然，一般不至於到福克納這種地步。

其二

五十九塊、拼圖一樣的小說，我們的閱讀於是也跟玩拼圖一樣——大致上，我們得定下心忍它四、五個章節左右。一開始，就像大偵探白羅講的：「你不容易弄清楚白色這一塊究竟是雲還是貓尾巴的一部分。」漸漸的，圖像會奇妙的浮上來，由模糊而清晰而確定。克服這磨擦力，我們閱讀的大車就吱吱嘎嘎上路了。

四十英哩，今天我們穩穩的開車只需一小時，這麼短的路，卻奇特的給我們一種好像永遠走不完走不到的恍惚之感，路漫漫其修遠兮。但、曉得猶力西士的返家之旅多長嗎？我無聊量過地圖，從特洛伊到故鄉綺色佳，直線距離約三百英哩，七倍，水路船行得繞半島南端也不過五百英哩左右，可猶力西士整整用了十年，還九死一生。

《我彌留之際》當然是「又」一個現代奧德賽故事——這絲毫不必懷疑，福克納喜歡這麼寫小說，如《押沙龍押沙龍》、如《去吧摩西》。

這裡我們說「又」，是因為在西方的文學書寫尤其小說書寫，這已是一種反覆使用的書寫之道，以《奧德賽》來說，最著名的當然是喬哀斯的鉅著，擺明了就叫《猶力西士》，只是，他的故鄉是都伯林這個悲苦的城市，而且沒十年，喬哀斯（過度）巧妙的把一切濃縮為只有一天，一九〇四年六月十六日這一天內，無數個一瞬。事實上，不只用於小說，像大導演庫伯里克的經典電影《二〇〇一太空漫遊》，原文為*2001: A Space Odyssey*，外太空奧德賽，大約就是歸鄉路最長的奧德賽故事了；我年輕時還看過一部電影。*New York Warriers*，在當時某個小眾圈子頗受注目，講紐約一個小幫派參加一場幫派盛會後、從布朗克斯區回他們南布魯克林區地盤、一路遭各種伏擊的慘烈故事，三十哩路咫尺天涯，又大概是距離最短的奧德賽故事了。

這和我們一般所說的使用典故很不一樣，或者說，比用典更進一步、更開發出其剩餘價值。用典，把昔日某個大家已知的故事（思維成果、文字成果云云）引為已用，這聰明且省力，可瞬間大量的擴張、豐富、延伸文字容量，像是、「我本楚狂人／狂歌笑孔丘」，如此才寥寥十個字便納入了千年前這些隱者和孔子的動人邂逅故事和其杳遠對話。也因此，字數受限的詩（不得不）用典最多，多到甚至不堪負荷如濃妝讓人看不順眼的地步（好的、美善的東西總會被人們過度使用成災，這是歷史通則）。深刻點來說，這是繼承，願意如此繼承得有著必要的敬意，因此較發生在我們對昔人昔事有著單純敬意的年代，一般來說，用典這種引用並不動原文、原內容，傾向於把它當個可倚靠可遵循的「結論」甚至教諭，並由此再出發，公路接力賽也似的，讓人的書寫、思索、探究不需要笨笨的從頭跑起，所以人可以進步、可望及遠。

但《我彌留之際》使用《奧德賽》明顯不是這樣，它差不多只保留「歸鄉」這一核心，徹底重寫——這不是概念性的單點捕捉，更多時候是一種更溯源、更富形象和細節、更一路交纏比對的整個「意識」，照花前後鏡。因為猶力西士此人、特洛伊到綺色佳這趟神鬼航程、以及織著布的佩妮羅普儘管獨一無二，我們無法也來不及參與，但歸鄉這事卻是人普遍有的、點滴心頭的某一生命經歷，後來的人也有話可說且有資格說，在這裡，我們可以接近平等的和猶力西士對話、印證、討論、交互補充反駁云云，以某種共同生命處境的親切感，這於是形成了一處場域，一個本雅明所說的說故事的小世界，大家圍擁著，人聽著別人的故事，也說起自己的故事……

由於文字使用的必然由簡而繁，也因為人認識的由大及細通則，最原初的故事不僅只顯露此一生命處境的某一面相、萬千可能的其中一個實例，而且敘述的方式通常大而簡，因此毋甯更像只是「原型」，如《奧德賽》是人們萬千歸鄉故事的原型，押沙龍是骨肉兄弟間情欲權力利益交纏並相互殘殺故事的原型（《聖經》，以一種更簡、更處處留白的說故事形式），馬克白、哈姆雷特、唐吉訶德、莎樂美、米狄亞等等各自是人某一生命處境的原型，我們不難一一找到在其上書寫的數量不等小說。通過這樣的一再從頭書寫，此一生命處境逐漸以一種展開的、更完整也更稠密的模樣顯現給我們，這是一道很舒服很有意思的進步之路、結結實實的進步之路，人更認識世界，更認識自己。

對此，等而下之的書寫是那種大驚小怪的、只把黑白善惡直接倒置的負片式使用方式（比方那些所謂令人戰慄的童話云云），它沒有（或沒那能力）真正進入這一處境、沒說出自己的故事，於認識意義來說並未踏出半步，原地打轉，只相當於四格漫畫那樣的初級技法，賣弄微不足道機智的一種技法，或只是一種宣傳——我們能為它稍微辯護的只是，從頭書寫，一定有著程度不等的不平、不服氣、不甘心云云的反駁成分。尤其，這些原型故事必然受限制於它生成的特定歷史時空，且多是人猶受簡單道德規範約束的時空；也就是說，彼時的是非善惡判決往往太輕易太急躁（但不見得都是錯的），也因此有更多被禁錮不言的空白部分。對後來的人來說，於是像押沙龍、米狄亞、馬克白、莎樂美這類被判定為「惡」的故事反倒讓人更有動機也更有施展餘地。當然不是戲劇性的由黑翻白，而是在黑與白兩端之間逐漸辨識出各種漸層，容受各種可能，並且，把那些其實來自於彼時世界、來自於該時代的「惡意」從犯錯犯罪的個體分離出去，不玩這種「眾惡歸之」的栽贓遊戲，我們才從武斷的道德判決，得以轉到對人一再深陷那種艱難處境的思索以及由此而生的自省和同情。

說是反叛，不如說是「不只這樣」，昆德拉談小說時所講的「事情遠比你想的要複雜」。

舉實例來說個重寫《鐘樓怪人》的故事，雷蒙．錢德勒的名作《再見吾愛》——在冷硬錢德勒最浪漫的這部謀殺小說中，錢德勒把雨果所揭示那種美女與野獸、一看就令人不祥甚或絕望、大概只能單向純犧牲奉獻的太戲劇愛情，重寫成我稱之為「感情永遠不會等值」的現實悲劇。七呎巨漢麋鹿麥洛伊（鐘樓怪人）當然無怨無悔，而已搖身變為上流貴婦的歌舞女郎葳爾瑪（吉卜賽姑娘）也非全然無情，但生存對她太困難了，而且她早已步上不顧一切護衛自己低賤出身祕密的無法回頭之路，最終，她把手槍裡的五顆子彈全射入麥洛伊的腹部……

對你我尋常人而言，鐘樓怪人的太恢宏故事只存於遠方存於傳奇，但人與人情感永遠不會正正好相等這一失衡，卻是我們每人每時的基本生命樣態，夫妻、親子、友朋都是這樣。長時間下來，這或會傾斜成災，尤其會在某種艱難考驗時刻令人悲傷的顯露並爆發，糟糕的是，輸家還屢屢是用情較重較深的那一邊。所謂生命基本處境，便意味著這沒簡單永逸的解方，也最好別開誠布公討論（極容易異化為爭吵的「相罵本」），大概只能靜靜的理解，用感激和寬容為砝碼來時時校正它平衡它，尤其是自知用情較淺的一方如帶著歉意。

民初的大疑古浪潮裡，寫《古史辨》的顧頡剛曾嗤之以鼻的發出此一質疑：後代之人怎麼可能比當時的人知道得多？所以中國古史只是後人不斷添加附會形成的，這就是他有名的「層累造成說」。我們當然知道他所指為何，但寬廣的、正常的來說，我們怎麼可能比兩千年前、三千年前的人所知還少？這不是太淒慘也太沒面子了。

後人當然會不斷添加，每個重說故事的人都一一印上了他的手澤，現在我們曉得了，這正是神話乃至於史詩的完成方式，絕非只中國人頑劣的這樣做。事實上，中國極可能是最節制的，這應該和孔子及他身後的儒家有關，「過早」的除魅，逼使這些總不免怪力亂神滿天飛舞的想像只萎縮於戲曲、民間傳說的一小角，且多只是數量不足的碎片，這是太（早）理性的進步代價。

沒有神話，沒有史詩，沒有像荷馬或維吉爾這樣的詩人，也就很難出現當代小說的這種繼承重寫。

有很長一段時間我還頗遺憾此事，但這些年我把它轉為對華文現代小說的思索和期待，很神奇的，遺憾也跟著轉成為昆德拉所說，華文小說還留有這一組小說最會做也應該去做的事，華文小說書寫在這裡還留著空白、留有一片藍海不是嗎？——尤其，書寫者若願意把總是束得太緊的國族大帽子弄鬆點的話，真的不必這麼膽小這麼虛張聲勢。如果某一個「原型」故事真真實實觸到了你某一心事、此時此地的某一生命處境，需要去計較它始於、來自哪裡嗎？如福克納想著他此時的南方家鄉及其族人，做為思索的「扶手」也似的，他倚靠著、重寫了兩三千年前遠方古希臘人的一次迷航（《我彌留之際》）。古希伯萊人的一個家族悲劇（《押沙龍押沙龍》）……

現代小說（也是始於歐陸，但幾百年下來證明適用於每一種語言文字、每一個國度）是很好的東西，遠比一般以為的更好更能幹。

最終，我們以此來簡單回應本雅明對現代小說的一個嚴厲質疑——本雅明以為，現代小說離開了這種「共有著同一生命處境」的說故事小世界，轉去書寫個人生命中「無可比擬」的事物，於是單字也似的，現代小說斷去了和人們的聯繫，遂變得不可解，書寫者也就成了最孤寂、最得不著安慰的人。

我們這裡，現代小說這樣的從頭書寫，在某個原型故事之上，重新聚集有著此一共同生命處境的人，不正正好是對本雅明的一個回答？只是，這樣的聯繫比較幽微難言、聚集的人會變少。

確實，現代小說是在往深奧處細微處、也難說難解處走去，但沒辦法，這是唯一之路，所有的、每一行每一業的進展無一不如此。人和人初級的、明白可見的聯繫早已用完說完，當然也可以選擇完全放棄前行原地不斷重複，人們毋寧更愛重複，因為安全，而且享樂，彷彿駐留了時間的一再回去某個愉快的時刻。重複會很快成為只是習慣，戒不了的癮也似的，失去了（也不在乎）其他一切可能的意義，只剩純享樂這一個。如好萊塢電影，他們真正想的從不是進展，而是如何重複（重複那些成功的、獲利的影片），如何不讓人們彈性疲乏的重複。

根本的說，其實沒有真正無可比擬的、獨一無二的事物如歌德所言，有的只是太遠太深太細所以太累的東西，因此人跡漸稀。法國新小說可能最接近於本雅明所言，但那其實只是少數不容易成功的作品和多虛張聲勢的作品而已，所以納布可夫直接講了，哪有什麼法國新小說，就只有阿蘭．羅伯-格里葉這個天才，和他身後一排想要攫取名利的人而已。

福克納，生前（在歐陸、尤其法國）曾被譽為某種意義的近代小說之父、某種書寫的先驅者，但我們曉得，福克納從沒要獨一無二，正好相反，他只是想弄明白而已。

要弄明白，就得像擊破粒子般擊破獨一無二，如布洛赫的名言，沒有比較，就沒有理解，把「我」彷彿全然獨特孤寂的生命際遇，設法丟入到人類的總體經驗之海中。如果近處沒有（或不夠），那就去遠方，如果眼下沒有，那就去往昔，碧落黃泉，吾將上下以求索。福克納小說一直努力在比擬，比擬到已急躁、誇張、失準的地步，所以賈西亞．馬奎茲才說，他一直在《聖經》裡「亂闖」。

愛貓的諾貝爾獎作家萊辛這麼告訴過我們，成長，其實只是不斷發現自己的獨特經歷，原來就只是人類普遍經驗一部分的這個過程。

在最頂級的小說家中，福克納極可能是把小說寫得最傷痕累累的一位，但不嫌噁心的說，這也正是小說勇士的勳章不是嗎？但這樣英勇的小說，要的不是人們的崇敬，要的只是我們的閱讀，以及，設法理解。

《白鯨記》・梅爾維爾

為什麼讀《白鯨記》？因為我們很多人可能許久沒讀這樣子的小說了，而且，我們應該也不再這樣子寫小說了，但那樣恢宏的景觀仍應該深深記得，讓我們不會變得瑣碎、斤斤計較、並屢屢相互憎惡。

其一

《白鯨記》寫於一八五一年，書寫者是美國人梅爾維爾，地點不重要就說是美國東北角的最早移民地點新英格蘭十三州，人是才剛乘坐五月花號到來沒太久的英國清教徒，也就是說，新天地住的其實是老歐洲人而非真正的原民，融合著也相互排斥著相當程度的文明和原始——大致如此。

小說說的是個捕鯨（已不再被允許）的故事，但在海洋這個廣袤的、泯除了時間感空間感以及幾乎全部差異的神奇舞台，逐漸浮現出來的卻是雪山一樣、神話一樣、似真也似魔的鉅大無朋白鯨莫比敵克，以及上天入地瘋狂追躡它的皮廓德號獨腳船長阿哈，最終，讓這個故事「成為宇宙的象徵及其鏡子」——我們或聽過這樣的講法，說《白鯨記》是大小說，是史詩小說，但比較精緻的說法應該是波赫士所講過的這句話：「這部作品把小說帶回到它的源頭——史詩。」

昔日，神話裡的北歐人把海洋命名為「巨鯨的道路」，人本來就是魯莽的闖進這個不屬於人的世界。

稍後，寫自然世界的傑克·倫敦在《海狼》裡如此寫一場海葬：「我只記得海葬典禮的一部分，那就是屍體應該丟入海中。」

《白鯨記》幾乎不需要別人來解釋，它要我們做的只是直接閱讀，某個字詞還沒學會也無妨的直接讀（我自己第一次讀是小學時，借來的），然後，接近平等的交談。我們說，《白鯨記》當然已經是用文字寫成的，但它回頭模仿著口語說故事的務必明朗形式，話語在說出口那一刻即被聽懂，若有所（暫時）隱瞞，不過是說故事人那種職業技藝性的吊人胃口而已，誘著你，嚇你。唯一遊移不定的可能是小說的通體寓意，這其實不怪我們讀者自己想不清楚它，這一百多年來更多經驗豐富的閱讀者、研究者也無法確認所以爭議不斷，因為阿哈和莫比敵克這趟喪心病狂程度的爭鬥，並非能夠簡單凝結成一句話的生命教訓，一句話的真理，硬要聽這個，我寧願相信這揭示的是人不可解的愚蠢，以及，大自然如此令人費解的愚蠢。《白鯨記》的寓意，是蕭伯納講的那一種，它甚至無法期待由梅爾維爾本人來解釋，「因為這種解釋可能正是作品所要尋找的」。

即便在文學這個理應柔軟的世界，寓意還是一直被想成是偏道德的（或其負片，反道德的），再加一個完好的句點，以至於作品（故事）被抹去光采，被用後即棄，被當只是謎題，書寫者很陰險的只使用來讓人掉進已挖好的末端陷阱裡如整人。所以這麼多年來我謹慎的幾乎不用寓意這個詞。我以為的寓意，是事物和事物一種忽然得到的驚喜聯繫，在一個點上的奇妙相遇，本雅明特別強調了它的輕靈，用華文來說是「輕紗引風」；它不僅不封閉而且更像是個開始，像彷彿若有光的洞窟，通往他者，通往鳥獸蟲魚，最終或許是一整個世界（如果一直想下去的話，如卡爾維諾所言，從任一個點開始，最終好像都通向整個世界），也因此，寓意更像是人想像力的某一趟奇異飛翔。

或這麼說，象徵應該大於寓意，多重寓意。

梅爾維爾是命運多乖多蹇的人，始於窮苦終於窮苦（一八一九—一八九一）。他生於一個喀爾文教派的大家族，但十二歲即家道破敗並喪父，從這個年紀就輟學工作；他的航海經歷開始於十九歲，先商船，後捕鯨船，是開了大視野，但應該也都不是愉悅的生命經驗，而是長時間孤獨且一成不變的日子，不知何時襲來的致命凶險，加上殘酷專權的船長等等。其間，梅爾維爾不堪忍受開過一次小差，在南太平洋馬克薩斯群島和土著泰皮人生活了一個月；也曾因為參與針對船長的抗暴行動而被囚。《白鯨記》的書寫，也許就是啟始於對這一斑駁經歷的一次回想。

即便是《白鯨記》這部小說也一樣是淒涼的。《白鯨記》寫成於梅爾維爾三十二歲，但終其一生此書幾乎無人聞問，據說總共只賣出五本（我在出版世界多年，沒聽過有這種銷售數字）。這本書一直要到二十世紀初才被想起（死後二十多年，連成為幽魂都等不起），才逐漸還它公道，甚至被慷慨贈予美國最偉大小說的殊榮；也就是說，《白鯨記》在梅爾維爾本人心裡的圖像和我們的完全不同，他不會真的知道自己做成了什麼事，也許只覺得自己做了件蠢事吧。但願他自信點乃至於自戀點，會苦笑想著他所熟讀《聖經》裡耶穌的話語，別把珍珠扔給豬群云云。這是文學書寫最核心的孤獨，我想不出有哪一行哪種志業這樣，完成的時間，完整報償的時間需要這麼久，長到荒謬，長到讓諸多東西失去意義轉入虛無。

所以波赫士這麼說他：「梅爾維爾和柯律治一樣習慣於絕望。《白鯨記》其實就是一個噩夢。」

但這還真沒那麼容易看出來。我指的是，就《白鯨記》的「書寫材料」，我們處處找得到和梅爾維爾生命經歷的直接聯繫，但氣氛上、心境上卻大大不同，甚至多是背反的。最明顯便是語調，這是我自己最喜歡，一種最興高采烈的、始終不改興高采烈的說故事方式，就從第一個字開始，「就叫我以實馬利吧。／前些年前——且別管究竟是多少年前，我口袋裡只有很少的錢，或者沒有錢……」。開頭決定出海捕鯨如此，結尾「每個人都死了」仍如此；尷尬時如此（比方得和陌生的異教徒野人魚叉手睡同一張床），卑屈時如此（比方第一次見到阿哈船長），恐懼時如此，距離如此興高采烈最遠的東西之一正是絕望。語調是人思維乃至於人格的「果」，卻又總是倒回頭來成為人思維和人格生成變化的一個「因」，調節血脈驅散愁悶，讓人用更加興高采烈的目光看世人、看世界。

這也許是我們可仿效的，試著從改變語調開始，再及於眼睛，及於內心。

在這個髒兮兮的捕鯨人世界裡，被寫得最有品最高貴的人物，居然是野人魚叉手魁魁格，我所認得的人讀《白鯨記》無不這麼想。這到今天不難，因為政治正確了，所以就像可以死人但絕不能死小狗死小貓一樣，在好萊塢甚至已是一種公式了（上帝是黑人，總統是黑人；俠盜羅賓漢的導師不是英國神父，而是更聰明也更文明的黑膚摩爾人）。但才十九世紀中的美利堅空氣可不是如此，那是喀爾文教派那個最嚴酷的白人上帝仍高懸每人頭頂三尺的時代，燒個人吊個人用石頭打死個人仍不算什麼大事，只是沒再那麼公開方便而已，如今仍活在美國南方的三K黨人（咯爾文教義的虔信者後裔）也依然如此。我讀著書中說故事人以實馬利忘情看著魁魁格腦袋那一幕，他講魁魁格從頭骨構造到容貌像極了喬治．華盛頓，是「野蠻人化的華盛頓」，當下，我有一種穿越時空的不寒而慄之感，一隻貓剛剛走過了我的墳墓，這如何能不是褻瀆？要知道，華盛頓一直被美國人認定是最接近神的人，「他是好人中最偉大的，也是偉人中最好的。」終整個十九世紀如此。我開始這麼想，這部小說被美國人整整遺忘了六十年只少不多，也許是幸運，噤聲的時間寬容了梅爾維爾，也保護了《白鯨記》。

一路讀下來，梅爾維爾冒犯喀爾文教義的可不止這一處（比方，為什麼選以實馬利這個曖昧名字，以實馬利是亞伯拉罕和外族婢女夏甲所生，不只是庶子，還是個「外人」，甚至異教徒）。如果說梅爾維爾是桌上放著《聖經》寫這部小說，也是傾向於舊約而非新約，日後，宅在美國南方寫小說的福克納亦復如是，這是必要的而非巧合。相較於新約（通過耶穌和使徒保羅）的凝聚為絕對一神，舊約更多的是猶太人的歷史現實，凌亂的、處處矛盾的歷史現實難以收攏，難以裁切成單一一個萬能、智慧又公義的神的意志執行，所以仍曖昧的存留著昔日西亞一地多神的、泛靈的崇拜景觀，或直說就是大自然，風雨不時喜怒無常、沒記憶也不安排的大自然。如果一定要說是一個神，那麼，那些不懼瀆神的人會說，「上帝是瘋子」，「人類歷史是一本瘋子的日記」。

文學書寫，尤其「事情永遠比你所想的要複雜」的小說書寫，比較喜歡一個眾聲喧譁的世界，如果萬物有靈那當然更好，省得書寫者必須一個一個費力去鑄成。好的文學書寫者，即便是在彷彿只是靜靜觀看，彷彿只一物掃過一物的袖手時刻，仍奮力要想出某種深度，寫到某些如水面下冰山那樣的東西，希冀它們仍有輕輕撼動人心的奇妙力量；讓萬物皆活物，都有它的靈魂和可能去向，乃至於如羅丹講的那樣（有沒有誇大呢？），不是把石頭鑿成雕像，只是釋放出本來就藏石頭裡的那座雕像，釋放出石頭的靈魂云云。寫出甯靜，這和一幅靜物畫是截然不同的兩種東西，任何人都分得出來。

這樣的小說，在除魅殆盡的近代，最明確或說最完美的範本，我以為，當然是賈西亞・馬奎茲那本泛靈的《百年孤寂》。

小說家和他小說的關係千絲萬縷，遠比一般人以為的更千絲萬縷，小說能夠虛擬的也遠比一般以為的要少，少太多了而且無法深刻，真正深入的東西仍得取自於書寫者本人。但有一點是明確的——兩者的關係絕對不是直接的、相等的，我可以用自身的體驗每一天都證實一次，每天證實此事四到五小時，書寫時的我絕對大於、好於平常生活的我。小說書寫，可能把這個「好於、大於」拉得更開，這是小說這個文體的獨特要求，要求書寫者是一個更寬大有容的自己，否則，小說會一直懲罰你。

十九世紀，想想歐陸，尤其想想英國和舊俄，那已是現代小說充分成熟且光輝的年代，甚至已寫到小說的某處盡頭要求更深向的開拓了。我們不能不說，清教徒的美國交出來的成績是很可憐、很初級的，能被記住的，另外大概就是霍桑吧，一個同樣處處不虔敬還曾更正面質疑清教徒教義的小說家。北美洲的貧乏書寫，新來乍到加民智未開不應該是理由，現代小說進入到全世界各地如日本如中國時甚至條件更差，而且還是異文化強行的，有著比器官移植更難以克服的天然排斥性，不像北美洲移民其實就是個離鄉背井的老歐洲人而已，這種成績真是沒面子。歸根究柢，並不存在所謂的喀爾文教義虔信者小說家，喀爾文小說家是三角形第四個邊云云的東西，這根本不必等現實成果來證明，喀爾文教義和小說書寫不相容，背反著小說的基本原理。

個人的生命際遇鬼使神差，保有著集體思維得刪除的少許珍貴例外，及其超越性，因此，願意的話需要的話永遠可以賦予毫無道理的希望，永遠容許那些心懷不甘善念的人一賭。在梅爾維爾身上所發生的，我猜想，就是大海，或用書中以實馬利的話，「那一大片全都是水的地方」、只剩下水的地方。大海特殊而且神祕，也許隨著人類種種科技力量的升高，那種純屬無知的神祕性持續縮小中，但也許大海施加於人感受的神祕、轉入到思維的神祕從未減少，我記得多年前我寫康拉德散文集《如鏡的大海》那篇引介文字，幾乎毫不猶豫所用的標題是，大海，史詩的最後一個舞台。

愛之、惡之相當兩極化的康拉德小說，其書寫最大的奧祕便是海洋，海洋把他的某些笨拙、某些斧鑿太過的安排、某些虛張聲勢的文字、乃至於虛張聲勢思維的明顯空白，彷彿都聯通起來都溫柔的包覆住了，還有這無際無垠海洋不能容的東西嗎？康拉德小說也一直和「史詩」這一詞黏一起，事實證明，稍後離海上陸、嘗試更專業書寫的康拉德小說，大量失去了那些康拉德小說所獨有的魅惑之力，模糊了，平凡了（維吉妮亞．吳爾夫語），如同光輝的青鳥在光天化日無趣的變成了一隻黑鳥。

大海，把人帶回某種天地之初，小說彷彿從頭開始寫。

其二

《迷宮中的將軍》裡，南美洲的大解放者波利瓦爾將軍沮喪的發現，把南美洲從西班牙人手中解放出來不算太難，真正困難的是治理，總是才一轉過身馬上又亂成一團，又得趕回去撲滅它，徒勞得團團轉。我相信這兩句話真的是波利瓦爾生前講出來的：「治理這個大陸，就跟在大海耕種一樣。」——但這裡，我們要看的是後一句。

大海之上，無法耕種，無法駐足，無法文明，無法在此建構人類世界種種，只萎縮的發生在、保留在那只如一葉如一粟的小小船裡，而風雨飄搖，這又極脆弱，朝不保夕。

如此，是有點像返祖到某種遠古歲月，人太少又太弱，偌大世界，得緊緊擠在個小點才可望保衛自己，這曾是我們地球上每一角落的先人都活過的生命處境，這一處境的時間也長得不堪回首——因此，書寫者一不小心就太想當然耳，直接把這種「返回原始」的小說就寫成為單純的原始，比方左翼的、慣寫生物世界的傑克·倫敦（我個人對他有特殊的情感，《白牙》、《野性的呼聲》等等，是我十五歲前的伴隨之書），他的小說《海狼》，在美國當時濃郁的史賓塞優勝劣敗返祖主張空氣裡寫成（記住，是糟糕的史賓塞，不是了不起的達爾文），書裡那位滿口鱉腳哲學、「我是一隻強大的酵母菌」長掛口中的船長，便是把這艘船統治成和外面沒差別的弱肉強食世界。

真正的純生物世界，沒太多能讓小說家寫的，如寫《人間喜劇》的巴爾札克說的，因為本能的行為簡單而且雷同，寫成了一隻差不多就說出了全體，億萬年悠悠時間，萬古如長夜——小說家不該是鱉腳的哲學家，更不該是如此鱉腳的生物學家。真正的生物學者如古爾德會告訴你，生物世界真的不是你講的那樣。還有，千萬別聽史賓賽胡言亂語。

「返回原始」絕不等於原始，它天差地別多一個極巨大無匹的東西，那就是——它依然藏著、攜帶著人類用了一萬年時間確確實實建構起來的人類世界。此時此地，儘管只剩一艘船的空間，這仍不至於也不該完全消失，尤其那些並不占空間的，人的記憶，人的情感，人的思索，人萬年過來已被形塑而成的樣子云云。事實上，真正特別的事全發生在這裡不是嗎？小說忽然來到了（或說創造出了）大自然和人類世界已無緩衝的交壞之處、激烈撞擊之處，小說不寫這個尚待何時？

《白鯨記》結束於皮廓德號捕鯨船的沉沒，海面上形成一個活生生就是象徵之物的巨大同心圓漩渦吞沒一切，包括任一小塊木頭碎片，還有倒霉來覓食的海鳥，這是《白鯨記》著名的結局，既然每個人都死了，那故事為什麼會流傳下來？因為「我」活下來了，這個叫他以實馬利的傢伙抓住了棺材改成的浮子，帶回來這個故事——我自己喜歡時間逆向的想，說故事的人並不是那個始於出海、茫茫不知前方命運如何的以實馬利，而是歷劫歸來如見證人、日後根據記憶來講故事的那個以實馬利，鬢微霜，又何妨，這樣似乎讓小說多了點欲言又止的深度和哀傷，也給我們讀小說多了點將信將疑的自由。

人，（帶著他沉重的、此刻感覺竟然如此沒用如此脆弱的記憶），彷彿赤身站在大自然前面，像他的先人那樣。

所以我們稍前所說，以實馬利此人出身哪裡、皮廓德號出航於哪裡（小說裡當然有交待）並不重要，我們大致曉得即可，一如「就叫我以實馬利吧」根本不必是真名，一如破旅店名為「柯芬」根本就要我們當它就叫「棺材」。

波赫士談笛福的名小說《摩爾．法蘭德絲》時說：「如果我沒搞錯的話，描寫環境特徵乃是丹尼爾．笛福（一六六〇—一七三一）的帶根本性的發明，在他之前的文學從未注意到這一點。這一發明之晚非常顯眼，根據我的記憶，在整部《唐吉訶德》中從沒下過一場雨。」

或日後人們如此嘲笑莎士比亞的不朽《哈姆雷特》——好奇怪北歐丹麥的宮廷裡，怎麼會擠滿了一堆取義大利名字的人？

因為，（據波赫士）在笛福之前，故事以及更早先以史詩形態被寫下、記錄下來的故事，尚未也還沒必要納入某一特殊環境種種精緻的但（相對）如此微弱的作用力。山就是山，不必去考慮它是吉利馬札羅或阿爾卑斯；海就是海，也不管這裡是愛琴海或真正荒波大浪、巨鯨之路的北大西洋。也正是說，故事發生在哪裡都是個「世界」，乃至於就只是戲劇舞台，這是人（整體的人）和大自然（以諸神、以命運、以大白鯨莫比敵克的面貌）的直面相遇、對峙、討價還價和爭戰，以至於，人的形貌也跟著巨大起來，好像就連實際個頭都變高，我不曉得人類最早神話故事裡對巨人（如泰坦）的想像，是否也源於這樣的感受。

也因此，這種等於沒命名的、未經現實著色、幾乎就是概念性揭示的人事地物以及時間，日後很自然的皆一一成為象徵，成為各種幻想的起點。

史詩，日後好像由詩人繼承，我所知道的幾乎每一位現代大詩人，早晚皆把「寫成一部史詩」當職志甚至一生悲願，這至少可追溯到維吉爾的《埃涅阿斯記》，由一個人刻意寫成、而非幾代人口語流傳而成的所謂「人為史詩」，意即史詩作品化了，並隱隱指向進一步的個體化、特殊化。但如果考慮到史詩是記事的、歷史的乃至於是人對自身來歷的驚覺和追想，這上頭又讓它更靠近日後的小說如源頭——也許，詩成為一種文體也是稍後的事了，原先，這就只是當時（不得不爾）的文字記錄方式而已，在文字才剛有、且書寫配備的取得仍如此不方便如此昂貴的時日，僅能夠重點的用最簡約的文字來記下所有口語流傳的東西（要不然，會出現一群人身披獸皮卻文謅謅談話的古怪畫面吧），如中國的《易經》、《尚書》和《詩經》幾乎共有著同一種文字形貌，四字一句，而四個字正是一個完整句子的最簡形式。也就是說，很長一段時日，書寫並不試圖把人全部記憶所及都化為文字，彼時，完整的記憶仍存放於口語裡，或人身體裡，文字記錄（暫時）是介於完整記憶和「記憶標題」、「記憶索引」之間的過渡東西，靜靜等待文字的成熟，再一步一步走向完整。

這顯然也完全契合於、同步於人的認識進展。人總是由整體的、巨大線條的掌握開始，再回頭緩緩補滿其細節。知識的進展就是知識不斷的細分，每一門學科皆如此。

這是單行道如時間大河，但局部的、單點的，日後人們也會有重回認識之初、宛如重回天地之始的奇妙時刻。比方，人忽然發現自己來到了某一方廣漠的、無人煙的陌生大地，人某種神祕的宗教體悟以為自己隻身來到大神面前云云，某種始生的驚異，某種恐怖，某種激情以及某種生而為人意識的困惑和反思——《白鯨記》的書寫大概就是如此，或者說，十九世紀當時的美國大概就是如此，一個新大陸，一個就在人眼前熠熠升起的神之國，人回首四顧，得重新搏鬥，也得重新認識並描述，所以，幾乎是同時候寫成的惠特曼《草葉集》也是這樣，一部幾乎就把新大陸、把美利堅合眾國當神一樣歌詠的現代史詩。事實上，一直到二十世紀的福克納仍依稀這麼寫，他命名為「約克納帕塔法」的小說群便意味著共同面向一個遠大於人的世界，一個生養人也不斷折磨人的世界；小說真正的主角，越過了各個故事裡的人，直指這個世界。仍然黏牢於土地的畜牧和農耕，仍然由教會統治如神監視，美國南方是歷史大河裡的一處時間漩渦，頑固不仁的保留著昔日那種認識程度的美國如山中無歲月，如不知長進。

約克納帕塔法，契克索語的原始稱呼，「大河緩緩犁開的土地」，我以為福克納採用這樣宛若一切回到原點的命名，他是心中有圖像的、有感受的。

小說書寫，亦步亦趨於人認識進展的不斷細分，也單行道的一逕往更精細處去，細如碎片，細如粉末，細如氣味，細如幻覺……，會想，這伊於胡底？現實裡，答案其實在近百年前的歐陸已經出現了，最顯眼的實例便是這兩部偉大的不祥鉅著，一是福婁拜的《布瓦與貝克歇》，另一是喬哀斯的《猶力西士》，前者埋首進去的是書和知識如海難，後者則迷失於生活現場也如海難——卡爾維諾把這描述為「深淵」，極迷人的不見底深淵，人目眩神迷的直墜進去難以脫逃；卡爾維諾又說這樣不斷細分最終「淵博等於虛無」，因為人無法窮盡或直說不堪負荷了，人已先撞上人認識能力的極限右牆，或還更早到來的，人描述的極限右牆。

這也帶給人或許更普遍（不止書寫者，而是及於所有人）的一個大困難，那就是因此「不信」——細節四面八方飛出，只在某個角落形成秩序，並不都支援那個「巨大而簡單」東西的成立，更奪目的是例外、背反、駁斥以及懷疑，人有益的掙開如束身衣的單一力量統治（神、真理、無上命令……），但卻陷入了細節的蔓藤纏繞，舉步維艱，走不了太遠。我們已來到這樣不得不小心翼翼如試探的書寫時代了，所謂「難言輕信的書寫者，寫給難言輕信的閱讀者」，彼此防衛，所以交淺言輕。「真理」云云的巨大字眼，寫的時候都得鼓點勇氣並加上括號，限定它，並髹一層輕輕的嘲諷。

所以我們說，《白鯨記》這樣的小說應該不會再有了，像是小說自身的已逝青春歲月，這讓它多了一種珍貴——這樣一部人還能敞著胸懷說話的小說。

不信，人的認識隨看隨忘，成了幻覺程度的記憶印象，很快復歸消失。就像《猶力西士》小說中這位李奧波德．布魯姆，如同難以數計的微中子通過他的身體，留不住，沒影響，無知覺，好像發生過這麼多事，但這又只是尋常的一天，晚上入睡，還是原來那個人。

不信，其實並沒那麼帥，也沒那麼好受，當下固然有一種爽快俐落的清醒之感，但推到終極之處，卻是寸草不生的人心荒蕪。乾脆丟開理性、如斬除一切知識細節糾纏的回頭取援宗教，這確實是一條路，尤其人感覺已力竭之時、已年老之時，「凡勞苦擔重擔的人都到我這裡來，我要使你們得安息」。這沒什麼不好甚至幸福（我對我同代的朋友臨老皈依宗教，總替他慶幸不已），只是生而為人，多少有點事關尊嚴的委屈感和羞赧之感。而且，宗教自己也仍式微之中，除魅最早的西歐如今，正是宗教性最淡漠、最世俗化之地，基督信仰更多只是某種儀式行為，乃至於只是習慣。

猶想奮力一搏，這還可以怎麼辦？卡爾維諾如此描述自己，說他每當驚覺到就要掉入極細極微的深淵了，便要自己趕快奔回巨大世界這一端，書寫乃至於思維，便是有點滑稽的反覆折返跑，像一隻忙碌不堪的蜘蛛——卡爾維諾沒說這是解方，他說他只能這麼做。

生活裡，所能看到最高大、最宏偉的東西若只是一〇一大樓或東京晴空塔，這真沮喪（此刻，我想起日本怪物主持人松子說的：「十年內休想要我踏入晴空塔一步。」）。不知不覺中，我們好像都跟這個叫以實馬利的傢伙一樣了，每當心思寥落，甚至感覺自己快發神經了（看到棺材鋪子就站定不走、遇上送葬行列便緊緊跟在後面、拿枴杖有條不紊的把人家頭上戴的帽子一頂頂打落……），我們會要自己出走到某處，諸如那種一整個世界都是水的地方。活在台灣這破碎窄小土地上，多年前我曾聽過某人一個莫名其妙的異想——有一天，我想站在一個三百六十度沒阻擋、大地是一個完美的圓的地方。

如果錢還沒存夠，假還安排不出來，家裡那兩隻貓還不曉得託誰，這樣，你可以考慮先讀《白鯨記》，效果很接近。如果由我來說，這應該更恢宏也記得更久。

你無需踏出家門一步，更奇妙的是，你還不必回來。

《父與子》・屠格涅夫

為什麼讀《父與子》？我想，應該是到了（重）讀這部太熱騰騰小說的時候了——尤其，如果你有些年紀了，不再那麼輕易被騙、被唬住被煽惑，不是只會用激情看世界；或，如果你小說閱讀已達一定的量，不會太大驚小怪了，我心沉靜，有餘裕可以看到較細膩流動的部分。

其一

書寫者屠格涅夫，溫和的文學巨人（成就，也是體型），我們先放一段他的話在這裡，出自他另一部小說《煙》：「我忠於歐洲，說精確點，我忠於……文明……這個字既純潔而且神聖，其他字眼如『人民』……或者『光榮』，都有血腥味。」

我無比無比同意。這番話，很清楚講出了屠格涅夫的價值選擇及其深深憂慮，他太靈敏的嗅覺（一種很容易給自己帶來危險的能力）早早就聞出彼時還沒那麼明顯的鮮血氣味。今天，一百五十年的歷史堆下來，我們知道屠格涅夫是對的。屠格涅夫一直是比較對的那個人，只是當時人們不夠相信他、不太願意相信他而已，他極可能是整個舊俄時代最被低估的人。

不要向歷史討公正，我們能做的只是，竭盡所能讓人類歷史可以稍稍公正一些。是這個最溫和不爭（或柔弱不敢爭）的人，而不是性格強悍見解激烈的托爾斯泰或杜斯妥也夫斯基，寫出了這部十九世紀舊俄（也許就是人類小說的第一盛世）最爭議的小說。說稍微誇張一點，《父與子》是炸彈，當場把一整個俄羅斯老帝國炸成兩半，當然，傷得最重的必定是引爆者屠格涅夫自己。

時間點是這樣，時間總是最重要──《父與子》寫成於一八六二年，小說裡的時間則是一八五九年（所以《父與子》是當下的、即時的書寫）。這裡有個巨大無匹的時間參照點：一八四八，人類革命歷史不會被忘掉的關鍵一年。

我們稍稍花點工夫來談一下，畢竟這是應該要知道的──一八四八，近代革命史第一震央的巴黎爆發了二月革命和六月革命，並迅速席捲整個歐洲，於此，歐洲統治者中反應最快的反而是俄皇尼古拉一世，他立刻出兵蕩平波蘭如築牆，把革命浪頭成功擋在西邊，並回頭解散莫斯科大學如拔除禍根，高壓統治提升到前所未有的強度。往後七年，整個俄羅斯呈現全然的噤聲狀態，這就是著名的「七年長夜」，「活在當時的人都以為這條黯黑甬道是不會有盡頭的……」（赫爾岑）。《父與子》小說一開始，苦盼兒子阿爾卡季回家的老好人尼古拉．彼得洛維奇陷入回憶，想起來的便是：「然而繼之而來的是一八四八年，有什麼辦法呢？只得返回鄉居，他很長一段時日無事可做，百無聊賴，遂關心起農業……」

雪上加霜，俄羅斯良心、心志最堅韌、最直言不屈的別林斯基就在一八四八病逝，別林斯基也是屠格涅夫最尊敬的人，別林斯基大七歲，亦師亦友。《父與子》小說裡，這對結伴而行年輕人阿爾卡季和巴札洛夫的關係樣式差不多就是如此，屠格涅夫書寫時有沒有記起別林斯基呢？我相信，日後這三十年（屠格涅夫單獨活到一八八一年）他必定不斷想起他這位光輝、無畏的朋友，在他需要做決定尤其需要勇氣時如一靈守護，諸如此類時刻終屠格涅夫一生還挺多的。

又，最聰明且筆最利、批判幅度最大的赫爾岑亦於一八四七年去國流亡。扛得住壓力的人不在，當時，整個俄國確實有瞬間空掉的感覺。

一八四八，歷史地標一樣的數字，已在在確認，這是革命戲劇性切換的一年，從遍地花開到歸於沉寂，都在這一年——西歐這邊：沸沸揚揚百年的歐洲革命到此終結，這一頁歷史翻過去了，西歐轉向另一種前進方式，年輕人覺得較不耐較不過癮的方式；俄羅斯這邊：革命從此東移，新核心是俄羅斯，儘管一開始並不像，俄羅斯的當下景況無疑更沒生氣沒空間可言，沙皇、東正教和農奴制這著名的三位一體鐵桶般牢牢罩住整個俄國，但這是壓力鍋啊，無處去的能量不斷的集中、堆疊、加熱，歷史結局，當然是炸開來撼動全世界且成為下一波革命輸出中心的紅色革命。

《父與子》的狂暴主人翁巴札洛夫，日後被說成是「第一個布爾什維克」，小說被推上這種政治高位，當然是文學的不幸。

一部小說就把一個國家一分為二，必定是原本就有著夠大夠深的裂縫存在，如地殼斷層那樣，《父與子》恰恰好炸中要害——俄羅斯這個非歐非亞、又歐又亞，如冰封如永夜的沉鬱帝國，其實是領先「西化」、「歐化」的國家，啟動於彼得大帝一個人的獨斷眼光。彼得大帝毅然把國都推進到極西之境，於芬蘭灣涅瓦河口的沼澤地硬生生打造出新國都，這就是聖彼得堡，一扇門，一個採光窗口，一隻「看向西方的不寐眼睛」。普希金的不朽長詩《青銅騎士》，寫的正是聖彼得堡加彼得大帝，凝聚為這座青銅鑄的躍馬騎士像：「那裡在寥廓的海波之旁／他站著充滿偉大的思想／河水廣闊地奔流／獨木船在波濤上搖蕩／……而他想著／我們就要從這裡威脅瑞典／在這裡就要建立起城堡／使傲慢的鄰邦感到難堪／大自然在這裡設好了窗口／我們打開它便通往歐洲」。

談西化我們常忘了俄國，忘了這一有意思又極獨特的歷史經驗。不同於日後西化的國家，俄羅斯完全是自發的、進取的，並非受迫於船堅炮利如中國如日本，因此原來沒屈辱沒傷害，西化是相當純粹的啟蒙學習之旅，充滿善意和希望，是文明的而非國族的，也就和對俄羅斯母國的情感沒有矛盾更不必二選一。可也正因為這樣，長達一個半世紀之久的西化其實僅及於薄薄一層上階層的人、貴族世家有錢有閒有門路的人。以撒．柏林指出來，這些西化之士是各自孤立的啟蒙人物，只要是文明進步事物無不關懷，大而疏闊，且只停留於思維和言論的層面。

這就是一八四八之前俄羅斯奇特的上下截然二分景觀——為數很有限但熱情揚溢的歐化知識分子，和底層動也不動如無歲月無時間的廣大農民農奴。別林斯基如此說：「人民覺得他需要的是馬鈴薯，而不是一部憲法。」

來自西歐的傷害遲至一八一二年拿破崙的揮軍入侵。這場大戰，俄方靠著領土的驚人縱深和冰封漫長的冬季「慘勝」。但儘管滿目瘡痍，俄國上層的西化之士心思卻極曖昧極複雜，因為這是法蘭西啊，這是第一共和之子拿破崙、是自由平等博愛云云法國大革命這波人類進步思潮的光輝成果及其象徵，所以，這究竟算侵略還是解放？是壯闊歷史浪潮的終於到來？畢竟，有諸多價值、心志乃至於情感是恢宏的、人共有的、超越國族的(彼時民族國家意識才待抬頭)。托爾斯泰《戰爭與和平》小說中,我們讀到,即便戰火方熾,俄國貴族的宴會舞會(照跑照跳)裡代表進步、教養或至少時髦的交談語言仍是法語,甚至還對拿破崙不改親愛不換暱稱(依今日用語,可譯為「破崙寶貝」)。惟家家悲劇遍地死人這是基本事實,平民也永遠是戰爭最大最無謂的受害者。這場戰爭於是帶來大裂解:其一發生在西歐和俄國之間,歷史總會來到人無可躲閃得二選一的痛苦不堪時刻(葛林講的,你遲早要選一邊站的,如果你還想當個人的話);另一發生在上層歐化知識分子和一般平民之間,之前只是平靜的隔離,如今滿蓄能量如山雨欲來,開始滋生著懷疑乃至於仇恨。

最後決定性的一擊就是一八四八了,其核心是絕望,雙重的絕望——對歐洲絕望:革命不復,進步思潮全線潰敗,西歐那些天神也似的人物(如馬志尼)一個個逃亡到大洋上的倫敦彷彿偌大歐陸已無立足之地,西歐自顧不暇至少已不再是答案了,俄國必須自己重找出路;更深的絕望則指向這一整代歐化知識分子,別林斯基已死,赫爾岑遠颺,巴枯甯被捕,所有華麗的、雄辯的、高遠如好夢的滔滔議論一夕間消失。比起單純噤聲更讓人不能忍受的是變節,其中最駭人的當然是巴枯甯那份聲名狼藉的〈自白〉(一八五一),他在獄中上給沙皇,滿紙卑屈求恕之語,這所有一切原來如此一戳即破,沒用,還敗德。

一八五六年,七載長夜之末,屠格涅夫先寫出了《羅亭》(很建議和《父與子》一併讀),對屠格涅夫這樣一個徹底歐化一生不退的自由主義者而言,這當然是一部最悲傷的小說。羅亭這個人物據悉是依巴枯甯寫成的,但其實就是他們這一代人、是相當相當成分的屠格涅夫自己。抱怨《父與子》對下一代年輕人不公正的人尤其應該也讀《羅亭》,他寫羅亭比寫巴札洛夫下手要重,狠太多了,彷佛打開始就設定要暴現他嘲笑他（自己）——羅亭是那種春風吹過也似的人物，彷彿無所不知、無所不能議論，而且再冷的話題由他來說都好聽有熱度，如詩如好夢如福音。但屠格涅夫真正要讓我們看到的是，這樣的人、這些個議論撞上現實世界鐵板的狼狽模樣。那是一連串荒唐的失敗，甚至在失敗到來之前人就先懦怯的逃了，農業開發不行，挖運河不行，連談個真實戀愛都不行。羅亭一事無成，只時間徒然流去，只人急劇的老衰。

屠格涅夫對羅亭僅有的溫柔是，幾年後他多補寫了一小段結尾如贈禮，給了羅亭一個體面的、巴枯甯理當如此卻無法做到的退場——時間正是一八四八，地點是革命風起但又敗象畢露的巴黎街壘，一個華髮的、身披破舊大衣的瘦削男子，以他尖利的嗓音要大家衝，但子彈擊中了他，他跪下去，「像一袋馬鈴薯」。

一八四八之後，已中年了、或初老的這一代羅亭，由此有了個很不怎樣的新名字，如秋扇如見捐的冬衣，叫「多餘的人」。

《父與子》這部命名就已一分為二的小說，於是這麼一刀兩半——西化人士和斯拉夫民族主義者，自由派和民粹派，溫和派和激進派，改革者和革命者。以及，應該是最根本的也最難真正消弭的，因為有生物性基礎：中老年人和年輕人。

這個二分歷史大浪一路衝進二十世紀的紅色革命之後依然其勢不衰（蘇聯的統治是一長段不斷二分不斷清算的歷史，當然是由理念差異轉向權力傾軋，但人類歷史也少見這麼溯及既往、報復心如此重的政權）。所以說，《父與子》即便到了二十世紀也很少被好好讀，或說，一直被奇奇怪怪的讀——極仔細極挑眼，凶案現場鑑識那樣不放過任何一字一句的可利用線索；同時又最粗魯最草率，但凡無法構成罪證或用為攻擊武器就一眼掃過，或更糟糕，誇大的、扭曲的、隨便的解釋。這真是一部不幸的小說。

說現在應該是好好來讀《父與子》的時候，並不是說此一二分浪潮已然止息，我們等不到這樣的時日，人類歷史也永遠沒這樣的時日，我們活在一個動輒二分且二律背反的世界，人那種不用腦的激情也源源不絕，這就是人，「人真是悲哀啊」（美空雲雀）。但勉強從好的一面來說，這也是文學的力量吧，一部厲害的作品，總會深深觸到人很根本的東西，幾乎是永恆的東西，好作品總生風生浪。比方，中老年人和年輕人的二分，事實上，今天的「年紀戰爭」或「憎恨老人」顯然比屠格涅夫當時更熾烈更普遍，也更反智放肆，所以，應該還沒到歷史最高點對吧。

世界冷差不多就可以了，剩下的得我們自己來——保持心思清明，並努力讓它成為一種習慣，慢慢的，它會熟成為一種能力。

「我們有義務成為另一種人。」（波赫士）

其二

知道點《父與子》這段閱讀歷史的人，今天若沉靜下來重讀，必定會非常訝異這部小說本來面目的「柔美」——是還不到田園詩的地步，但就這幾個人，這幾處莊園，這裡能發生最嚴重的事不過是一次失戀（巴札洛夫），一場虎頭蛇尾毋甯是鬧劇的手槍決鬥（巴札洛夫和伯父帕維爾），然後就是書末巴札洛夫的死亡，不同於羅亭，他是診治病人時感染了斑疹傷寒死自家床上的。

小說中的暴烈東西，就只是巴札洛夫一人那些冰珠子也似的、無比輕蔑還帶著恨意、所謂「坦白到殘忍」的議論，或說狠話——不是行動，從沒有行動，只動嘴而已。

這部小說，屠格涅夫幾乎不嘲諷。書中堪稱丑角的就只有西特尼科夫這個可有可無的人。我忍不住想，這個故事要落到錢鍾書手上會是何等光景，必定酣暢淋漓從頭笑到尾無一人孑遺就像他的小說《貓》那樣對吧。畢竟，同樣活在那種裝腔作勢的歷史時刻（錢鍾書是西風東漸的民初），世界遠遠大於人，世界驅使著人，不斷勉強人要這樣那樣，人被迫扮演自己還不會的角色，講所知甚少的話，做各種不知後果的事云云。人不免是尷尬的、難看的，我最喜歡的日本諧星有吉弘行稱之為「超出自身能耐的交際性」。

但有一個頗精巧的斷言我倒同意，一般，這是同為書寫者才能察覺的，因為這只隱藏在語調中、只是一種「勢」——看巴札洛夫的登場架勢，屠格涅夫本來是要嘲笑的，但屠格涅夫陷入了沉思，寫下去有了不一樣的發現和理解（「無法把自己變簡單」）。這其實是常有的書寫經驗，敏銳無匹、也寫過小說的赫爾岑便說：「寫這本小說的屠格涅夫，其藝術成分比大家所想的要多。正因為如此，他才迷了路，而且，據我所知迷得非常高明。他原來要進一個房間，最後卻闖入了更好的另一間。」同此，文學史上更有名的是稍後契訶夫那部非常可愛的小說《可愛的女人》，托爾斯泰引了《聖經》先知巴蘭的故事說：「契訶夫本來要嘲笑這個女人，最終卻祝福了她。」

寫出來的小說和書寫者的「原意」不一致。我們這裡把「原意」括弧起來，是因為這個詞的強調帶來誤解，好像說的是之前之後兩個不同的人，好像人只在構思階段才算他本人。當然不是這樣，這是連續的，而且是展開，稠密的、具體的、深向的展開，以及實現。構思階段，事物（或說只是情節）

的聯繫總偏向概念的、單向度的、大而化之的乃至於一廂情願，這一處處的空白在書寫裡才得到補滿；這些姑且的、勉強的、以及並不成立的聯繫也到書寫時才真正暴現出來，才被糾正甚至得放棄掉另闢蹊徑；更好的是，有太多深向的可能性，只有固定成白紙黑字彷彿已成「實體」才呈現、才完整、才又生出再前瞻的新視野。書寫不是只動手而已，事實上，書寫時人的大腦活動更集中、更精純、更熾烈且更持續，而且，不只腦而是人一整個身體，人的全身感官四面八方張開著，很多「感覺」、「感受」云云這樣朦朧的、懸浮微粒的、微妙到彷彿尚未成形的東西至此才有餘裕捕捉、才加進來、才被思索和使用。此外，還有意志差異，構思時通常並不真的決定，書寫則是真的做出選擇，一系列不得不做成選擇（所以猶豫、恐懼、不捨不甘心……），提筆是決志而行，玩真的了，馬鳴風蕭蕭。

因此，書寫成果必然大於、深於、好於構思（只除了構思裡那些本來就該刪除的不成立幻想），這一通則甚至成為書寫成敗與否的一個判準——如波赫士說的，一部小說如果和構思的完全一樣，那真是天底下最沒勁的東西。

唯一可稱之為風險的是，書寫者最終可能變得太寬容。理解總沖淡掉一些怒氣和恨意。沒等到對巴札洛夫的嘲諷（「不曾看到理所應有的抵抗」），大大激怒了屠格涅夫這一代、這一邊的人；可下一代、另一邊的人並不領情，除了少數那幾個（如畢沙洛夫），年輕人仍認定這是詆毀、是侮辱。我猜，最不可原諒是巴札洛夫的死法，死得如此無聲無味，而且，他們認定（或說看出來了），致命的不是傷寒沙門菌，而是安娜·謝爾蓋耶芙娜·奧金左娃，她拒絕了巴札洛夫的求愛，天神也似的巴札洛夫怎麼可以栽在這樣一個女人手裡呢？

屠格涅夫自己曾這麼講巴札洛夫及其死亡：「我把他構想為一個沉鬱、質野、巨大、已一半掙出泥土、強有力、討人厭、誠實、卻因為還只算站在未來的門前而命定毀滅的人。」——站未來門前所以注定毀滅這個未實現的想法其實相當精采，我想屠格涅夫是真的先一步看到、深深有感於某個真相。的確，在我們這個不幸的人類世界、超前眾人一大步察知、覺醒、習得並堅持某些東西，the man who knows too much，通常是危險的，像過早的花蕾結在還太寒冽、滿滿敵意的環境裡，有時，光是太聰明、太有德、太用心高貴都會。但巴札洛夫的確沒能得到這樣悲傷、或我們寧可稱其為「悲愴」的死法（耳邊響起那讓人難以自已的交響樂），這幾處過家常日子的俄國老莊園提供不了這樣的死，也可以說，一八五九年彼時仍如永夜的俄羅斯還太早。

但別弄錯了，奧金左娃可不是為毀巴札洛夫而生，這位美麗的、生命閱歷遠超出她年紀的有錢寡婦，是個遠比巴札洛夫更複雜更完足成立的人物（比起來，巴札洛夫的求愛更像通俗故事裡的莽撞簡單年輕人）。奧金左娃慷慨接待他，感受到那撲面而來如未來風暴的強大力量，也被他吸引，但還遠遠不到昏頭沒自我的地步；她其實是善意的、溫柔的，帶一點應該可被寬恕的虛榮和自私。事實上，書末巴札洛夫死前，無懼感染趕到病榻前送走他的也是奧金左娃，不當啦啦隊而是小說閱讀者來看，這很動人，於真人真世界已算奢求程度的動人。奧金左娃的情感微妙分寸，以及她做決定前前後後的曖昧複雜心思分寸，還有她真誠但有限度的同情和負疚，這很難寫好，是卡爾維諾所說真實稠密人生和充滿間隙文字的無法窮盡落差，這些在書寫時才一一浮現並不斷折磨書寫者的毫釐之差變化，把小說帶往未知但更準確更手饒的路。

小跟班阿爾卡季也是，尤其最後一場，他極興奮、卻也有點背叛巴札洛夫之感的隻身跑回奧金左娃家，不是找他以為自己跟著傾慕的奧金左娃，原來是那個安靜的、如一直站陰影裡的妹妹卡婕琳娜才對——阿爾卡季這個「長大」和戀愛寫得實在精采，我們會忍不住翻回前頭去找，但沒事發生，也沒有他「覺醒」的一點，更不靠衝突決裂無需弒父弒師這種俗爛狗血情節，阿爾卡季就這麼不知不覺但合情合理變了、大了，甚至心智成熟度越過了他的導師。最終一次，他和巴札洛夫告別那一段，毋甯更像悲傷的父親看著鬧彆扭的小孩遠去，而阿爾卡季果然也沒悲傷太久（補上這個，是屠格涅夫最厲害的地方之一）。

還有決鬥受傷後的帕維爾，被巴札洛夫強吻後的小女人費多西婭，都是寫得精采的部分。

這就是赫爾岑說的「藝術成分比大家想的要多」。敵我二分的過度激情閱讀，把我們拉回去那種最初級的、小孩子也似的聽故事方式，這當然是返祖，是大退步。小說早就不是情節性的只注意發生什麼事，小說更寬廣也更富耐心的關懷這之前和之後，因為這樣才完整，這才是理解，才是事件加上世界，才得到意義。尤其之後，人們遺忘了，相關人等失去重要性了，退下舞台了，其他文體不再感興趣了，就只有小說像羅得之妻那樣回頭深深多看一眼，彷彿要完完整整記住它。「我記得」，這是小說之德，是這個文體最獨特的溫柔。

如葛林《喜劇演員》書末——小說留下來處理屍體，整理遺囑。

《父與子》的兩造衝突只在言詞上鬥勇耍狠，我想，上一代的不滿在於屠格涅夫總是讓巴札洛夫占上風。但這麼寫也許並非偏頗，只是簡單事實。關鍵在此——這應該是這部小說最被引述的段落，都出自巴札洛夫之口：「目前，最有用的事情是『否定』，所以，我們否定。」「（否定）一切。」「首先必須清理地面。」

如此，巴札洛夫是不可能輸的，因為他完全沒東西要防衛，沒有道德顧慮及其負重，不需舉證（所有律師都知道，得負責舉證的通常是輸的一方）。但日後一百五十年的斑斑歷史（尤其蘇維埃革命如驗證這一場），這樣清理掉一切自然會生長出好東西的想法已證實是人類最糟糕的幻想，只製造災難，倒退回原始和野蠻；更糟糕的是，今天居然還一代一代有人在使用這種辯論技巧（如今就只是個不光明的辯論手法而已）。

當然，彼時並非全沒清醒的人，赫爾岑就是一個，他不是說這樣野蠻的主張不會得勝，畢竟人類歷史是隨機的、胡鬧的，經常做出瘋子也似的決定（「歷史利用每一樁意外，同時敲千家萬戶的門，哪個會打開，這誰知道呢？」），而是——赫爾岑說，一群野蠻人掃掉糟糕的舊世界，只留滿地瘡痍和廢墟，而且只能夠在上面建立起更糟糕的新專制，這，憑什麼我們該表示歡迎、該努力讓他們獲勝？

多年之後，以撒·柏林溫和的歷史結語是：「因為，在一個用狂熱和暴力創造出來的新世界裡，值得你生活的東西可能太少了。」

但我更想引述的是當時卡特科夫的看法，這也是個讀進小說的人。

《父與子》裡巴札洛夫的另一句名言是：「一個化學家勝過二十個詩人」，意思是，一個李遠哲（不記得他是誰也沒關係）勝過普希金加荷馬加莎士比亞加李白杜甫王維蘇東坡云云，這顯然是搞笑，但巴札洛夫可不為搞笑。

李遠哲儘管很糟，好歹也拿了諾貝爾獎，而巴札洛夫的化學家呢？卡特科夫很正確看出來，他揮舞的不過就那幾本、最初級科學知識的廉價小冊子而已，輔以解剖幾隻青蛙、用顯微鏡看看草履蟲云云（我國中一年級十三歲時的課程），沒更多了。卡特科夫進一步指出，巴札洛夫絕非科學家，毋甯只是新布道家，他對真正的科學毫無認識（從內容到精神。民粹和任何專業皆不相容），甚至不真的感興趣，否則他會更苦心的研究深造而不是喋喋狂言（彼時的俄羅斯有多少東西急著要學）。他只是奉科學之名一如教士祈禱所說的「奉主耶穌聖名」，科學是新宗教禱詞，是新口號，最終，就僅僅是新口頭禪。

日後，這也不幸完全言中。

要到整整（不只）半個世紀之後，渥特・本雅明才提出那個「土耳其木偶棋弈大師」之說，指出真正有力量獲勝的不是唯物主義，唯物主義只是木偶，真正下贏棋的是躲木偶裡頭的神學——《父與子》早早察覺了，還實體的創造出巴札洛夫這個人來，多厲害。

巴札洛夫「有力量但沒內涵」（「力量」和「內涵」四種排列組合中最差也最危險的一種），或我們該寬容點說，來不及有內涵。畢竟，他真的還太年輕了，如錢鍾書說的，年紀太輕，時間太短，「裝不進去」；巴札洛夫色厲，不得不色厲，因為內荏（如果連自己內涵不足都不曉得、沒自覺，那就有點糟了）。他是光年輕就構成全部的寬容理由，連最不談寬容的法律都如此，我們只祈盼有點界限，別錯到無法收拾無法彌補。

也畢竟，在俄國這一切都還太早，才一八五九年，年輕的俄羅斯。

巴札洛夫無聲無息死了，但其實也非全無價值，我相信這是屠格涅夫費心的文學安排，給了他另一個接近神的位置，儘管新一代絕對不領情乃至於無感——這我們今天已熟悉到甚至隱隱是一個典型，一種書寫套路。巴札洛夫是天使，面目猙獰的天使，他短暫來過，讓每個人都因他變得更好，世界加上他再減去他，隱隱多了點幸福。

熟悉屠格涅夫小說的人都知道，他太精細而且太抗拒神聖的根本思維，很不容易肯這麼寫。

每一個人，只除了巴札洛夫的一對老父老母，他們只得到一個再沒人來探訪的孤墳。這兩個只負責流淚的老人，是整部小說最悲傷的人物，卻也是寫得最簡單最扁平的角色。

《唐吉訶德傳》上下卷・塞萬提斯

為什麼讀《唐吉訶德傳》？

一般性的理由，我會講，這是一部所謂「我們應該要讀的書」——應該要讀的書，這是我自己近年來的一個說法，我用來取代我們習用的「經典」。經典感覺太高太令人望而生畏了，其實原來只是用來表達我們對某一部了不起著作的敬重乃至於感動，但這樣也就不知不覺把它給推遠了。

尤其到得我們這個舒適度要求較高的時代，一部書被冠上經典之名，更多時候等於宣告這部書不必讀了，或這部書只那些怪怪的人才讀，從而喪失了原意，還遮去了真相。事實上正正好相反，經典是（不知不覺）最多人讀過的書，直接的間接的，整本的拆解的乃至於只一句兩句的。經典流傳一段時日之後，更多時候不再以書的完整形貌出現，而是四下散落在比方某篇其他文字中、在口說耳傳中、在人起起伏伏的記憶裡，也可以說，這部書幾乎無處不在了，而且和人的關係更親切了，如同被人一直攜帶著，隨時隨需要想起、說起、感悟、印證和體味，以那種一點一點的精緻方式進行，參與了人生活裡的大小事，參與了一次次尋常的或鄭重的判斷選擇云云。

把經典改為「我們應該要讀的書」，就是把它拉回到我們生命現場來，希冀能找回來那種密密實實的生命聯繫。安博托．艾可對經典的定義正是這樣，經典是通過夠多夠久的人閱讀才成為經典，這比它內容的實質高低好壞更決定性。

其一

沒看錯的話，我們當前這個時代正緩緩流失掉「我們應該要讀」這個意念和心志，台灣尤其嚴重，自稱覺醒的年輕人的覺醒之一就是原來可以不讀書，這是很可惜的，而責任顯然在讀者這一面而不是書寫者是吧。

但這一回，我重新翻出這部《唐吉訶德傳》，有一個較私密的企圖，我是特別對著那些愛讀小說的人而來：《唐吉訶德傳》在小說歷史上有著無可比擬的位置——讀這麼多年小說總該會生出這個好奇心，我自己年輕時就被這一好奇纏了好些年：小說的「原點」何在？怎麼開始的？誰？

現代小說，始生於歐陸尤其英國，在笛福、費爾丁等人的書寫中緩緩凝聚成形，這已是十八世紀初的所謂近代了；至於小說的長河來歷，則承自於人類說故事聽故事的悠悠傳統，這又久到超過百萬年了，遠早於文字發明，人有嘴有耳朵就有故事了。因此，我們的油然好奇集中在這個點上——人講了百萬年故事，怎麼講著講著忽然變了，在何時、哪本書「質變」為今天的現代小說？

依我個人的閱讀記憶，被視為質變原點的候選之書也就那幾本，意見並不太分歧。大概，英國人順自身的書寫上溯到喬叟，《坎特伯雷故事》，十四世紀；法國人則是拉伯雷，《巨人傳》，一樣中世紀但稍晚的十六世紀。較特別的是，《巨人傳》這部狂野到幾乎沒了邊的奇書，越出了國境得到至今兩個重量級的支持，一個是俄國的大文學理論家巴赫金，如獲至寶在這本書上建構起他著名的狂歡理論；另一個是捷克來的昆德拉，他一講《巨人傳》就沒完沒了，開心得。當然，昆德拉也熱愛《唐吉訶德傳》，二書難分軒輊，也根本無需分軒輊。

《巨人傳》是我個人編輯生涯的一個遺憾，我處心積慮很多年，但終究沒找到恰當機會出版它。

惟票數壓倒性勝出的仍是《唐吉訶德傳》，我信任的、視為楷模的大書寫者沒人不喜歡這部書，僅有的微詞反倒來自最喜愛一級的波赫士，他指出《唐吉訶德傳》終究還是終結了騎士小說，波赫士不認為有哪樣書寫形式該被消滅。從閱讀面來看，《唐吉訶德傳》也是活得最好的一部，它的諸多內容至今仍是我們生活乃至於生命構成的一部分，沒真讀過書的人也輾轉知道它攜帶著它，作不可能的夢，打不會贏的仗，忍不能忍的悲傷云云，我試著 google 一下，出來的前七筆資料全是日本的最大連鎖賣店唐吉訶德，瘋子騎士唐吉訶德賣化妝品、時裝、奢侈品？唐吉訶德被記到、用到這樣，我真不知道應該高興還是悲傷。忍不能忍的悲傷？

來看這個——「拉曼查那裡有一個鄉村，名字我們就不提了。不久前那裡住著個老派的鄉紳，家裡有一支長矛，一塊舊盾牌，和一匹老馬——」

這是《唐吉訶德傳》的開頭，非常瀟灑，而且從容，給我們一種天高地遠之感。我記得昆德拉也引過這幾句開頭，顯然他也喜歡，只寥寥幾筆，但老練的小說家同業比讀者更容易被抓住，完全知道這一下子打開多大的書寫空間，或直接用昆德拉的話來說，就這樣開始了一趟「在無限大世界的樂呵呵冒險旅行——」。

畢卡索則把它畫下來——那幅著名的唐吉訶德剪影般墨黑畫像。拉曼查的愁容騎士和他的瘦馬羅西南提，一旁稍小是桑丘．潘札和他搶來的心愛驢子斑點兒，當頭一個黑色大太陽。朱天心早些年寫她《想我眷村的兄弟》和《古都》的咖啡館就掛著這畫，朱天心也因此寫了她那個有趣的短篇〈拉曼查之路〉——望風追逐，求情於鐵石，用禮於野人。

我也記得波赫士曾告訴我們，頗得意的語氣，彷彿炫耀他讀得比我們熟：「如果我的記憶沒錯的話，整本《唐吉訶德傳》裡沒下過一場雨。」

賈西亞．馬奎茲說，第一句最重要，第一句決定了整部小說的語調，決定了小說看世界、說世界的方式。

《唐吉訶德傳》的這個開頭極富「現代感」，或說，只有現代小說才「敢」這麼寫。傳統說故事的方式，為求第一時間圈住讀者（聽者），通常開頭就下重藥，甚至不惜嚇嚇你——像《水滸》，故事始於洪太尉魯莽撕去封印，登時天地異變，一聲響雷，現出一道黑氣，化為百十道金光四射而去，這廝放走了禍害的三十六天罡七十二地煞，天下要大亂了；《東周列國誌》更可怕，由周宣王那個鬼氣森森的噩兆之夢開始，一美貌女子自西冉冉而來，直入太廟，大笑三聲，再大哭三聲，將七廟神主捆一束望東而去。

乃至於，二十世紀末紐約，卜洛克的馬修．史卡德系列，這是一組好得不像類型小說的作品，也更自由、有更多書寫者的自我成分。但注意到了嗎？小說首章恆定是一樁謀殺案，先把屍體擺出來，而且重播也似的盡量不遺漏任何細節。

也就是說，書寫者和讀者的關係有變了，現代小說和讀者的關係開始疏離，不再把侍奉讀者當第一要義，再怎麼在意名利、敏感於讀者反應的書寫者仍有其限度，小說開始順自身的路而不是讀者的期待走，書寫者有更優先的召喚聲音。也可以說，小說書寫，放進了志業工作的成分，不單單只求餬口。

小說分歧為二路，現代小說走向人稀之徑，類型小說則保留著較多傳統說故事的方式，人仍如往昔浮沉於悠悠時間長河之中彷彿微塵一粒，沒清楚的時間斷點，類型小說書寫者少了某種現代小說的「時代自覺」，故事的外妝也許說得更用力，求新求變求眩還虛張聲勢，但這正是每一代說故事的人都做的事。

新穎的外裝，古舊的內容，這個裡外時間落差，喬治．魯卡斯的《星際大戰》堪稱最生動的實例。這部未來得不得了、遙遠到不知究竟何年何月的科幻片，不就這麼個故事嗎？——一個農民無意中救了一個落難公主，並挺身幫她復國，在熾烈的戰鬥中，農民逐漸發現自己的神聖血脈，是某個高貴的武士後裔云云（唉，就不能只是個農夫嗎？農民難道就不可以救公主？），這其實是典型的中世紀故事而且還是最老土那種的是吧。事實上，魯卡斯也自承，他的故事和人物正是來自黑澤明的日本武士電影《戰國英豪》。

所謂的類型小說有種種定義方式，這裡我們借用我老朋友詹宏志年輕時不周密但較銳利的說法：所謂類型是小說和讀者的一組約定，好掙開某些真實世界的限制，給故事製造出一個特殊空間，像是、你先別管為什麼人可以一跳五丈高，為什麼每家都生一個絕世美女，為什麼他摔下懸崖絕不會死而且一定在山洞裡找到寶物，也別問為什麼這裡每個人都處心積慮想殺人，又為什麼殺男女主角非要用某種耗時三分鐘以上乃至於一整天的麻煩處決方式不可。現實世界是類型小說的死敵，我們得先暫時忘掉它，假裝沒看到這種種不合理，它就會回報我們一個好聽故事。

這約定一旦破壞，就像鏡子有了裂痕，只會一直裂下去，無法修復。

《唐吉訶德傳》是如何毀壞騎士小說約定的呢？——它不直接攻擊，幾乎口不出惡言，它只是笑，但日後我們知道這其實最狠、最致命。

笑的這個摧毀夷平力量，我所知講得最好是安博托．艾可，在他第一部也是最好一部小說、神奇的《玫瑰的名字》裡。那是書末，第七天，為護他神聖信仰不惜毀書殺人的瞎眼老僧侶佐治講出來的。大致上是，神和人的神聖約定並不怕暴烈的直接攻擊，事實上，這往往只是信仰的背面，信仰之光的陰影部分，往往分享著同一個思維，更有著相同的激情，還有著相同的語言；也往往，信仰藉由對它的攻擊更聚焦並且傳送更遠，如同另一種宣揚，讓信仰之光更強大更璀燦。但、「假如有一天某個人可以說（也聽人家說）：『神下凡化身為基督的說法讓我覺得很好笑。』我們就沒武器可以對抗這樣的冒瀆了。」

於騎士小說，那個有一天說「書裡頭那些騎士讓我覺得很好笑」的某人就是寫《唐吉訶德傳》的塞萬提斯；而（也聽人家說）跟著笑跟著傳話的就是我們大家。

笑對類型約定的摧毀，發生在我們眼前的最生動實例便是港片的類型英雄角色變化——有個笑話，說冬天河裡有人溺水，好半天，終於有個老先生英勇入水救人，拉上岸後，老先生第一句話是：「剛剛誰把我推下去的？」

港片銀幕英雄的毀壞及其轉變便像是這樣，一路上滿滿的笑聲，從年輕時拳打腳踢的成龍、洪金寶，到市井小民的許冠文，小人物英雄，誤打誤撞的倒霉英雄，心不甘情不願的英雄，最終收尾成那種膽小懦怯、還非常小人、周星馳式的英雄。被這些傢伙這麼惡搞下來，原來那個連長相都得俊美的正面英雄再回不來了，不好意思回來。

只是，類型小說沒這麼脆弱——特定的類型約定也許就此毀了，但類型小說母體並不見得，類型小說可以把破壞者給收編進來，成為它麾下的一支，甚至就是它的新面貌。像是，港片英雄，只是換了新約而已，英雄不死；像是、漢密特和錢德勒又寫小說又講理論的把原先的英式安樂椅神探狠狠收拾一頓，但最終這只是推理小說的一場茶杯內革命，開創了所謂的冷硬派推理，讓謀殺詭計瀕臨耗盡的推理小說滿血復活，又再寫了快一百年至今。

得好到遠遠溢出類型小說的可能邊界之外才行。

《唐吉訶德傳》不但笑了騎士小說而已，它所完成的不止當下的除魅，像《巨人傳》那樣見神殺神見佛滅佛。《唐吉訶德傳》還沉靜的建立，它不必依附騎士小說之存在，即便世界早已不是中世紀，誰也再讀不到任一本它所笑的騎士小說，《唐吉訶德傳》依然元氣淋漓，閱讀起來絲毫沒違和感，說是才剛寫出來的也不奇怪。所以昆德拉講，這根本就是一部提前出現的現代小說。

笑，終究還是短暫的；嘲笑，更是依附性的，必須它嘲笑的對象猶健在猶強大肆虐，嘲笑才有感、有意義，兩者其實算是共生。只嘲笑的單維度小說，也許很痛快而且用心高貴，很難單獨成立，很難不用後即棄。

還有，我們常有這個錯覺，總以為慷慨把某個爛東西推倒，原地自動會長出好東西來，但其實更常見的是，一塊荒地，占領它的只是更荒敗更無價值的野草亂石，還被丟滿垃圾。

其二

艾可指出來，這個笑聲是民間的，是平民的武器，來自人真實生活的第一現場，禮不下庶人。《巨人傳》的龐大固埃直接揮舞這個利器，譏笑大笑狂笑，用到極限甚至超過了，「各位老爺，各位紳士，各位尊貴的痲子臉——」。但《唐吉訶德傳》，就像波赫士說全書沒下過一場雨一樣，全書幾乎沒誰笑過，每個人都認真、焦急而且愁苦。唐吉訶德認真且焦急要早日完成他的偉大騎士功業，自封為拉曼查的愁容騎士；其他所有人認真且焦急想快點叫醒他，讓他早一天復原為大好人阿隆索．吉哈諾，愁容滿面。《唐吉訶德傳》把笑聲完整留給我們讀者，我們這些認真但不著急不憂愁或說想忘去其他憂煩的讀者，若還有，也只在書寫者塞萬提斯臉上，一抹的，自得的。

幾百年後今天，也許我們因熟讀熟知的緣故，少了大部分原初的驚異感，其實塞萬提斯的手法是精采原創的，他反向更用力頌揚騎士小說，一路頌揚到讓本來沒那麼討厭騎士小說的人都不安起來，而這些話語又擺明了是個瘋子說的。但我自己更喜歡的是塞萬提斯的冷靜，他沒被自己這個精妙的反諷帶走，最終，他讓這個反諷遠遠不只是反諷而已。

波赫士講過，一部小說裡的神奇之事，最好只發生一個、一次，這是大書寫者的忠告。像卡夫卡的《蛻變》，就只有主人翁格里高一個人一覺醒來變成蟲子，世界如常，家人也如常而且如常到知道那是格里高，如此，我們才盯得住、看得清接下來引發的一系列奇妙變化。如果格里高全家人都變成蟲子，那我們看到的不會是一部偉大的小說，而是國家地理雜誌頻道的某紀錄片，諸如《昆蟲一家的日常生活》。

《巨人傳》是神奇之書，這個神奇沒完下個又來了，人都要耳鳴了；而《唐吉訶德傳》的神奇之事就只在吉訶德先生一個人的高熱腦子裡面，其他舉凡理髮師學者教士管家侍女旅店老闆娘都只是正常人，正常到無夢。是以，這個神奇不被另一個神奇給抵消、抹平、替代，這個神奇獨特、唯一、高聳入雲。

我猜，沒有一個人說得出來事情在哪一章哪一節變了，但確確實實，我們都感覺出其間的微妙變化，這感覺甚至有生理的部分——唐吉訶德的幻想及其行動、其瘋言瘋語，當然荒唐好笑甚至愚蠢，但奇怪的也自由無羈，有某種奇妙的飛翔感上達感，我們的笑聲裡往往有著欽慕、戀慕的不好意思成分。而且，這個神奇東西不是自然存在的，是由我們難以完全抑止的人心裡生成的（在這裡，塞萬提斯把原來說故事傳統的泛靈式神奇、悄悄轉成了現代小說的人心神奇），因此，儘管這不合理、不可能、千瘡百孔而且只會在鐵板一塊的真實世界前撞得鼻青眼腫像吉訶德先生那樣連牙齒都掉了（昆德拉喜歡掉牙這段，他指出原來騎士小說裡的戰鬥從沒人關心過牙齒），但我們心頭雪亮，我們的某一部分心志、某一些希冀、某個不好示人的最私密心事，不也一樣不怎麼合理不怎麼可能、不也都注定在現實裡就是這種結局嗎？以至於，這可能是塞萬提斯始料不及的，他這位拉曼查的瘋騎士，是悲傷的而不是嘲笑的，反倒成為一個我們自省的、尊崇的以及懷念不已的人物，那是我們久違了、而且舉目所及再看不到了、甚至已開始不相信的心志、價值、教養、以及希望云云。唐吉訶德這個人原設定是荒謬的，但時間溫柔的刷洗他，他可笑的外殼部分逐漸剝落下來，如今我們看著的，是這個赤誠的、晶瑩通透的核心；世界本來是嘲笑他，最終卻祝福了他。

再來是故事場景。基本上，《巨人傳》仍在王國的宮廷、戰場進行，世界一掃而過，大空間移動不耗時不費力兩三步就到了不囉嗦，人站張愛玲說的「雲端」，世界縮得很小，或說整個世界就只這幾處地方有意義，配合著整個世界就那幾個人有意義的基本設想，而這也正是現代小說首先要反對的，反對其粗疏、勢利、以及浪費。

《唐吉訶德傳》，我們一直說這是「在無限大世界的冒險之旅」，書寫史上，好像也只有昔日奧德賽的十年返鄉迷航和但丁的地獄淨界天堂之行可比擬，但我們實際來公路丈量，這主僕二人加一匹老馬一隻驢子這麼一步一步真的走，真實距離並沒多遠，從頭到尾就只這片鄉居之地而已，沒真的有異國城堡，只有尋常旅店，不是兩王國大軍交鋒的戰場，就只是牧羊的草地。這所謂的「無限大世界」當然只是隱喻，一個成功而且極舒服的隱喻，也是我們的閱讀感受。能夠把一小塊鄉下地方寫得如無限大，塞萬提斯真的非常非常厲害。

便是這樣，塞萬提斯沉靜的引進來一整個稠密的、有厚度有實物有生命具體細節、還容納更多種人更多樣人心活動的真實世界。也許，塞萬提斯本來要的只是一塊夠硬夠堅實的大地，好讓他砸玻璃瓶子也似的把薄而脆的騎士小說砸下去，但其結果不止如此，內容多出來了而且「溢出來了」，這是書寫過程中會發生的、而且所能發生最好的事。說得沒錯，生命會自己走、自己找出路，也可望有作同一種夢的人會接手，只需書寫者能讓它真的活起來就行了。

從小說發展的歷史來說則是，塞萬提斯徹底把小說「帶開了」，離開窄小的王國，下到廣大的民間世界，巴赫金所說的，那個過去不被講述、但將是日後現代小說主要閱讀的「第二個世界」。這不是一種說法，而是《唐吉訶德傳》內容的實實在在比例。《巨人傳》的文字分配比例便不是這樣，《巨人傳》是重磅炸藥，安裝於王國內部，炸掉第一世界的四面高牆，讓第二世界得以出現在將來書寫者的視野中；《唐吉訶德傳》不纏繞這個，它直接就走出去了，瀟灑的把第一世界拋身後，王國云云騎士云云，只是些瘋言瘋語。所以，也一樣熱愛《巨人傳》的昆德拉遂直接定論了，《唐吉訶德傳》就是第一部現代小說，只是要等很久很久才有笛福費爾丁等人跟上來。塞萬提斯踽踽一人領先一整個世界二百年。

這裡，有一個一定要單獨來說的人物，桑丘．潘札。

一般讀者會把閱讀焦點集中於唐吉訶德，但更吸引小說家同業的，卻是他身後這個矮胖的侍從兼對話者。桑丘，就書寫意義來說，最富未來性、開拓性，這個人物不可思議的「早到」，更不可思議的是一寫就完成、就接近完美。比起來，龐大固埃和唐吉訶德仍屬偏概念性的人物、英國小說家E. M. 佛斯特所說的偏「扁形人物」，並沒朝現代小說跨出太遠：龐大固埃四下搞破壞，但整個樣子還是原第一世界人物，一個反叛的貴族或神派；唐吉訶德多一翻多離開一箭之遙，但他的「鄉紳／騎士」兩面，老好人阿隆索．吉哈諾是隱性基因，我們真正看到的是顯性的愁容騎士。桑丘才真真正正是彼岸生活現場來的人，「圓形人物」，圓滾滾的，飽滿，生動，渾身是細節，日後的小說書寫者將不斷從他身上找到需要的東西。

桑丘的出場，在吉訶德先生第二回出門歷險前夕，大概是這樣——吉訶德先生想起來，依小說，游俠騎士出門一定得有一名侍從，於是，「那幾天裡，吉訶德先生竭力慫恿一個幫工人，那是他一個鄰舍，人很老實（如果這個詞可用在窮人身上的話），只不過頭腦淺陋。」

頭腦淺陋，也就是笨。

說動桑丘丟下老婆兒女跟他走，還一路挨揍，主要是吉訶德先生的一個承諾——一旦建立了大功業，得到一個王國，這吉訶德先生估算六天就可完成跟上帝造世界一樣，他必賜個海島給桑丘當總督。桑丘滿心歡喜深信不疑，但同時，桑丘也馬上有他極現實、極精密的計較：他鎖定的目標是海島總督；若更上層樓當國王，那家裡的駝背老婆子豈不就是王后，而小孩都成了王子公主嗎？「我有點不信，我心裡想，就算老天爺把王國下雨那樣下給我們，也總不會下到我們家那個老婆子頭上——」；他最害怕的是吉訶德先生沒幹國王而是受封大主教，那樣，已結了婚還生了小孩、守不了貞潔的他不就一場空了？

原騎士小說裡，有人想這個嗎？

日後，有回說起某黑人海島，桑丘不樂意了，估計自己統治不來這一堆黑不溜丟的異教徒子民，隨即，他想到不是可以把他們一個一個當奴隸賣嗎？又開心的多少人乘多少錢算起他的財產來。好，桑丘笨嗎？全世界大概只吉訶德先生一人這麼想。真的，所有讀小說的人都在在驚訝他的聰明，絕對是全書最聰明靈動的一個人，已屆臨滑溜狡詐的地步。因此問題來了，那他怎麼可能追隨個瘋子找罪呢？他完全知道那是風車不是巨人，是鋼盆子不是曼布里諾頭盔，刺殺的是流出紅酒的酒囊而不是流血的妖魔，知道而且熟識絕世美人托波佐之達辛妮就是那個高他一個頭不止的女漢子村婦艾冬莎等等一堆。他目睹還承受吉訶德先生每一次的瘋癲行徑及其狼狽下場，依然忠誠耿耿，也依然信他，難以思議；一路上斤斤計較一路抱怨吐槽，惟不離不棄，也真的陪著唐吉訶德走到最後——桑丘這個太生動、生動到幾近矛盾的人物，是塞萬提斯留給讀者，尤其兩百年後的小說書寫同行，一個美麗的、丰饒的、費解的謎。

日後的現代小說世界裡，與其說是我們漸漸弄懂了他，還不如說我們不斷的看到他，自自然然的熟悉他了——比方俄羅斯果戈里的小說裡，捷克聶魯達的小說裡，印度吉卜林的小說裡云云無遠弗屆，原來桑丘是遍在的、全世界的。現代小說下到生活現場，從好好觀看、描述這個之前文字未曾真正觸及的民間世界開始，幾乎第一眼就會先看到桑丘這樣的人，這是生命現場最搶眼的一種人。儘管書寫成敗深淺不一，強調的面向也不一，端看書寫者是從驚異、辛酸、欣慕、嘲諷或生氣的不同心事來想他說他，比方中國的魯迅便是鄙夷的悲憤的，叫他阿Q云云。

如今，又經過現代小說三百年時間的密密實實書寫，這個多嘴、世故、滑溜如鰻魚，總不停搞笑闖禍的人物，我們通常稱他為民間世界的滑稽類型，或沿用巴赫金，狂歡類型。

桑丘的矛盾，我想起來波赫士，在談到某小說裡一個矛盾難解、甚至懷疑是寫失敗的人物，波赫士輕輕的、但敏銳極了的說：「我想這個人是依真人實事來寫的。」——大自然太過複雜、凌亂，什麼都來，如大人類學者李維-史陀八十幾歲時的終極生命結論：「無序，統治著世界。」豈僅僅只矛盾而已。人依存於這樣的生命現場隨之起伏浮沉，古希臘人以喜怒無常又偏好捉弄人的諸神來說無序，如此，人又怎麼可能不矛盾呢。這上頭，最早進入、描述民間世界的中國，好幾千年前就溫柔的了解並且寬容了，「禮不下庶人」，我們不能這麼要求在生命第一線現場掙扎求生的人。人依存於捉摸不定的大自然，最不需要也最扛不住的便是邏輯的完整一貫，這樣的重物會讓他失去應變的彈性，極可能致命。

當然，我們都對人有更好更善的期待，但這不是自然原有的，這是人類世界獨特的發明，是人給自己的要求和工作，漫漫長長。道德上或美學上，如果我們不樂意桑丘這樣的人（確實有時候滿討厭的），那就得努力讓他活在的世界變好一點，讓他有餘裕一點有自主可能一點。

大先生魯迅，所以，是不是少了點同情呢？

其三

魯迅對阿Q最著名的鄙夷是所謂的「精神勝利法」，桑丘．潘札看來也頗善此道，因為生存必備，說到底，人如果能直接獲勝，誰還需要這麼麻煩這麼窩囊尋求精神勝利呢？——答案就是做不到。不管是百萬年的嚴酷大自然，或日後幾千年的人為統治，神也好人也好，都是遠遠大過於他的輾壓性力量，人完全無法對抗，人只能躲開，躲避正是大自然所有會移動的物種的基本應對方式，抵抗只在被逼到無路可退才發生。唯一大不同的是，人演化出了一個最複雜的大腦，有更好的記憶力，並由此發展出種種非生物本能的意識，這是人非處理不可的獨特部分。也就是說，桑丘不僅要躲，還不能記恨，往往，精神上的傷口和身體的傷口沒兩樣，會妨礙求生還可能感染惡化致死。當然，桑丘不像阿Q那樣用「兒子打老子」的占便宜方式，他掏出來的西班牙俗諺是「肚子吃飽，憂愁減少」，療癒系的溫和俗諺。

宮崎駿的《神隱少女》主題曲，我記得有這兩句：「人總是不停的犯錯，而他們只會記得當時天空的湛藍。」

記憶可能是危險的，人只能留著有用的那一小部分，自己經歷的、以及聽來的。後者通常以某種簡化固化的俗諺形式收存，俗諺，就是沒文字以及不識文字之人的書。這裡頭超出他親身經驗的部分尤其珍貴，這將是他踩出自己那窄小一畝三分地的唯一倚仗，像跟著吉訶德先生走的桑丘，每當又碰到陌生的人、沒來過的地方、沒見過的場面，他就從他的俗諺百寶袋掏出個貌似合適的，登時驚慌退散，底氣十足。

有關桑丘這樣的狂歡人物，塞萬提斯最厲害也最超前的是，他不像日後大部分小說那樣把此人封閉在原居地靜靜勾畫，他把桑丘拎出來，直接寫到最難、最動態最火花四濺的尖端處——我們看，這對高矮主僕的樂呵呵旅行，最丰盈的正是這兩人原本應該是雞同鴨講的對話部分。唐吉訶德這邊是瘋到腦子只剩文字、僅限於騎士小說的那一點點文字，而桑丘只有語言，完全另一個世界的俚俗語言，但結果，這趟旅程、這一路沒完沒了的談話（唐吉訶德不只一次給桑丘下封口令），卻是人類書寫史上最美麗的篇章之一，幾乎是永恆的。尤其，如此純文字和純語言的交織碰撞，非常非常高難度，要到現代小說充分成熟的後期階段才真正出現，說真的，迄今夠漂亮的例子依然寥寥可數。

在這裡，桑丘的俗諺起著非常關鍵而且奪目的作用。他道聽塗說一知半解的亂拋亂用，通常是最岔笑的凸槌部分，卻也有啪的撕開真相、國王新衣那種虛矯真相的痛快地方。最好的是，偶爾，彷若諸神到齊星曜交輝靈光乍現，某句俗諺會像正正好擺對位置般點亮起來，它成了解說者、開啟者，是兩個異質世界的連通那一個點，是梯子；它所攜帶厚實似土地、普及如眾生的生動生命內容，把吉訶德先生空蕩蕩的瘋言瘋語裝滿，填實起來更再撐高起來，讓它真的光輝、壯麗、慎重、崇高。日後，我們讀一堆類似對話形式的小說，也讀不少那種不知伊於胡底的所謂公路小說，最難寫好也最讓我們沮喪的不知如何離開當下，當下陷阱也似的抓住人緊緊捆住人，極目所及儘管無際無垠，但一切卻又瑣碎、沉悶、半點不重要，而且一成不變之前和現在一樣、前方也跟這裡一樣。書寫者和我們讀者一樣意志渙散，疲憊不堪。

賈西亞・馬奎茲說他避免寫對話，對話最容易尷尬，麻煩正在於語言和文字的難以勾連、難以融合。

唐吉訶德和桑丘，有無限大的世界，有如此無所事事的幸福，有昆德拉說的已經消失於現代人眼前的「遠方」，有那一顆星，This is my quest to follow the star. No matter how hopeless, no matter how far——

而這趟旅程，十年之後還要更好，也真的走更遠，踏出了拉曼查方圓之地。當然，也更難寫——這就是《唐吉訶德傳》下卷。

沒錯，塞萬提斯還寫了下卷，上卷成書於一六〇五年，下卷則是一六一五年。這講起來還頗荒謬，兩層的荒謬：其一、知道《唐吉訶德傳》這部書的人非常非常多，但知道有下卷的人卻一直非常非常少，少到不成比例；其二、就讀者數說，讀了《唐吉訶德傳》算不少，但也讀下卷的人，我們用鳳毛麟角來說會不會太過分？所以這更荒謬吧，搞半天我們錯過的或略去的居然是最好最精采的那部分。

塞萬提斯原本應該沒打算要續寫，否則上卷最後就無需交待唐吉訶德之死為句點，還鄭重寫了墓誌銘和悼亡詩，連桑丘都附贈一首打油調子的贊詩。

但就在那十年間發生了一樁令塞萬提斯極懊惱卻又無可奈何的事，那就是《唐吉訶德傳》的成功引來了跟風者，坊間開始出現另一個乃至於另一些唐吉訶德，這無法制止，在那個時代，既沒著作權法保護，就連道德罪名都沒有。因此，塞萬提斯就只剩一招，那就是把唐吉訶德寫回來，重整盔甲和瘦馬，讓正牌唐吉訶德再次出門，只此一家別無分號。

以良幣逐劣幣，那時候，人對世界、對世人還真有信心，敢相信他們辨別得出好壞。

不讀下卷，其實算情有可原，因為有過太多例證、太多次上當失望經驗遂擬成一個通則，那就是續集總是糟糕的、砸鍋的，還破壞美好記憶，能忍住不看最好別看。確實，從書寫準備來說，一部作品通常有足夠長時間醞釀成形，且通常很奢侈的把能動用的好東西好材料全用上去（賈西亞·馬奎茲講他寫自己寫第一個長篇《枯枝敗葉》，「那個年輕人，好像以為自己這輩子只會寫這部小說，把知道的東西全丟進去。」）；而續集，則往往是成功之後的打鐵趁熱作業，一定得搶在熱氣消失前推出云云。同理，較好的作品不僅常是系列作品的首部，還經常出現在書寫初期甚至就是人生的第一本書，比方推理名著《褚蘭特的最後一案》，書寫者班特萊的第一部小說，至今（一九一三年，已一百多年之久了）仍然是推理小說前十前二十的最頂級之作，而班特萊趁勝再寫的另外兩部褚蘭特探案，則灰飛煙滅也快一百年了。

波赫士曾柔和的這麼說：「其實，每個人的一生都可以寫出一部好書。」這句容易挑剔、有遍地實例可反對的話，波赫士要講的是，人一生夠長夠真實厚重，也必定都有他珍視的、動了最深情感的、從中認認真真活過來的事、的物、的人云云，我們稱此為「幸福題材」，這不必有什麼特別的文字技巧書寫技巧，差別只在於有沒有相關的生命機緣而已。

但是，鄭重無比的但是，《唐吉訶德傳》下卷遠遠好過上卷，正統的文學評價如此，小說書寫同業心領神會的評價更如異口同聲（我至今未發現有異議者），也似乎每個人都很同意波赫士這個看法：「下卷裡的唐吉訶德更像是塞萬提斯本人。」同為寫小說的人，最懂這話的真實性及其所指。

我們講過續集如劍墜落的書寫邏輯，消耗的、摘果子也似的；但另一組小說，依循著另一道書寫之路，是累積的、養成的，如草木生長——人更好的、以及更深沉的話語，其實不大可能在第一時間、彼此陌生刺探的狀態下說出來。說話需要前提、需要彼此一些基本理解和信任，因此，每一部書的完成也同時是個開始，是下一部書的基礎作業也是起點，讓進一步的話語成為可能。這裡，我想舉用一個非小說的實例，一方面是這部書太好，我一直不遺餘力的想讓多點人知道，另一方面則是因為跳出小說書寫專業、回到較一般性的生命經驗層面，事情馬上如此明白。這部書就是托克維爾的《民主在美國》。

《民主在美國》，上卷非常厚，是他遊歷觀察的夾議夾敘報告，彼時美利堅這個宛若在歷史海潮漩渦裡冉冉升起的全新樣式國家，的確非常需要詳實的描述和解說；五年後再寫的下卷則是字數不多但極稠密結實的議論和歷史判斷，這些日後證明最精采最重要的話，沒有上卷打底他講不出來，世人也不會真正聽懂。尤其兩百年後今天，我們對美國已有即時性且更詳盡的了解，上卷這部分功能已不若往昔，而隨著民主困境一個一個冒出來，下卷就像一顆寶石，愈磨愈亮，今天談民主談政治談自由平等，不可能不說托克維爾。下卷是一本神之書，民主政治的麻煩和代價，世人處處始料不及，托克維爾卻在一八四〇年就一句一句清澈的寫下來。

只是，話語向著更深處扇形打開，因此另一面是，能夠、以及願意跟進的讀者會減少，每多往前一步都得再丟下一批讀者，這是沒辦法的閱讀人性。所以，某些其實有能耐寫更好的書寫者會聰明的選擇留下來，此地繁華，流滿牛奶與蜜，書寫者不敢挑戰讀者如《聖經》說不可試探你的主。

進一步說，人的生命經驗必是持續的增加的，在趨於重複、感覺太陽底下再無新鮮事之前仍有大把日子，一般，三十歲到五十歲才是人生命經驗最豐富的時期（也許太多太凌亂不容易整理說清吧，寫起來較辛苦，也需要更多耐力和專業技藝）。再者，人是行為遠遠走在思維之先，太多早年乃至於童年記憶，得延遲到很多年後才真正弄懂（「多年之後，當布恩迪亞上校面對行刑隊時，他會想起來父親帶他去找冰塊那個遙遠的下午——」）。幾個大創作形式裡，小說最理性，需要最多生命經驗支撐，也要求最大數量的材料才能裝滿。人，愈年輕愈靠近自然生物，先依本能然後依情感衝動而行，較能夠寫好詩然後散文，小說最晚，成熟的作品是人中年之後的回望，埃塵落地。一般而言，中年之後的書寫者才能真正用出小說這一特殊文體的獨特威力來。

如此，我們就得到一個準通則了，不周全但堪用（事實上，我自己覺得很好用，可延伸解釋不少事）——續集如劍落地，人最好的作品出現在書寫前期，這是通俗小說的印記，最大支配力量是君臨也似的商業市場機制；續集如人前行如花綻放，每寫一部作品都更接近書寫巔峰，這是正統小說之路，如果由我來說，我會說這是唯一的路，書寫者聽的是自己內心的聲音。

下卷，塞萬提斯還願般還真的讓桑丘當了總督，那是個名為巴拉托利亞的海島，有一千多個島民。上任儀式上，總督管家尊稱他唐桑丘，對此，桑丘的反應意外的嚴正，也很「現代」——「聽著兄弟，我可沒『唐』這頭銜，我家世世代代也從沒這頭銜，叫我桑丘．潘札就行了。我父親叫桑丘，祖父叫桑丘，所有的桑丘都沒什麼唐不唐的。我估計這島上的唐比石頭還多對吧。上帝知道，給我當四天總督時間，我一定把這些『唐』清理得一個不剩，這些傢伙一群群的跟蒼蠅一樣討厭。」

桑丘只幹了七天，基督教的吉祥數。他是自己辭的，在第七天晚上一場動亂之後，認清自己終究不是這塊料。桑丘最自得的是他一毫不取，空手來空手去——這傢伙真的非常「未來」，連思維都是，不大像個中世紀人。

好不容易實現了大夢卻又棄如敝屣的桑丘然後呢？他沒返家，而是尋回吉訶德先生身旁，繼續他們又狼狽又幸福的旅程，所以說，總督真的還不是桑丘的終極大夢，這旅行還沒完，路還很遠、很長。我讀到這裡時，感覺到自己哪裡被輕輕觸了一下。

生命裡的確有某些難以言喻的東西，不需要合理。

其二

下卷比起上卷，也不僅僅只是比較好而已。

要搶回唐吉訶德，徹底據為己有，塞萬提斯得做到的是，把這部書寫更好，好到讓人斷念，寫得更難，難到令人絕望，然後，最好結局把吉訶德先生寫死掉，蓋棺定讞。不是上卷那種朦朧的、留有種種餘地的死法（類型小說一堆這種首鼠兩端的死，當年柯南道爾在萊辛巴赫瀑布處死他厭煩的福爾摩斯便犯這種錯，果不其然福爾摩斯八年後復活），而是那種死透的、無法再從墳墓裡爬回來的死。

但塞萬提斯更狠，他把別人這些唐吉訶德直接拿來用，我猜是他調皮的性格發作，且下定決心不給敵手有分毫得逞之感——自己上卷的原唐吉訶德，坊間仿冒的劣質唐吉訶德，還納入這十年書本加口語流傳、莫名其妙多出的種種疑似的、添加的、各自想像的唐吉訶德碎片。因此，再次鼓勇踏上征途的唐吉訶德遂變得複雜多重波光粼粼，人們看他、接待他的方式也多樣了，不再只冷眼當他是個鄉巴佬兼神經病，說稍稍誇張點，下卷的唐吉訶德成了「名人」，成了所謂傳說中那個騎士，居然還有人慕名見他、崇拜他云云。中世紀當時真的已經這樣追星了嗎？尤其在堪稱舊教最後神聖堡壘的西班牙？我們總想那應該是個保有過多規範、人被束得較緊的時代、的國度，換到現代我們就全懂了、不疑了，這就是我一直說的，當前世界最強大但仍嚴重被低估的支配力量：時尚。這是海嘯形狀、雪崩形狀的東西，強大到無一價值、信念、教養、是非善惡真假不摧，只要出名，管你是王八蛋或蠢蛋，都不斷有人找你簽名、要求合照並貼網炫耀，這是我們每天都看到的。

塞萬提斯這是絕頂聰明之人的生氣加報復之道，不是自噬其心的恨，這麼做最耗元氣還一定傷身體（沒錯，恨人恨世界最需要體力，一天二十四小時無休，只適合年輕人），就算贏了，也只是慘勝，自傷三千。塞萬提斯嘲笑並利用，利用是更徹底的嘲笑，把射來的箭甚至不直接射回去，而是當材料、當堆肥、當柴薪，跟送貨上門的沒兩樣，氣死他們——這很值得學，在我們當前這個恨意泛濫的時代。

我們或許也注意到了，唐吉訶德那些合適口耳相傳、偏類型橋段的瘋子鬧笑話之事，風車巨人、羊群軍隊、村姑佳人云云，絕大多數集中在上卷——所有徵象一致，下卷是另一本、另一種小說。

下卷，因此不再只是那有數幾本騎士小說的千篇一律文字和真實世界二分的反覆撞擊而已。下卷「起飛」了，進入到一個全新空間，一個目眩神迷的不思議國——文字和語言，真實和幻影，史料和傳說，眼見和心想，當下和記憶云云揉成一團，相互感染，多重滲透。塞萬提斯的文字始終乾淨瀟灑（如我們才讀過的上卷一開頭。這非常非常要緊，說明書寫者自己沒昏頭沒跟著起舞），但放進這樣光影明迷的世界裡，文字很自然個個有光暈，自自然然（而不是設計的、命令性的）皆成隱喻。我自己很喜歡能夠如此讀小說，心思安定卻又屢屢驚險：安定感來自於文字的準確，讓人始終穩穩的走在該走的主線上，如此氣定神閑才敢亂看亂瞄亂想甚至冒險岔出去，知道自己隨時回得來；驚險則是文字的手饒隱喻帶來的，每個隱喻都是一道且往往不止一道的岔生小徑，是塞壬之歌，不斷誘引你離開，通往一個個「洞窟」，一個個柳暗花明的異樣世界。

複雜絕不等於混亂，愈複雜才愈要求準確，這不只文學書寫，每一門行當比方木工玻璃工都是這樣。坊間那種虛張聲勢的、髒兮兮的混亂只是書寫者的無能，以及心虛。根本上，隱喻並非書寫者製造出來的，隱喻是文字自有的，得自於文字在悠長時間裡的經歷，每一次使用，都可能黏附上不同的東西，多出來一點意思，和世界發生新的聯繫，有新故事。書寫者能做的只是選準文字，對的字在對的時刻放上對的位置，文字自己會發光，書寫者甚至不必特別分神去管它。

一定得選準文字，這是卡爾維諾再三叮嚀的。

可也因此，下卷「忽然」轉向了一道不同於、乃至於逆向於日後現代小說之路——現代小說始於、生於民間世界的發現，好好的觀看、描述它是第一階段的工作，書寫盡可能「下到」每一處生活現場，這就是我們讀過最多的敘事小說，長達一兩百年，甚至到今天還有過多的人認定這才是小說，小說就是單純的敘事，就是說故事，「就不能好好講個故事嗎？」這是我近年來尤其在中國大陸仍不斷聽到的抱怨，今日何夕。

我們說，《唐吉訶德傳》是（歐陸）民間世界最早的書寫之書，但下卷「不下反上」，轉進更文字而不是更生活，這是現代小說很晚才做的事，得等到已重複描述了、故事耗用殆盡之後，當然這也是更難寫好的小說，不能再只靠一雙清澈的眼睛和一支流利的筆，書寫要求更多思維更多理性，有多重多角度觀看、理解世界的能力，還得更有知識更富學養，有橫向跨越、融解各種學問、各種文字領域的能力。這也就意味著，書寫得有其他思維領域成果的支援，小說自身不容易孤軍深入。

如此嚴苛的書寫要求限制了它的「早出」，因此，如此寫成功的小說並沒那麼多，我們立刻會想到的也許是安博托．艾可這個較極端的名字，這位「轉行」的大記號學者，惡魔也似的知識狂文字狂書籍狂，以及他《玫瑰的名字》這部奇書，一九八〇年他四十八歲的小說首作，我以為也是他最好的小說。晚期的《波多里諾》也不錯，把所有文字搖晃到不斷振動於、搖擺於真話和謊言之間。至於他《傅科擺》、《昨日之島》等其他小說，我以為並不成功。

安博托·艾可的拆毀能力和建構能力實在太不成比例了（華文世界的錢鍾書也這樣），熟讀艾可的人都知道他絕不虛無，他有很深沉的堅持和護衛，認定有最終不可抹消的界線，有無可更改的規則，有應該相信的東西云云。只是他思維的破壞力、腐蝕性太強了，往往剩不下、留不出空間給他要建構的東西，甚至留不住希望。《昨日之島》便栽在這裡，他所尋求的燭光般最終救贖在他反覆搖晃下終歸會熄滅、不可能成立了。我自認自己可以清晰分辨出來，但不容易講清楚這差別：同樣在相似強度的挑剔、拆解、嘲諷之下，像葛林小說，我們最終仍確確實實感覺哪裡彷彿有光、有路、有挨過了所有狂暴倖存下來的東西，即便是他那部最讓人絕望的《事物的核心》；《唐吉訶德傳》也如此，即便上卷偏向單純的、直通通的嘲笑，但幾百年下來事實證明，世人笑而不棄，今天應該沒一個人負面的使用唐吉訶德這個名字對吧。

這裡有個很簡單的事實，簡單但關鍵，大雪球一開始那顆滾落的小石子——下卷，書寫者和唐吉訶德的關係明顯變了。

上下兩卷書寫動機不同。上卷是攻擊，目標是騎士小說，炮火因此集中於唐吉訶德身上；下卷則是搶回唐吉訶德並讓他成為唯一，我相信當時仿寫的方式，必定是更誇大唐吉訶德的瘋癲和狼狽，這是其通則，因此，塞萬提斯得倒過來保護他。但瘋子騎士這個外形基本設定無法更改也不足夠寫出區分，塞萬提斯只能往內寫。是的，搞笑不難有點小聰明的人都能湊合，但要讓唐吉訶德「不凡」，那就得書寫者本人也有相應不凡的高度和深度，這一點，我相信塞萬提斯是有把握的，環顧當時周遭。

這個變化，波赫士讓我們理解得更周全更豐富——上卷，「唐吉訶德看到的巨人，塞萬提斯知道那只是風車，這兩人並不一致。」也就是說，塞萬提斯還只是個旁觀者；到下卷，「唐吉訶德愈來愈像是塞萬提斯本人了」，意思是，塞萬提斯逐漸動用到更多自己，愈玩愈真。自己，永遠是書寫者的最後庫房，最深刻、最成功吸收的東西全收存於此，包括生命經歷、包括所看所學所知（聽聞的、閱讀的），或說，只有那些最深刻體認的才成其為自己。一部小說最嚴格意義的書寫成敗，寫的人自己最知道，在於最終（不是一開始，開始得先離開自己）有沒有真的輾轉「叫出自己」，讓自己「進入」，小說朝外寫，但小說不是身外物，從一開始就不是。

「進入」，這是卡爾維諾的用詞，小說家不斷進入到他者，進入一朵花一隻鳥乃至無生命之物；納布可夫則說「演化」，小說家自己的一個個、一次次不同演化。

上下兩卷，我們不說「翻轉」，因為上卷其實並沒那麼「身外」，上卷的唐吉訶德從不是個「集我厭惡的騎士小說於一身」的瘋子。我們說，默片裡的卓別林，以及《男人真命苦》裡的寅次郎，是所謂「高貴的流浪漢」，那還高出他們一頭的唐吉訶德，當然是高貴的瘋子不是嗎？這也正是屠格涅夫的看法。此一事實，我想最感安慰的一定是波赫士，他惋惜騎士小說不復，他因此認定塞萬提斯是愛讀騎士小說的，只因為「不喜歡不會知道得這麼多」，所以，這一切原是塞萬提斯「對騎士小說的依依告別——」。

不喜歡，不會知道得這麼多，這個淺白到不行的道理，或說人性，卻往往是小說書寫高處的一個盲點，讓一部絕佳的小說，只差一步，無法上達為更好的小說——像是、錢鍾書的《圍城》、《人獸鬼》

等，這都是我極喜歡的小說，也是我最常想起來的小說之一，沒辦法，眼前世界眼前的人，一而再再而三如此虛偽、愚蠢、噁心、還自以為是，我總會又想起方鴻漸輪船上、火車上這裡一段那裡一段的淋漓痛快諷刺，想起《貓》那場現形宴會，非常解氣。但在最嚴格或最高處，我知道錢鍾書小說終究少了，不會真正撼動我，那種艾可所說「靈魂為之震顫」的撼動。

於我，張愛玲光芒四射的年輕時期小說也是。

惡人惡事惡物，你注視不了多久的，你只想說「夠了」，書寫者職業關係也許非得逼自己再多看兩眼，但仍是夠了；只有你喜愛的、珍視不已的東西你才真正沉浸其中，帶著它生活、行走，入睡成夢，用生命和它相處。另一面是，惡真的很平庸很膚淺（我數不清有多少次想跟那種賣弄惡的小說講這句話），五彩斑斕效果十足但沒真正深度可言，只能嚇嚇生命經驗不足大驚小怪的人；更多時候，惡不過是某個不知節制的生物本能而已，像是求生本能，在人類世界放縱為自私、爭奪、侵占、竊取、欺騙、背叛、誣陷、謀殺甚至屠殺云云。

真正有深度的、深到未知的是善，善不本來存在如赫胥黎所說在自然界根本找不到，更多時候還非得抵抗生物本能不可因此有代價有犧牲有傷害。善是人異於生物的獨特思索和祈望，人沒有足夠經驗可依可鑑，沒生物本能支援，惟微惟危，不真的知道得靠什麼成立，如何能持續不質變，也不真的知道最終帶我們到哪裡及其全部代價——

這很困難沒錯，還難受，往往你不是注視而是搜尋，因為無人無物無事，你注視的只能是某個空白，想著那些不在的以及應該有的。但小說不是身外物，也不僅僅只是職業，對那些把小說當是「生命中最重要那件事」的書寫者而言，應該竭盡可能的把自己最重要的東西放進來看看會發生什麼事，包括那些個不可能的夢。

最後，我們來讀唐吉訶德的死，這是文學史上最光輝一級的死亡事件，不多，像《百年孤寂》的上校之死，安娜·卡列尼娜之死，哈姆雷特之死等等——

這是終於恢復心智清明、又是大好人阿隆索·吉哈諾的唐吉訶德，可也依然還是唐吉訶德。他立了遺囑，又昏迷過去，直挺挺在牀上躺了三天：「唐吉訶德家裡亂成一團，不過，外甥女照常吃飯，女管家也依然喝酒，桑丘的情緒也還行，因為繼承的財產多多少少減輕了繼承者懷想垂死者的悲傷。最後，唐吉訶德接受了各種聖禮，又慷慨陳詞抨擊了騎士小說之後便溘然長逝了。公證人當時在場，他說，他從未在任一本小說裡看到任一個游俠騎士像唐吉訶德這樣安然死在牀上。唐吉訶德便這樣在親友的同情和眼淚中靈魂昇天了，我說的是，他死了。」

我說的是，他死了——從第一句，瀟灑到最後一句。

《我的過去與思想》・赫爾岑

為什麼讀《我的過去與思想》？我希望這理由就夠了——這是我所知道書寫史上最好的一部回憶錄，勝過（其實我想說的是「遠勝」）那些更知名更傳世的，像是奧古斯丁、盧梭、夏多布里昂，以及因此意外拿了諾貝爾的邱吉爾。

借大師之言再多加點重量，以撒・柏林說這部書是「整個十九世紀最偉大的自由主義之書」。但我內心的另一個聲音說這很可能不夠。在台灣，比方說，曾經有相當一段文學時期，我們並非對十九世紀舊俄不感興趣也有深深淺淺的個別涉獵，但我從沒碰到過一個稍微認識赫爾岑、或曾不經意說起這個名字的人。這很令人沮喪，但理智上並不意外：一是，赫爾岑正是那種所謂大建國之前的夾縫之人，就像中國的清末民初，臥榻之旁，總要丟下一些不好說也說不清楚的人，大勝利後的歷史通常最殘酷也最多顧慮，因為各種糟糕人性的恆定緣故，尤其是赫爾岑這麼複雜、正直（日本漢字，這詞是誠實）、永遠在現實第一線且思省批判幅度之大幾乎無人能及的人，新政權消化不了這麼多話、這麼多白紙黑字。二是，正因為他的如此生命際遇，以及他的如此思想傾向、思想深度，據我所知，幾乎注定是我們這個不長進人類世界最容易錯過的人，或者說，最好錯過他免得我們得太辛苦太認真以及太悲傷。更生氣起來的時候，我會把他歸類為唐．麥克林所說的「我們這個世界不配擁有的美好之人」。

其一

亞歷山大．伊凡諾維奇．赫爾岑，一八一二年生於莫斯科，家世顯赫而且非常富有，卻早早走上反抗之路，才二十歲出頭就遭流放，一八四七年他正式去國，從此成為流亡者，直到一八七〇年逝世，用他自己的話（寫給馬志尼的信）是：「十三歲以來……我就致力於一個信念，在一幅旗幟下邁進——奉個人絕對自由之名，反擊一切強加的權威，反擊對自由的各種剝奪。我要像個道地的哥薩克人，像德國人說的『隻手擎天』，繼續我這場小小的游擊戰。」

一個人的戰爭。這可以想成是赫爾岑那一整代俄國知識分子的反抗形態傾向，彼時說是反抗，不如說是啟蒙，因為才開始、一切都還太早，或說，俄國要學要改要建造的東西實在太多了，遠遠大於、多於、複雜於任何一種可想像的政治主張，屠格涅夫曾經沉痛的這麼講，在這一波如人類脫胎換骨的大進步思潮裡，俄羅斯究竟貢獻出什麼？俄羅斯空無一物，俄羅斯什麼也拿不出手，「難不成我們要說俄羅斯有茶炊？」是以，這代知識分子熱切的奔走交遊，聚一起沒日沒夜的無所不談，但沒有聯合，更凝結不出具體的共同目標及其行動；聲息相聞，卻各自獨立如孤島如礁岩，這在日後當然遭到各種嘲諷，可也正因為這樣，他們少掉了不少束縛，更不必自我切除好擠進某個公約數也似的團體之中（不只掌權者穿制服，蔚為行動的反抗者制服往往更緊身、更脫不得，這是通則，比方，反抗者不是比掌權者更多強調犧牲嗎？），因此，他們更富個性且心思寬廣自由，如果你真的夠優秀，往往會比有著各種時間優勢的下代、下下代秀異之士更好，因為更自由、更無拘無束的緣故。

一個人的戰爭（如同房龍《人類的故事》講耶穌篇章的這段前言：「接下來我們要說的是，一個馬槽和一個帝國的戰爭，奇妙的是，馬槽贏了。」），若我們聚焦來看，確實就是赫爾岑本人沒錯，尤其一八四八年長夜的那個赫爾岑——一八四八之後的俄羅斯整個失聲如瀕死，說只靠赫爾岑一個人頂著這並非太誇張。彼時已流亡於西歐的赫爾岑，一人辦雜誌，一個人創立了俄羅斯史上第一家自由出版社，一個人寫，不懈的、凡俄羅斯必須知道的必須思索的無所不寫。這些淋漓的談論文字輸血般源源進入俄羅斯母國，熱切的流動於全俄的知識分子之間，據說就連沙皇本人都是他的讀者。

一個人vs.一個帝國。房龍所說的是歷史追述，而赫爾岑的卻是確確實實的當下景觀，是他的決志而行。遺憾的是，他沒有贏，不算是贏。

一五〇年後今天，我們也許不再覺得出奇，日後世界各國各地的流亡者不也都這樣、只能這樣？畢竟這是成本最低、最容易想到也最容易執行的做法，像我們家到現在還定期不定期接到些旅日流亡者寄來的雜誌，看其材質、內容和印刷條件，你腦中馬上會浮現這樣的畫面：某個滿頭華髮的老去之人，一個人伏案於燈下剪剪貼貼……，信件中止，大約就是生命到終點了。赫爾岑，和日後這些制式的流亡作業者不同，最重要的當然就是內容，完完全全不在同一檔次裡，但我以為更富意義的一點是，赫爾岑是啟蒙者而非單純的、狹義的反抗者，反抗禁得住相當長時間的沉寂，那可以改叫潛伏，甚至蓄積能量，反抗者可以跟自己說，就跟打開電燈開關一樣，只要反抗意識仍在，隨時可以啟動；但啟蒙工作不是如此，啟蒙的本體是學習，學習是每一天的事，禁不住太久的中斷，稍長時日的荒廢意味著得重新來過，人又變笨、變無知、變野蠻原始，廢一整代人往往只要十年時間或者更短，我們都目睹過此事（如大陸文革）乃至於此刻正親身經歷著，台灣時下所謂的「覺醒青年」（應該是誤解了「覺醒」這個詞）不就如此。

還有，反抗者可說謊而且幾乎一定說謊，美其名為必要策略云云，啟蒙者不說謊，他的可能錯誤來自於認識而非意志。

一八四八年之後的俄羅斯，仍屬某種意義的歷史曙光時刻，反抗方興未艾，內容遠遠不足，也還不必決定，此外，和日後被西歐用暴力打開的亞洲各國不同，俄羅斯並沒有亡國的迫切危機。

所以赫爾岑的這句歷史名言：當時俄羅斯的書寫（包含文學，尤其是及於每一處微小具體細節的文學），就是「一份對沙皇的總起訴書」。其啟蒙的意義遠大於對抗的意義——固然，俄羅斯的更新進步之路，沙皇，以及其三位一體的東正教和農奴制的確必定是最大的攔路虎沒錯，也非「處理」不可，但推翻乃至於處決只是選項之一，把罪惡和落後全歸給沙皇一人，以為宰了他天國自動會降臨，那未免把歷史看得太簡單了，不僅偷懶，而且危險。

狹義的反抗者置身於勝與負的世界之中，勝負巨大到、重要到屢屢擠開內容乃至於修改內容丟棄內容，尤其是其道德意涵的部分，我們在每一次的歷史決勝時刻、在每一回反抗行動的中後期都能目睹此一現象，無一例外，令人沮喪。

「歷史甚少重複，歷史利用每一樁意外事件，同時敲千家萬戶的門……哪一扇會打開來……這誰會知道呢？」——赫爾岑的歷史觀是全然開放性的，是那種高度理性的、不扭曲修改事實的、而且得有足夠強韌心智力量才撐得住才主張得起的自由主義者（因為得承受所有的不確定又要挺住不落入虛無）；不是十九世紀初級規格的，而是要到二十世紀後半才緩緩成熟起來的真正自由主義者（惟至今仍為數不多且飽受誤解）。想想當時人們的認識水平及渴望，想想黑格爾、馬克思和他們宛如建構一個平行空間的種種封閉性歷史體系，赫爾岑注定孤獨。

人類歷史一直這樣，水落但不見得石出，或較仔細的說，一部分石出，一部分只是遺忘，這是讀書的人必須努力的，也必須忍受。

赫爾岑不以為歷史有劇本，有任何人可理解的潛在計畫，遑論那種有機性想像的意志，或那種封閉性體系的、把不配合的事實排除在外的、只此一途的所謂規律。進步、文明云云，都不是歷史自有的、應許的、注定的，這都是人的主張、人辛苦工作和創造的珍貴成果。終極的來說，赫爾岑講（我喜歡這番話，尤其是他的語調）：人類歷史可能演化個千百萬年，也可能嘎然而止，某顆彗星尾巴可能掃中我們這顆星球滅絕掉一切生命，如此，歷史就終結了，此事沒文章可作，也沒任何道德教諭可言。事情會如何發生，並沒有保證。一個人的死亡，其荒謬和其無可理解，並不下於全人類之死。此事神祕，我們認了就是，沒必要拿來嚇小孩。

赫爾岑也引述莎士比亞說的「歷史是白痴講的煩人冗長故事」，是一本瘋子的日記。歷史的勝負，如果一定要說有什麼稍稍明顯的、我們可以小心翼翼相信的有限度通則，赫爾岑歷數不同國度、不同時代的勝負結果，如此指出——最終收割走勝利果實的，通常只會是那些折衷者、妥協者，是他口中的「對角線」，也就是平庸，或說至少得有足夠比例的庸俗因素。此一通則隨著「人民」（或說群眾）

力量的日趨強大、絕對平等原則的普及，變得比以往更加清晰可信了，歷史每前行到一定距離，彷彿慌張起來也似的便會開始排斥、進而拋棄掉太認真、太往深刻處持續前行、乃至於只是太高貴太誠實的人。

也因此，赫爾岑絕對不可能掉入到那種可厭的贏家哲學陷阱裡。勝負沉重，也可能影響深遠（當然，如果我們不那麼相信它，就不至於那麼深遠，它從我們的屈從得到力量），但並非判準（尤其是非善惡），甚至不見得就是答案。事實上，答案，如果我們不把它限制在特定的、有邊有界的、就一事論一事的具體問題裡，有可能是相當危險的，特別是面對千絲萬縷未來、面對大歷史如十九世紀當時那種一次說完人類全部歷史的過度允諾思維。沒有這種答案的，也不該有，「任何真實的人類問題都不會有任何單純或終定的答案」，除非轉向神學，始於科學終為宗教，科學實在無法、不敢回答的只能由宗教來說，就像葛林在《一個燒毀的痲風病例》書裡講的：「教會對所有的問題都有答案。」多年之後，自承是馬克思信徒的渥特．本雅明在他最後遺稿《歷史哲學論綱》證實了此事（其言也善？），他以著名的土耳其木偶棋弈大師為例，指出來唯物史觀是木頭外殼，躲裡面負責下棋所向披靡的侏儒正是神學這個蒼老的女僕。

真實世界裡，赫爾岑早早預見了紅色力量的壯大乃至於勝利，連勝利的樣態都說得標準（「共產主義將在一場可怖、血腥、不公、雷霆閃電的劇烈暴風雨裡橫掃世界」），儘管這話早得驚人，彼時紅色革命還遠遠不成氣候（赫爾岑一八七〇年死，同一年列甯才出生），但這樣是「完成」嗎？至少是這一趟俄羅斯進步和文明之路的完成？赫爾岑不這麼想，他在其中看到了野蠻和原始的生成，是的，野蠻、原始、以及其必然伴隨而來的反智暴力，這不管來自哪裡、哪個陣營，都同樣可憎，也都是倒退返祖。由此，他預見了某種新專制的到來，一種齊頭平等式的、用狂暴激情充填起來的專制，它將清算、摧毀我們才堪堪建起來的文明結構，造成「文明的死亡」，而那些被驅使、被用為盲目工具的無知群眾只會得到「眼淚、匱乏和屈辱」；他也早早看出來本雅明所指出來的宗教化、神學化（只是早了快一百年），赫爾岑以為這些所謂的解放者其實是大信仰時代那些宗教頑固分子的世俗傳人，「才會有新的十誡發布……做為信仰的新象徵。」赫爾岑這麼質問：「信上帝……以及天堂，既然是愚蠢，那麼，相信塵世烏托邦，怎麼就不是愚蠢呢？」最終，赫爾岑直接說了，可歷史不會因這場勝負而終結，新的專制必定無可阻擋的一路走到自身「極端和荒謬」的最後階段，然後，新的反抗力量會再次興起，「社會主義將處於今天保守主義的地位，被那場乘勢崛起、但我們今天還看不見的革命擊敗。」

還真有趣（或荒唐），在那個一堆人如此熱衷於、並自以為已完全窮盡歷史奧祕的時代，真正看最準，準到如此清澈、深遠而且細膩的人，竟然是這個如遺世獨立於另一端、認定歷史全然不可測的人——在我們用慣了、已不再有表情的四字成語裡，其實有不少其深處是悲傷的，「曲突徙薪」是其中一個，它指出，人們完全不記得更不會去感激那個最早且最正確建言的人。我想，是正確太嚴格太讓人難受了，正確會阻止人任性，正確和我們太多偏愛的東西背反，正確會要求我們別這樣別那樣，以及，正確會暴現我們的錯誤和愚昧無所遁形。就像火災這一家人，如此便無法把這場火災意外化天災化，媽的，房子燒掉已夠慘了，還得自承愚蠢？

其二

回憶錄這個或可戲稱為防君子不防小人的特殊文體，容易寫但並不容易寫好——容易寫，是因為寫的人說了算，不容易寫好，也是因為寫的人說了算。

認真寫本回憶錄，我我我的細說從頭，我們會時時處處發現，這和我們甚多的價值信念以及基本教養並沒那麼容易調和，舉凡尊嚴、謙遜、誠實等等。也因此，在往昔人們較在意價值信念和尊嚴（以及等而下之，較好面子）的長段歷史裡，並沒有回憶錄這東西。聖奧古斯丁的《懺悔錄》應該算是個起點，因為他搬出一個超越這些價值信念和自尊的更大更高東西：神。神既然什麼都知道了，人幹嘛還掩掩遮遮犯該隱的錯誤（依《聖經》，該隱是第一個裝傻意圖糊弄神的人），是以障礙冰消瓦解，沒自尊的誠實取代有自尊的誠實，更誠實。

回憶錄也因此取得了一個更高貴無私的正當性，像是貢獻遺體供後人解剖教學云云，埋在人心深處千年萬年那些最隱晦最幽黯乃至於罪惡變態的東西得以被攤開被凝視被思索討論，接上了日後的佛洛伊德。

然而，即便已到了我們這個動不動就有人寫回憶錄、也必定是人類歷史上回憶錄最盛產的年代，好的回憶錄依然極稀如夢如幻，畢竟，價值信念和尊嚴教養，絕非只是該拋棄的障礙而已，這全是書寫裡正面的、脊梁骨也似撐起、撐住作品的最重要東西，這確實會阻止我們，但更多時候，是阻止我們放縱，阻止我們自私，阻止我們傷害他者，阻止我們胡言亂語和說謊。這些病毒也似的東西，釋放在回憶錄這種我說了算、只靠自律的書寫裡，尤其危險，尤其沒底線。

更根本的，我認為，好的回憶錄不多是注定了的，因為它先已剔除掉一大批最好的書寫者了，陣容單薄——小說家馮內果講過某大學校長在畢業典禮的此一致詞：「我以為有意義的話應該用四年時間認真說仔細說，而不是留到最後一天才講。」說完，這位校長就瀟灑下台了。是的，我要說的正是，所有好的、不懈的書寫者都用接近一生的時間書寫，他所有最好的記憶、最好的經歷和體認，都已在書寫裡反覆被取用，被反思被整理，並已一一化為作品出去了，因此，很大比例的書寫者並沒有也可能不以為需要再多寫一本回憶錄，就算寫，也只是某種拾遺補闕，把那兩句不吐不快但奇怪一直沒機會說清楚的話講出來，或把所有始終找不到書寫用途的碎片東西一次出清畫個句點云云。納布可夫的回憶錄《說吧記憶》便是很極致的存貨出清書寫，呈現的是這位技藝精湛無匹小說家都沒辦法好好使用的東西，細如粉末細如幻覺，以至於《說吧記憶》成為書寫史上最不好讀懂的回憶錄，可能沒有之一。

用一輩子好好講、仔細講，所以這些傢伙真正的回憶錄便是他們一生作品的總合（建議閱讀者在恰當時候可依時間序讀一遍）。但我們可能也會注意到，某些書寫者的其中某一部作品，其實幾乎就是他的回憶錄了，裝上了創作翅膀飛行在更奇妙空間的回憶錄，像是普魯斯特《往事追憶錄》，像是更飛出去的、三島由紀夫的《手饒之海》四部曲，像是我的老師朱西甯的《華太平家傳》。

也因此，回憶錄通常不會是這些書寫者主要的那本書，甚至只是側記、補述，以至於，有些閱讀者讀自己鍾愛作家的回憶錄會異樣的失望，如墜地，如夢幻青鳥化為平凡的黑鳥，如白天再踏入歇業中的光天化日無人遊樂場云云。較例外的是格拉斯的《剝洋蔥》，我以為這是他最好的一本書，勝過他那幾本更富盛名但太框架化鐵塊化、太虛張聲勢的小說，可能也是因為他一直隱藏著一些沉鬱記憶未宣，最終傾滅在這本其言也善的書裡。

大體上，最好的回憶錄書寫者，因此是那幾位沒能成為文學家但非常能寫的人，厚積薄發，彈藥充足，尤其若生命一場仍留有遺憾、仍心有憂思。比方夏多布里昂、托克維爾、盧梭、邱吉爾等，我自己會要加進一個名字，英國的德昆西，他更好（厲害的是，他已寫了很多）。

我不是愛讀別人回憶的人（一流書寫者補述般的回憶錄例外，我一定讀，因為裡面有太多螺絲釘也似的東西，可幫我鎖緊諸多的感想和猜想），但像《我的過去與思想》這樣焦點不在我、而是我這個時代、所有這些人這些事的回憶錄，卻是我很喜歡的、感謝的——「必須說出我所在這一時代人的處境」，多年來，我一直把這視為書寫者的某種終極性義務，至晚從二〇一三年《盡頭》一書之後，我也緊緊攜帶著這個意念寫往後的每一本書。只因為，這幾乎無法替代，這是重又落回時間甚至空間限制的書寫，沒有前人，也無法賴給後人，時間大河，這一截只有你在。

今天，尤其在台灣（一個某方面又變得如此不思長進的小島），這麼說並不合時宜——十九世紀舊俄這百年，真的是人很值得多知道的一個極特別時代。我們可能馬上會想到二十世紀初震撼世界至今仍有餘波的紅色大革命，但不止這樣，大革命的暴發暨其成功可以只是歷史鬼使神差的結果（南美洲大解放者波利瓦爾的正直告白：「我的這一生是鬼使神差。」），可以光憑人的某種生物性本能驅動並完成，可能就像那種現實成功人物的回憶錄那樣外面高潮迭起波瀾壯闊但內裡空洞膚淺平庸如無一物。十九世紀舊俄絕非如此，它的內容是豐富的、恢宏的，這裡只講我自己無比好奇的兩事：一、如何可能，這竟是人類文學書寫尤其小說的一個最高峰時代？二、如何可能，這麼多理應四體不勤昏昏度日的大貴族大富豪，肯於拋開手裡的權勢和財富，走上一道道如此危險不可測的人生之路？

我們曉得，彼時俄羅斯的文明條件其實並不好，知識準備普遍不足，沙皇、農奴制、東正教這著名的黯黑三位一體仍牢牢罩住這個國家；自然條件更是不利，太遼闊且冰封的土地處處是障礙是死角。也許這正是法國大革命以降過度光輝到屆臨天真的西歐大思潮，和如此沉睡、禁錮、腐朽的現實，兩個巨大落差反覆撞擊百年下來的一種奇妙結果吧？但我以為關鍵仍在於人，這些相當了不起、敢於承受兩種極端力量反覆冲刷的人，歷史如赫爾岑所說沒什麼單一的、必然的允諾，或更正確的說，那種下墜的、千篇一律的歷史結果還可以說是自然的乃至於必然的，任何有所超越的、閃閃動人的歷史成果，都是加進了人、加進了非必然的個人力量才成其可能。

如同維吉爾領著但丁進入地獄和淨界，除了廣泛閱讀這時代的種種作品，我們也希冀找到像維吉爾那樣在場的、經歷著這一切的領路人，通過他清澈的眼睛，以及宛如重走一回人生的引領，有焦點的、有時間序的、可建立種種有來歷和線索的來理解一個時代——如此，以撒·柏林（他出生於俄羅斯）給了我們三個名字：別林斯基、屠格涅夫和赫爾岑。

別林斯基正直無畏如巖，但如此強大的正直不免得犧牲點寬廣和複雜，而且他太早死了，一八四八年才三十六歲，沒參與後一八四八這更困難也更多事發生的下半場；屠格涅夫是文學家小說家，他那種總是稍退半步的文學書寫留下來最多具體、多面向的人、事件和什物細節，可屠格涅夫又太柔弱了，他的過度同情和寬容讓他不免失真或說流於策略，在關鍵處該直的地方不夠直。所以，柏林最推薦的正是赫爾岑，他議論縱橫幾無遺漏，不可思議的既尖利又綿密，既深刻又寬廣、既強烈又公正不阿，而且從沒一刻停止他這場「小小游擊戰」直至一四七〇年止。尤其一八四七年流亡後，他站在「彼岸」（《彼岸之書》，這正是赫爾岑的一本書名）回望俄羅斯這一切這一場，恰當的把俄羅斯置放回大世界裡，接上人類的總體經驗，接上同時間歐洲各國各地正發生著的變化，心思清澈、時時準備、哀矜勿喜。我們說，公正非常困難非常稀有到幾乎讓我們時時懷疑人間是否存在（所以才強調『上帝是公義的』，公義上權由神負責），因為公正是道德，人得保有諸多價值信念長時間不失不墜（正直、同情、勇敢云云）才堪堪撐得住它；但也許更難的是，公正也是一種能力，好人不見得公正，人得有足夠精準的眼光和足夠高度的思維才有辦法正確評斷，還得有夠好的表述能力，才能大聲的說出來。

以下這番終極讚語是柏林說的：「以敏銳、而且具備先知之見的時代觀察家而言，他可以和馬克思、托克維爾並列無愧；而從道德家這一面來說，赫爾岑的寬廣、完整及其種種獨特洞見，則還勝過這兩個人。」——這段也許會挨罵的話，我個人完完全全同意也甘於一併被罵。

《我的過去與思想》帶著我們走過這個奇特的時代，但我強烈建議閱讀者堅定跟著走到最後，千萬別錯過歐洲革命徹底沉寂、革命者在歐陸已全無立足之地、悉數流亡到倫敦這最終的一幕——這是非常非常珍稀的、通常只會一筆帶過的記敘。

歷史記敘早已把目光從這些人移開這不奇怪，畢竟這一切已完結且已死灰不復燃了；稍稍奇怪的是，文學書寫尤其宣稱「總得有人留下來數屍體」的小說書寫一樣棄之不顧，等而下之的種種可能原因我們就不說了，自身也是流亡者的技藝精湛小說家納布可夫告訴我們，這意外的非常非常難寫。

被問到對索忍尼辛等一干流亡小說家的評價時，納布可夫以這樣的兩難理由拒絕了——他說，文學評價是嚴正的，不可妥協也不用於同情，但這樣的嚴格對這些特殊的書寫者卻又是不恰當的，他們承受著種種迫害和不公平，他們一直置身於某種難以好好書寫的處境——

一生，納布可夫努力掙脫流亡作家這個身分，他不要這個特權加值，也不願屈服於這個方便的藉口，我想，他知道這個政治加分會從文學扣回來，而文學成績才真正是他要的。但納布可夫終究還是寫了《普寧》這部小說，以大致上嘲笑七同情三的比例，很明顯的，兩面他都留了情。

人們遺忘他們，而流亡者通常也配合著此一遺忘，以各種或讓人不忍、或讓人鄙夷的方式毀棄自己——現實的勝負原不是善惡對錯的判決，抗拒著當下現實仍大大有事可想有事可做，甚至遠比那些渾渾噩噩順流而下的人們清醒且有價值。但流亡者總是自己停住了，不隨眾人走也不自己走，以至於形成某種純時間性的抗拒，這就太困難了，失去生之氣息的東西總是很快積塵、毀壞。

赫爾岑沒躲他流亡者這個身分，牛驥同一皁，他遠比納布可夫心軟或說不思自救；而他做了納布可夫沒真做的事，既是解剖又是自剖，宛若遺言，必須留下遺言。

他成為這一趟歷史站到最後的一個人。

蘇維埃革命成功後，列寧特別點了他的名，讓他成為蘇共歷史一個帶點曖昧的偏正面人物，加某些但書的革命先驅者云云。但凡掌權者還有幾分自信幾分正直，很難不心動於這樣一個人的品質和光輝吧。詭異的是，這其實也來自赫爾岑少見的一個錯誤判斷——一八四八之後，赫爾岑也對這一西歐進步歷史思潮生出懷疑，一度把希望掉轉向俄羅斯本土，寄情寄望於蔚起的民粹力量。為此，一直很尊敬他的屠格涅夫非常不諒解，說了不少重話。

這個原是赫爾岑這樣的人最不可能犯的錯誤，粗鄙的、背反他某種深刻歷史美學的錯誤，說明他當時有多沮喪到不顧一切。

也就是說，在某個正統的、銘之金石的歷史記憶，赫爾岑被記得是因為他一個少見的失誤、一次飛得比母雞還低的時刻——人類歷史，如何能不是一本瘋子的日記呢？

《麥田捕手》・沙林傑

為什麼讀《麥田捕手》？

這次，讓我們先來重讀這段文字，霍頓去了星期天的博物館，不意能在那兒碰到他鍾愛的妹妹菲比，他偷偷摸摸返家之旅的珮妮羅普：「不過博物館裡最好的一點是所有東西總待在原來的地方不動。誰也不挪移一下位置，你哪怕去十萬次，那個愛思基摩人依舊剛捉到兩條魚；那些鳥依舊在往南飛；鹿依舊在水洞邊喝水，牠們的角依舊那麼美麗，牠們的腿依舊那麼細且那麼好看；還有那個裸露著奶子的印第安女人依舊在織同一條毯子。誰也不會改變樣兒，唯一變樣的東西只是你自己。倒不一定是變老了什麼的，嚴格來說倒不一定是這個，不過你反正改了些樣貌，就是這麼回事。」

惟終歸的說，還一定是你會變老。

其一

《麥田捕手》正式出版於一九五一年，其實遠早於日後風起雲湧的六〇年代年輕人反抗風潮，但這一時間差在台灣並不容易察覺。我查了一下，台灣的第一個中譯本要到一九六二年，而我自己又要晚個十年左右才讀到，伴隨著已滿街都是的西洋搖滾，以及空氣中異質的、有著禁忌成分的六〇年代破碎印象和氣味，全揉成一團——彼時地球稍大，事物傳遞耗時；彼時我們所能有的東西也比較少，會收存較長時間時時勤拂拭，事實上，有些人（我認得好幾個）甚至一收存就是幾十年，身體有某一處琥珀化了，裡頭仍源源本本是那些東西，一講起六〇年代就熱淚盈眶。

就像在美國大家都說的那樣，這部小說影響了好幾代人——朱天心高中歲月的「成名作」短篇〈方舟上的日子〉，使用的便完全是霍頓式的第一人稱敘述及其粗口（朱天心也仍記得一清二楚，是賈長安精采的中譯本），吳念真初識她的開場問候語正是：「妳曉得妳寫了多少個『他媽的』嗎，我算了，六十三個——」，彼時那樣社會的台灣，一個高中女生公然講了六十三次他媽的，確實驚世駭俗。

語調是馬上能學的，文學有鸚鵡這一面；語調也比一般以為的事關重大，語調意味著人怎麼看事情想事情以及決定怎麼說事情（亦即人打算以何種方式和世界打交道）。我相信，《麥田捕手》問世的第一波暴烈撞擊必定是這所謂「滿嘴髒話」的語調，先於內容，並賦予內容一個撲面而來的形式力量，把事情弄到難以善罷的地步，本來就一直都有的兩代人隔閡徹底裂解開來，日後（六〇年代）還演化成革命和戰爭，美國，法國，甚至連如此拘謹守禮的日本年輕人都鬧起來。事實上，《麥田捕手》當時在美國許多州的學校和圖書館被列為禁書，直接罪名正是這些褻瀆的、咒罵的、從第一章到第二十六章沒停過的所謂穢言穢語。

小說開始，霍頓站山坡上，興味索然的俯瞰著跨校的美式足球賽如外人，星期六，十二月天，「天氣冷得像巫婆的奶頭」——原來也可以這樣，五十年後今天我還是會大笑。

托昆德拉之福（他評論大江健三郎小說的那番文字），這次讀《麥田捕手》，我注意到有兩個應該要有卻從頭到尾沒現身的人，那就是霍頓的雙親大人。不確定沙林傑自己是刻意如此或順應書寫自自然然如此，但昆德拉這樣技藝精湛的小說家必定是對的——父母親這兩個「雷霆萬鈞」的人物不好或甚至不該出現，否則小說就跑掉了，成為那種我們或許更熟悉但也因此無感的尋常小說。

「雷霆萬鈞」是原來昆德拉用詞的頗準確中譯。我們假想，霍頓返家若和父母相見，不管如何或熱或冷處理，很難不成為整部小說最高潮、具決定性的一幕——父母親的質量太大，勢必會吃掉其他所有的「成人」，把諸如歷史老師、車上的人渣同學母親、搶他錢的皮條客、那兩名彷彿活在另一個世界的修女乃至於他疑為同性戀的昔日恩師等等，全部降格成和父母親衝突的泛音、的側翼。

也就是說，《麥田捕手》很難再如此開向一整個成人世界，變成只是父母親 vs. 小孩，家庭倫理劇。

此次，我還注意到這處時間差，我以為是很有意思的——《麥田捕手》的書寫，被沙林傑一直攜帶著，又被二次大戰干擾，斷斷續續，但真正的書寫完成交出來，彼時沙林傑人都三十二歲了。無論如何，最終檢驗這部小說、覺得可以定稿問世，是沙林傑三十二歲了的眼光和思索，大了書中的霍頓整整一倍。

三十二歲的《麥田捕手》，這是什麼意思？記不記得日後六〇年代那句鏗鏘作聲的反抗宣告：「絕對絕對不要相信超過三十歲以上的人所說的話」？

所以，這也就不會是那種開向未知、貼住現實世界人走到哪裡話講到哪裡、二維傾向的、容易任性容易只剩自己的小說，所謂的公路小說，像日後凱魯亞克的《在路上》。

作品不應該只是書寫者自身病徵的報告而已（套用年輕人的話：「你對小說是不是有什麼誤解？」），應該要有高於此、深厚於此的東西，不管書寫者把自己的存在位置擺多低、多卑微。我以為這樣是偷懶，或者書寫者的程度不夠好，不知道怎麼想自己。

三十二歲沙林傑所寫成的十六歲霍頓，這也讓我們再想起美國那邊的沒答案爭論：《麥田捕手》究竟是不是一部成長小說？——是成長小說，意思是這趟旅程、這段年少歲月，不過是人成長的必然曲曲折折參參差差，等他習慣了身體裡湧出的荷爾蒙，習慣了現實世界的模樣，沒事的，霍頓自會回歸考菲爾德家子女的「正常」模樣，誰都有青春期不是嗎；不是成長小說，則是強調霍頓和上一代人、和世界的決裂，霍頓更當真、更嚴肅，原本就不因身體和腺體而來，也就不會如潮水般自然退去。

沙林傑如何收拾這場呢？——這趟返家之旅當然是回憶、是反思，霍頓淋了雨生了病住進醫院，也接受了精神分析師的診治，但看樣子只是療養，不嚴重（若寫成就此發瘋，那是另一種小說了）：「老實說，我真不知道自己有什麼看法。我很抱歉我跟許多人講起這事。我只知道我很想念我說到的每一個人，甚至老斯特拉萊塔和阿克萊，比方說，我覺得我甚至也想念那個混帳莫里斯。說來好笑，你千萬別跟任何人說任何事情，你只要一說起，就會開始想念起每一個人來。」

我們也應該注意到，霍頓的怒氣不只發向上一代人，事實上，除了對女生心存溫柔之外，霍頓對他那一干同學更鄙夷，沒一句好話，他若要尋求對話或期待聽出某種解答、這些同年齡的蠢傢伙想都不必去想，還能夠稍稍寄望的，仍是寥寥那幾個他以為沒徹底毀掉的成年之人，像是他去了好萊塢的「墮落」作家哥哥 D.B.，或那位也許只是太溫柔的老師安多里尼。

所以說，事實真相是——霍頓並不「代表」一代人，他就只是霍頓．考菲爾德個人，孑然一身，孤獨不因為他的年紀，毋甯是來自於他不當的超出了他的年紀，太敏感，太提前眺望，想太多如胸懷異物，以至於再無法融入同代之人中，想融入就得相忘；而他卻又不真的不是十六歲，他困在這個年紀裡，想做的事做不了，也不被上一代人稍微認真的聆聽、對待，心飛得很遠，身體留原地。

「總而言之，我一直想像這一畫面，有這麼一大群孩子在一大片麥田裡玩，幾千幾萬個小孩子，沒一個大人——除了我。我呢，就站那該死的懸崖邊，我得守那裡，要是哪個孩子朝懸崖一頭衝來，我得抓住他——我是說小孩子總是沒命的跑，什麼也不管，我得隨時衝出來抓住他們才行。我就只想做這個，我想做個麥田捕手……」

《麥田捕手》書裡的不朽名言，非常非常動人，我只是想，但現時現地，父母聽自己十六歲的孩子這麼說自己畢業後的「志向」，會是哪樣複雜難言的表情？

這樣，我們或者就又想到另外那一處時間差了——《麥田捕手》成書於五〇年代，之於日後風起雲湧的六〇年代，整整早一個十年期。我這不是要讚嘆《麥田捕手》引領風潮如先覺，我只是很慶幸它「提早」被寫出來。

「不要像一個時代那樣寫，要像一個人那樣寫。」——這是波赫士老書寫者的殷殷叮嚀。然而，事情難盡如人意，就算充分自覺，我們和我們所在的時代糾結盤纏，時時處處，還是不見得能事事恰當的暫時剝離出來；而且，會有那樣強風吹拂如颳去一切的時候，強到人幾乎不可能站得住腳，強到人彷彿再記不了任何東西，Blowing in the wind。你可以去桃園海邊（比方我們該保衛卻不願的七千年藻礁那一帶），或起落山風的恆春半島試試看。

時代之風愈強勁，人愈被吹到底推到兩端，中間消失，這是跑不掉的歷史通則。不管往哪一端，對小說書寫都是逼迫、都是傷害居多，而非乘風而起（也許當下會生出此種幻覺如魅惑於女妖歌聲）。那樣的《麥田捕手》，我敢斷言，會失去層次，失去餘地，失去那些霍頓再怎麼口出惡言仍保有的必要溫柔和好奇，這些，日後風停，人清醒過來，都是人首先得重拾回來的東西。

至今，六〇年代猶留著不少名字（內容已逐漸淡去），人的，詩的，歌的，聚合的，地點的，事件的，唯足夠厚實、甚至能說明它自己的文學作品尤其小說，卻很不相襯的稀少（我忽然想起，二〇一六年諾貝爾文學獎頒給了只寫歌的巴布・迪倫，六〇年代大英雄），這的確並不是寫小說的恰當時日，或者說，並不是人能好好坐下來、好好想事情好好弄清它意思的恰當時日。

有位大書寫者說了這番或許太過嚴厲的話：「如果不考慮到其歷史意義，人類夠資格留下來傳交後世的傑作將少得可憐。」隨著年紀，世界一塊一塊揭露，我愈來愈知道他講的是大實話。

集體聲音響遏雲霄徹夜不停，小說書寫者（如昆德拉之言）很難完整聽見必要的事物低微聲音，人們也不大可能聽得到他必要的危微話語。我猜，日後六〇年代行動起來、並進而戰鬥起來的下一代年輕人，必定很受不了霍頓的「軟弱」——他們會視此為柔弱，甚至就是軟弱。確實，打架沒贏過，連贏的必要意志都沒有，只挨揍，屈服了事還賠錢消災。霍頓四體不勤，生命養料用於腦子和心，遠遠多過於肢體肌肉，但人這樣不好、不行是嗎？這樣的判決合於道理嗎？有沒有聞到某種返祖的墮落氣味呢？

李維-史陀說過，人的腦子是遠比人的雙手更精緻的東西。

我自己會倒過來看，「柔」（先去掉「弱」這個評價字眼）是其結果，是完成之後的表徵。這裡，人真正做到的是，你足夠耐心、足夠誠實的看完事物的完整模樣，由此油然生出的同情、生出的「柔」

（「我覺得我甚至也想念那個混帳莫里斯。說來好笑，你千萬別跟任何人說任何事情，你只要一說起，就會開始想念起每一個人來。」）。「柔」的意象，我們總是想成水，均勻的流動，無聲的滲入，有多少縫隙就進入多深，永遠進入到最深。這當然也有風險，一種用心高貴的風險，我們說理解一切就是原諒一切，最終，你或許連不值得原諒的惡人都原諒，如同水不覺不察的已滲過了你認真防禦的某一條界線。

柔和的《麥田捕手》不方便於光天化日行動的六〇年代，但它極可能藏在個別的人心深處，是這場大反抗的某個起點，某些人的啟蒙，乃至於某個夜深忽夢少年事云云的魂縈夢繫東西收存著。我想起來馬克·查普曼此人且不只是他一人，一九八〇年十二月八日冬天紐約，他四顆子彈槍殺了六〇年代英雄約翰·藍儂。查普曼沒前科，半生努力以霍頓·考菲爾德的模樣活著，曾在阿肯色州越南難民營工作，尤其關心孩童。當天，他買了本平裝《麥田捕手》，到場的警員回憶，他丟下凶槍，手裡還拿著那本《麥田捕手》。

不說代表，「代表」這一詞經常性的不恰當。年湮歲久，六〇年代最終可能和哪部小說聯繫起來呢？我只能想到《麥田捕手》（至於那本《在路上》就讓它隨風而去吧），儘管如今我對人的歷史記憶選擇，真的已到了全無信心的地步。

其二

好玩六〇年代又更老了的沙林傑本人，看著彼時美國以及歐陸，會不會又想起自己曾揭示的這一圖像——幾千幾萬個孩子，在這一大片麥田玩瘋了跑瘋了，沒有大人守在懸崖邊……

不該盡汙一代之人，是有人想守著，惟事情比沙林傑想的麻煩，這只能是「大人」因此視同為敵人不是嗎？從掃興到居心不良。這不是守望而是自由限制，甚至，他們極可能也不當那裡是懸崖，不認為越過去是粉身碎骨的墜落，而是更掙開一切的奇異飛翔。

大西洋彼岸法國六八學運，我想雷蒙·艾宏便是這樣的守望者之一，但他正是不受歡迎的人，一直被扔石頭（所以幹什麼？求求你們讓我為你們守望嗎？）。但今天回想起來、比較起來，彼時如此熱狂到不願講理（一講理可能就輸了）的法蘭西年輕人，仍然保有最底線的明智和誠實，他們稱「艾宏不是我們這邊的人」，只能難以言喻的棄絕他，更好更刻度精密的是這兩句：「寧可和沙特一起錯，也不跟艾宏一起對。」甚至他們幾乎承認了，沙特這個附和的大人極可能是錯的，至少沒艾宏對。

日後，墜落的年輕人因此相當不少，尤其那些在麥田玩到最後的人，激越，暴怒，入魔，無法收場，像是派翠西亞·赫斯特，美國傳奇媒體大亨威廉·赫斯特的孫女，她極戲劇性的加入了執行城市游擊戰的無政府組織SLA，號稱籌措革命資金（如貪汙是募集建國基金，這大家都很會），一九七四年四月十五日搶了舊金山一家銀行，只得手可憐的一萬美元。一九七四年，早已是曲終人散時候了，派翠西亞，赫斯特稍後被捕，判刑七年，「說不清究竟是搞革命還是單純的搶劫——」

留下名字的，沒留名字的，六〇年代狂飆這一場，有諸多悲劇不勝唏噓，但日後年輕人再反抗的所謂××學運就漸漸安全了、知道界線了，算記取歷史教訓吧。沒錯，第一次是悲劇，第二次第三次第四次就一路糊掉了，轉為喜劇，鬧劇，以及漫畫。

「娜拉出走了怎麼辦？」這是小說世界最著名的追問。小說家有權、也非得讓小說止於某個點不可，而讀小說的人追不追問也是油然的、正當的，他是因此放心了或更擔心云云。《麥田捕手》，我們一樣可以問：「霍頓回家了怎麼辦？」

不像厄普戴克「兔子四部曲」，「兔子」安斯壯從離家的《兔子跑了》到《兔子歸來》之後還有《兔子富了》、《兔子安息》寫完一生。並沒有回家以後的霍頓，我們只好轉而詢問：「寫成《麥田捕手》後的沙林傑怎麼辦？」——答案是，沙林傑旋即隱居於新罕普夏州的某一山居小鎮，好像一直保持書寫但幾乎不見新作品問世，二〇一〇年九十一歲去世，也就是說，他彷彿越過了某道界線，終生再難以回頭和世界、和世人和解。

我想，沙林傑的逸出界線、難以承認現實世界種種必要的界線，是因為他樹立了一個太大、太乾淨的目標，形成了一個對現實世界的嚴苛要求，一個現實世界根本支應不了的要求。

非常明顯，霍頓完全不是那種把無腦當個性的打砸暴走少年，正好相反，我們所說的那些普世價值，他深信不疑且試圖一一保衛。是以，他的控訴集中於「虛偽」，這對他信守的價值最富腐蝕性。父母虛偽，校長虛偽，歷史老師虛偽，父母為他鋪設的人生之路也虛偽得噁心，無非只是要他如顯赫的律師父親那樣「打高爾夫球，打橋牌，買車子，喝馬丁尼」「將來可以買輛混帳的凱迪拉克」，就連他本來很喜愛的作家哥哥 D. B.，也奔去了金粉的好萊塢，成了個「婊子」。

進入現實的成人世界似乎無一倖免，是以，霍頓心中最美善最乾淨的，便是最遠離成人世界的十歲妹妹菲比，「你見了一定會馬上愛上她」；還有他白血球症早夭的弟弟，「比我聰明五十倍」，永遠留在那個時間裡的艾里。那一晚，霍頓一個人去睡車庫，「用拳頭把那些混帳玻璃窗全部擊碎——」

講艾里那只左撇子棒球手套，是書裡最柔美的一段，「……手套的各個手指、以及每個指縫寫滿了詩句，用綠墨水寫的，寫上這些詩，他外野守備沒球打來時可以讀」——霍頓一直帶著這手套，也一直記得艾里走的那一天是一九四六年七月十八日。

另外，是霍頓在菲比學校發現有人在牆上寫了「×你」兩個大字，「我看了他媽的差點氣死，我想到菲比和別的小孩會看到…最後總有個下流孩子會解釋給她們聽……以後有一兩天她們會老想著這事……我真想親手把寫字的人宰了。」但霍頓隨即又發現，這些髒字是遍在的，不僅手寫，還用刀刻，哪怕給你一百萬年時間，你都擦不掉一半——「任世間所有眼淚」，我們看霍頓不改滿口髒話的講著奧瑪開儼也似的這番悲傷話語，用髒話寫髒話，我不以為矛盾需要嘲笑，只覺得更深邃難言。

基本上，六〇年代反抗是循此開始的，但拉直它，撤掉霍頓的徘徊猶豫，如《聖經》講的修直道路，也就不個別的停在那幾個有名有性的具體成人控訴，而是迅速（太迅速了）上到社會、國家、經濟體制、宗教、學校云云的高度、廣度，如日後藍儂的神曲 *imagine* 說的，得認真想像了，沒有國家，沒有宗教天堂，沒有戰爭殺戮，還有藍儂以為較不易想像的，再沒有私人財產，這樣的世界可能嗎？是不是這樣才能有我們想要的那個世界？

不是要砸爛所有美善的信念價值，正好相反，是一個都不可少不妥協棄守，一個一個都要把它擦最亮，擦出它們最素樸的本來面貌——回想起來，這極其可能是人類有過最放膽也最華麗最快樂的一個烏托邦（最道德又最快樂？這是奇觀）。不講理（即便知是烏托邦也得稍微認真想它的合理性，如柏拉圖、如摩爾），人人只添加不思省，反思不成比例的低到、輕到、淺薄到等於沒有；而且這麼容易，別笑我們作夢，加入我們一起作夢，你加入，像加入一場音樂祭（記得胡士塔節這一天嗎？一九六九年八月），一場搖滾，整個世界就合而為一了，夢和現實沒界線（只有小孩和瘋子才分不清夢與現實，心理學的定論），瞬間天國。

什麼都要，卻還不具足夠能力真的思考它，也不耐煩；無限自由，這怎麼可能不璀璨如花？又如何可能不以種種悲傷收場，甚至如本雅明所說，跟著風中的紙片而去，最終總是通向犯罪？

霍頓的言語暴力，也必定很快蔚為真正的暴力，玩瘋了，而且此時人多勢眾。

其實，預知結果甚至預知死亡的人並不乏，但他們無法說話，或說了沒人聽見，或聽見了被扔石頭；但真正的障礙可能是，立刻被歸入那種腐爛、真應該打倒不疑的反側之人。畢竟，這是沒中間位置可站、極端召喚另一極端如共謀共生的最糟糕話語時刻。雷蒙・艾宏可能是當時發出最多諍言的人（對六八學運更無好感的李維-史陀便不多說話），多年之後法國一次很精采的訪談，問他問題的正是學運一代的人，事過境遷，也都不年輕了，但艾宏仍公正大派如昔，他指出六〇年代青年的高道德本質，只是如此純淨到、高傲到如單子化的道德目標，無可避免會被鐵板也似的現實世界擊碎，碎成一地的同情意識，流離失所，如同「失去目標的魚雷般在冰冷廣漠的海洋中，重新尋找可棲身的具體而微道德目標——除了就地臥倒當是青春一場，相當數量的人去了中南美，去了非洲和亞洲，蹲點，挖水井，醫療和防治傳染病，仍然超前遲重世界一大步的關心環境、海洋和雨林的變化，關心人權、女權和動物權……」

和日後學運的參與者尤其領頭人物，去處大大不同——日後，他們極大比例的成了政客，成果甜美。

六〇年代當然不會是年輕人的最後一次抗爭，很多國家條件不足沒趕上，這一定只是開始，像打開糖罐子不會只拿一顆。然而，大半個人生冷眼旁觀下來，如今我反而驚訝。六〇年代和日後的年輕人反抗竟如此異質，某種意義來說（尤其我自己真正在意、珍惜的那些東西），這甚至該說是唯一一次。

這裡，我想起一九六六年同一歷史時刻發生在中國的文化大革命，鬧更大更滿目瘡痍（直接死百萬人、千萬人，這什麼數字？），但現在可以定論了，別汙蔑反抗汙蔑運動，這就只是醜陋不堪的政治奪權鬥爭（但為了一己權位可以這麼沒底線、視人命如草芥？），年輕人只是被驅使的工具。這些年輕人，極度愚蠢又極度自私，心裡、腦子裡什麼也沒有，說是獸性、說只憑原始生物本能而行動不對，生物的攻擊性不是如此，這是人才會犯的最愚蠢的錯誤。

日後年輕人的反叛，像哪邊的多？——六〇年代？抑或文革？

多年下來，發生在年輕人身上的變化，我以為，最戲劇性的是價值信念的問題、道德的問題，幾乎是交換過來——六〇年代年輕人的指控一如霍頓，是你們背離了一個一個價值信念，你們拋了理想，你們還把世界搞到容不下這些美好東西；如今年輕人尤其台灣，則比較像霍頓這一干同學，他們不談這個，也不相信，什麼價值信念什麼道德都是你們上代人的老東西，甚至，他們會掉頭來教上代人要世故，要知道人生現實，都什麼時代了真是——

三十歲的人說六十歲的人天真？這還是很奇怪。今年，一位下一代的文學青年，以極不可思議如見恐龍的神色質問朱天心：「妳為什麼就不肯馴服？」「妳知不知道妳這樣很討人厭？」

此外，六〇年代年輕人急於長大如霍頓；如今年輕人則一直延伸青春，四十歲，五十歲……。我想他們隱隱知道，價值信念云云，道德云云，都是很沉重的東西，你一天信它，一天就得負重而行，這當然都是自找的。

最近有一支電視廣告，一對已不真的年輕的年輕男女，開著Volvo轎車，猶如此喃喃自語：「我們會成為什麼樣的大人……」「我們會不會變成我們討厭的那種大人……」——媽的都開Volvo了，這是我看過最噁心的廣告。

所以可思議了，再來的反抗愈來愈安全，識時務，更知道如何和既有權勢力量合作，短暫如一場演出，take money and run——愈來愈像一道政治的終南之徑，花三天，取得某個終生享用的資格，就可以高舉自己是××學運世代去選議員選立委了。

不好看的東西說到這裡就好，還是來回想一九六四年夏天，自由的盛夏——那個夏天，幾千個年輕人往南走，到密西西比、到南方各州為黑人爭權，教他們投票。但此行其實艱苦而且凶險無比，馬上，詹姆斯．錢尼、安祖．古德曼和麥可．史威納三人就遭當地執法人員帶頭的種族主義者綁架並痛毆至死（沒錯，執法人員），諸如此類的事一整個夏天不斷，被打、被捕、被槍擊和炸彈攻擊有數百起。這些不知死活的年輕人，日後調查，絕大多數來自霍頓那樣的中產以上富裕舒適家庭。

《自由之夏》，如今這也是一本書，書裡收輯了彼時參與者的回憶，在那裡，我們能聽到久違了、人們已鮮少再那麼說的明亮話語。

所以，借勒卡雷的話，這也是美學問題。美其實不憑空發生，更難憑空存在。這讓六〇年代成為唯一——這一場，終究留下來許多美麗的東西，許多我們曾誤以為會一直出現的東西。我們也許還是低估了它的條件、它的代價、以及它的困難悲傷成分；也許，我們還是把身而為人的自己想得太優質了些。

有不少好東西，人們可能發現它但不可能留下它，或直說不配擁有它，以我們到此為止的樣子，以及可見未來的樣子。

也來想，如果霍頓晚生些，他會以何種方式進入這場運動？我再一次細看他向菲比描述的麥田大夢，他不是要參與孩子們的遊戲，他以為那只是遊戲，他要在崖邊守望，這其實是「大人」的工作，或者說應該有大人站著卻沒有的位置。霍頓神經質的感覺危險，發現了這處人們輕忽的空白，他認定自己已是「大人」。

所以，《麥田捕手》也就比我們認知的又稍稍超前且理智，成了某種意義的歷史預言之書。

《道林．格雷的畫像》．王爾德

為什麼讀《道林．格雷的畫像》？其實，一直到寫前最後一刻，我心裡滿滿的依然是《快樂王子與其他故事》，但沒關係，因為這兩部作品有個牢不可破的共同點——都是奧斯卡．王爾德寫的。

王爾德，做為一個讀者，我一直感覺對他有相當虧欠，沒把他一整個人置放在他應得的高度位置，他並不是只《快樂王子與其他故事》這本書寫得好而已。所以這樣好，這樣我們或可以多讀一本書。

其一

波赫士這麼說他的書寫：像黎明，像水——這不是讚辭，我以為這是對王爾德最準確的講法，應該做為他的墓誌銘，刻上他巴黎拉雪茲公墓（離家鄉這麼遠）的碑石，陪伴墓前那隻史芬克斯像小石雕。

生如春花，死時殘破不堪且孤獨，竟然有點像他寫的快樂王子的命運。

一座溫柔的雕像和一隻耽誤了南飛的燕子。引介〈快樂王子〉，我以為最好的方式是把這個故事一字不漏重抄一遍，不要去碰碎它，談論感想云云是稍後的事——其實我更建議每個人都自己這麼做一次，直接抄寫原文更好（常常，華文的譯者多事了點），你一定會驚訝文字原來這麼簡單，不可思議，只用如此簡單而且少量的文字，還是可以把故事講得這麼美麗又這麼悲傷；簡單但如此綿密（不是那種輕觸你一下即縮回的詩），它毫無阻隔，不需時間，直接進入人心，或確切的說，我們跳動著的心臟。

王爾德自己這麼講，在《道林．格雷的畫像》書裡。當然，他的析理能力沒他說故事能力強：「美是一種天賦，甚至比天賦更崇高，因為它無需解釋。這是世界上的偉大事實之一，一如陽光、春天、或是那片倒映在暗黑水面上我們稱之為月亮的銀色貝殼。你不能質疑它。它有其神聖的君權，擁有它的人便能登上君王之位。你在笑嗎？唉！當你失去它的時候就不會笑了……」

過去，曾有某位書寫者如此大言自己的書：「這本書是寫給九歲到九十九歲的人讀的，九歲之前，就由他母親唸給他聽。」說真的，能讓這番話成立的書非常非常少，也不見得需要（除非帶著某種命令成分）。但《快樂王子與其他故事》的確是這樣一本書，我可以證實，至少證實三分之二——我十歲左右讀，那是我們小學國語課本裡的一課，我不覺得自己有什麼讀不懂之處；三十幾歲時，朱天心（和我同年）唸給自己孩子當睡前故事聽，會哽咽得幾乎唸不完；又三十年後今天，我年紀已是九十九歲的三分之二了，此刻，桌上攤著這本中英對照的《快樂王子與其他故事》，是其結尾（「我真高興你終於要飛埃及去了，小燕子，」王子說：「你在這裡待太久了，不過你得親我的嘴唇，因為我愛你。」「我要去的地方不是埃及，」燕子說：「我要去死亡之家。死亡是睡眠的兄弟，不是嗎？」）

我依然心悸到不能自已，不是那種回轉小孩樣式的悲傷，而是我已是六十五歲老人確確實實的悲傷。

這麼悲傷，但卻不真的難受。我們不僅不害怕這種悲傷，相反的，悲欣交集，我們感覺幸福，好像窺見了天堂一角。

想起來真有點奇怪，那一年代，〈快樂王子〉居然可以成為小學課文，我努力回憶，我宜蘭力行國小那位熱愛打人耳光的導師，當時究竟如何跟我們講解這個故事，樂善好施是嗎？還是乾脆就說捨己為人？這的確不是那種容易畫好句點讓人安然入眠的故事。

由於書寫體例的緣故，但凡花草和動物數量超過一定比例、又動物甚至植物都會開口說話的故事，日後都不容抗辯的歸為童話。這原本無妨，有妨的是童話宛如患了重度潔癖、加重度被迫害妄想症的自我清理作業——多年前我寫梅特靈克的《青鳥》時好好討論過此事。童話，不容生老病死尤其是死亡，不容不圓滿，不容悲傷，所以，《青鳥》得截斷於光輝青鳥的捕獲，不可以讓小孩看到接下來在現實天光下化為平凡黑鳥的幻滅；吉卜林的《叢林之書》得把殘酷的達爾文成分完全剔除，換成那種純樣板的、角色扮演的「善／惡」「好人／壞人」之爭，所以改名為《叢林王子》看來還真恰當；《美人魚》不可以化為泡沫，她宛如快速演化的長出雙腳，和岸上王子過著幸福快樂的生活，善良、無私、摯愛云云隨著悲傷結局的消去完全消失，我們已不敢教小孩有高於悲傷的這些種種高貴東西。

（日前，我在日本有吉弘行的冠名電視節目裡看到，一位從事飛車特技拍攝的車神級駕駛員感慨電視工作愈來愈少，因為不斷被觀眾投訴：「現在就連銀行搶匪劫車逃逸，都會先繫好安全帶——」，我們了不起的中產階級真的是堂而皇之的膽小如鼠。）

所以，如今童話變得跟兒童的衣服鞋子一樣，成為最短命的東西，甚至只一次性使用——童衣童鞋我沒話要說，畢竟社會富裕了也浪費了而且少子化，不復是我們這代人童年那種兄終弟及、衣褲可修改毛衣拆開重織的歲月。但童話童書無論如何不應該是這樣子，故事、書籍本來對時間是有一定抵抗力的，或說是人發明出來抵抗時間、抵抗遺忘的東西，五年、十年乃至於像我們講的〈快樂王子〉這樣，六十耳順之年依然可以讀它，依然如老年的波赫士說的「像是今天早晨才剛剛寫出來」。

馬拉美用了這個詞：「攜帶」。說哲學應該是可攜帶，意思是，書本闔上，有些聲音有些話語仍黏在我們身體不去，白天，夢裡；不是靜置的記憶，而是生動的，就帶在手邊帶在眼角餘光之處，既是材料，也是某種支點，時時參與我們的觀看、感受和思索整理。

但是，真要能沉入記憶、能成為可攜帶可勤拂拭之物，一定得有足夠內容分量，得是某種讓我們心生波瀾的東西，某種非比生活尋常如異物侵入、如開啟一個新世界的東西，某種我們當下沒辦法一次想完消化完的東西。所以，絕對不會是如今這種無菌處理過、除了個舒適句號什麼都沒有的童話。句號是終結，是就此歸檔，所以通常也意味著遺忘，當然，能遺忘是比較好入睡沒錯。

五歲、十歲，一切才開始，他們的世界應該是打開的，他們乾乾淨淨到令人羨慕的記憶應該用來記下好東西。一一畫成句號好讓他們快快遺忘是什麼意思？——〈快樂王子〉這樣難以收攏成一句結論的故事，我甯可稍微噁心的說，正是讓你用十年、二十年乃至於一生時間，去尋找你以為最完美的那個句號。

悲傷真的有這麼可怕嗎？——〈快樂王子〉結束於一種清澈的悲傷。《青鳥》呢？《青鳥》的最後一幕其實是這樣，最後抓到的那隻青鳥在大家手忙腳亂中飛走，小姑娘放聲大哭，小男孩蒂蒂爾鼓勇走到舞台前，出鏡的對我們所有人說：「如果有誰抓到，願意還給我們嗎？我們需要牠來得到幸福……」

這個結尾不那麼容易見到了，我查了一下，不少華文譯本不是刪了就是改了。

我們這代人的童年，大概都被大人以各種方式嚇唬過，最普遍的無聊至極話語是，你其實不是你爸媽親生的，你是垃圾堆撿來的云云。我痛恨這種惡趣味，但不故意嚇小孩絕不意味著就要跳到另一極端。生而為人，我們會悲傷，這是人性（我自己會說這是必要的，不知悲傷的人感覺很不對勁，也應該不可信任，所以我們繼續這樣，難保會教出盡是些不可信任的人），也是我們生命的基本事實，誰也無法給小孩一個沒有悲傷的世界，那種完全刪除悲傷的故事是無法兌現的承諾。但這裡我們真正要說的是，人會為他人的遭遇、他人的故事悲傷這件事，這一樣是人性，但這是我們尤其應該努力保護好、甚至應該不斷學習琢磨的人性成分，是最好的一種悲傷，會讓我們成為一個質素較好的人。春秋戰國當年，牢牢吸住孟子目光的便是這種悲傷，他稱之為惻隱之心，就只因為人心裡這個精緻低微的善意聲音，孟子願意直接相信人的本性是善的，並說服了日後幾千年的中國人。

日本一代傳奇歌手中島美雪的《騎在銀龍的背上》，我記得有這兩句歌詞：「人的皮膚這麼柔軟，是為了感受他人的苦痛。」

所謂「質素較好的人」，講的並不只是道德（我對道德這個不免自損、得是人自己心甘情願的東西總小心些，以為只能自我要求而不是責成別人），而是不知不覺的事關認識——我的感受不曉得對不對？很奇妙的，為他人悲傷，也許因為無需辯解無需防禦的緣故，較之為自己悲傷的不免封閉自憐（這是悲傷最大的陷阱），這反倒是人最誠實、人心最柔軟多孔隙的一刻，它張開向遠方，深沉的、親切的聯繫著一個個他者和他所在的世界，聯繫著眾生，一次次站到我們原本到不了的地方，看著、經歷著，感同身受著，胸口滿滿。我們像是有著千百個化身，這不是什麼神通（也許倒過來，佛家的如此神通正是此一隱喻），就只是懂得為他人悲傷。

以快樂為名，但〈快樂王子〉給予我們的並不是快樂，而是幸福之感，看見了極美極善事物的幸福之感，しあわせ——快樂似乎和悲傷不共容，有你沒我；但幸福要複雜太多了，幸福不拒也不懼悲傷，甚至，它好像必定包含著某種很清澈的、很沉靜的悲傷；甚至，它仍會在人最悲傷最受苦時到來、如雨過天青。

朱天心的小說《漫遊者》一書，是父親之死寫成的一系列小說，哀慟逾恆，卻也是她此生最寫到幸福的小說。

幸福，是我們每個人都曾有過的生命感受，不會經常，但不乏，如日本人這麼長掛口中；難以獲取，卻屢屢又出奇的簡單，「幸福來得這麼容易（突然）」，這已是大陸人人會說的玩笑話。它不像快樂這麼飄忽不實，儘管仍短暫無法駐留，但給我們一種時間靜止下來的擁有感；也不像快樂那樣依存於感官，似乎會以某種模糊的、如夢境殘片印象的樣式一直保存在記憶裡，最終像是個希望。

幸福的「配方」隨機而且捉摸不定，我們沒辦法複製，就連描述都困難。對幸福的終極描述是天堂，即所謂的至福，這一描述工作已不懈進行幾千年了，一直沒真的成功。佛家的可能最動人，基督教則相當失敗，《聖經》裡的天堂幾乎是恐怖的，還很吵鬧（猶太人這上頭的才華明顯有限，或說，他們生活的土地實在太貧乏無物了）。日後，厲害如但丁，他《神曲》的地獄·淨界·天堂三卷，寫得最模糊的正是天堂篇，加進了但丁摯愛的貝亞德麗齊仍只能這樣。最精采的當然是地獄篇，有那座時間老人塑像和故事；有古希臘一干哲人詩人長居的所謂高貴城堡，永恆迷惑之鄉；還有但丁忍不住羨慕的，也許比在天堂還幸福的那對偷情犯罪男女，他們擁有彼此，「共用一個地獄」。

所以波赫士在談天堂篇時指出，但丁描述的天堂很明顯少了個應該要有的「人物」，那就是耶穌。沒辦法寫進耶穌，波赫士這麼猜想：「因為（耶穌）太人性的緣故。」——這個極精巧且直刺我們閱讀盲點的猜想就不解釋了，我的解釋只會破壞它窄化它，我們把它完好的留著。

快樂只需要感官，幸福則深入到我們思維層面、記憶層面，乃至於，人性。

波赫士認為幸福是終極性的，無需進一步說明來證實它；波赫士也對天堂這東西興味盎然，以為是人類最有趣的發明。但我所知道他對天堂最精采的一次描述是這個——構思其實始自於他妹妹，他妹妹是畫家，想畫回到天堂之後的耶穌，畫他（祂）不由自主的懷念，在天堂裡，他懷念「加利利一地的雨水」，懷念「父親約瑟木匠屋子裡木頭的清香」，懷念「抬頭看到的那一片最美麗的星空」……

其二

《道林．格雷的畫像》是一個奇想，逆轉某種時間必然效應的奇想——畫像隨時間不斷年老、醜怪，人自身駐留在畫成的那一刻，永遠年輕。

我們或許也會想到這個流傳多時的狗血故事——某一個畫家想畫天使和魔鬼的肖像，他很順利找到一個天使般的小男孩畫下他，但魔鬼苦尋不得啊，多年後，他總算找到一個魔鬼般醜怪不堪的男子，但這男子聞言痛哭起來：「我就是你畫的那個男孩……」。年輕時，我以為這裡頭有著善惡的教諭成分；如今自己老了，知道這就只是時間而已，光時間就夠了，「魔鬼是老年人的模樣」。

但這書可真是不祥，我們，尤其有小說書寫經驗的人，才讀開頭兩章就有點不寒而慄——一個從此不老甚至永生的最俊美男子，一個畫出此生不可能再有、宛如踩入某種禁忌之地的畫家，一個滿嘴享樂哲學、無視任何規範、隨時煽風點火的上流社會爵士，其核心，則是這幅畫，不遺漏不掩飾的記錄著顯示著人容貌和心思的每一引變化，這是飛蛾撲火，這幅畫所聯繫的人很難善終甚至傷及無辜，包括小說書寫者本人。

這是王爾德唯一一部小說，寫成於一八九〇年他三十六歲。三十六歲是彼時歐洲人認定人壽七十的正中心一點，人生的折返點，往後十年尤其那最後五年，將是他生命裡最淒涼的一段時日，凡起飛的，都必將降落。王爾德死於才四十六歲如其他一干天才（果戈里講的，早死，是天才人物的痼疾。這話，要不要信呢？）。《道林．格雷的畫像》，與其神祕的說是王爾德對自身未來命運的無情預言，倒不如就平實的來想，這是他的緩緩察知，人進到中年，中年是人再難躲閃、人全身曝現於現實強光之下的時日，也就是人諸多年輕特權告終的時日，他不得不知道自己這樣的人會有什麼東西冷冷等在前頭。

王爾德愛美成痴，一生彷彿為美而活，這讓他遠比尋常人脆弱，更禁不住時間流逝；王爾德又是個同性戀者，男同志是人類世界最老不起、最在意容顏身體的人，日本人稱之為「面食い」。於時間，我們害怕的是死亡和死亡前導的一身衰病，他們害怕的青春不復，是肌肉的鬆弛、皮膚開始出現的那一點點浮腫、斑點和皺紋云云，估算比我們提早三十年——三十六歲的《道林．格雷的畫像》寫的不是死亡，而是人開始「變老、變皺、變醜」、「當思想在你額頭灼燒出紋路，當熱情以可怕的火焰在你唇上烙下痕跡……」

和稍前〈快樂王子〉的極盡溫柔完全不同，讀《道林．格雷的畫像》也許會讓不少人感到不舒服，尤其在一百多年後我們這樣一個絕對平等意識的時代，我們明智的順從一種更有道理也更有道德的平庸。確實，小說中有不少任性的話挑釁的話（絕大多數出自於那位袖手旁觀全身而退的亨利動爵之口，讓人更不滿），彷彿帶著跟整個世界過不去的架勢而來，遂很容易演變成那種「作者和讀者一路吵架的書」。但我們若恰當的加入王爾德呼之欲出的恐懼，王爾德的哀傷和孤立無助，會清清楚楚看出來，這虛張聲勢得很明顯，這是他僅僅能夠援引的抗辯之辭，他本來就不怎麼能夠這樣子講道理，必須這樣講道理必定是他感覺自己已退無可退得掙扎了——燃燒自己，燙傷別人。事實上，這比那種和善照亮別人的好蠟燭更常見、更人性。

波赫士這麼說王爾德：「他是把自己裝扮成庸俗不堪的絕頂聰明之人。」（就是這句話打醒了我，我於是盡可能重讀他每一本書，果然如此）。所以這極可能也算是他的面具，在某些我們已忘記的歷史時空，乃至於仍留在某些人身上，人的尊嚴比我們現在一般以為的重要太多了。示弱，公然掉眼淚哀哀求饒是最不堪的，你日後要怎麼跟自己相處？這幾乎是「生理上無法接受」，人不能不逞強，「你知道嗎？有些人不逞強就活不下去——」（松子．Deluxe）

如此，我們便能讀到一部更好的《道林．格雷的畫像》了。

來讀一下小說裡這段文字，說話的當然是亨利動爵，他向宴會裡一干名流拋出這句話如拋餌：「人要想討回青春，只要把以前幹過的蠢事再做一次就行了。」這瞬間引發哄笑——「他把玩著這個想法，變得任性起來，把它丟向空中，換化個樣子，鬆開它，又把它抓回來，用幻想讓它發光，用悖論讓它飛翔。他這麼玩著玩著，對愚蠢的讚頌竟然變成一種哲學，而哲學也因而年輕起來了，像我們能想像的那樣，穿上酒漬斑斑的長袍，戴了長春藤花冠，踏著瘋狂的歡快舞曲，像酒神女祭司那樣，在生命的山丘跳起舞來，並嘲笑遲鈍的塞利納斯太清醒。事實像森林中受驚的動物，在她面前紛紛逃竄……」

這段文字，把人某種玩世的、真真假假的言行耍弄描述得如此精巧如此準，可見王爾德經驗丰碩，是他長年置身這種衣香鬢影上流宴會常玩的把戲吧——用悖論讓它飛翔，把愚蠢讚頌成一種哲學，年輕的哲學云云。

當時年少春衫薄，騎馬倚斜橋，滿樓紅袖招——的確像這樣。王爾德的人生得意得很早，都柏林三一學院和牛津大學的生涯順利，詩和戲劇的書寫順利，金錢收入也順利，他的容顏和考究衣妝引發些許嘲諷還是一樣無所不利，但時間滴答作響是吧。事實（不是那些幽微難知的事實，而是我們稱之為現實世界的這種事實）不會一直逃竄，事實是冷冰冰的鐵板一塊，事實最富耐心會等到詭計拆穿笑聲停歇塵埃落盡，就像愛講笑話愛嘲弄事實的小說家馮內果感同身受的：「笑話會很快冷下來，但不幸砲管還是熱的。」

美很纖很細，很在意生存環境，這於是讓它有個無望解除的根本弱點，美跟我們素樸的道德思維有很大一塊不相容，這在我們今天這個平等時代尤其明白——簡單說，美禁不住太道德性的追根究柢，基本上，美昂貴而且「無用」，至少，它不是人生存的「第一類需求」。美的講究，當我們想到有人仍掙扎於吃飽穿暖的生命現場、有人還餓死凍死，很容易成為某種嘲諷，甚至罪惡。

很清楚，近百年來，人類世界對於美的極致追求基本上已停下來了，原因很多，但美的這個根本道德困境無疑一直困擾著我們。倒不是完全棄絕美，而是止於某種和解，我們明智的滿足於「不難看」這個稍低層次，那種帶著瘋狂、執念的不顧一切追逐，已成為歷史。

但想到這是歷史，是遠比我們今天更普遍窮困、貧乏的時代，也許有人火氣就更上來了——這無法辯解，美的成本一直是「擠」出來的，一面古巴比倫那樣的浮雕之牆，一座聖索菲亞那樣的教堂，原來可以養活、救活多少窮人，或今天我們更熟練的換算，「可以供多少小孩吃營養午餐」（想著這事，再回頭看〈快樂王子〉裡小燕子果然把雕像的寶石、金箔一次次叼給飢寒的各式窮人，這可真讓人心思複雜）。往事歷歷，美的確不下於庶人，更多時候背向庶人，只存活於、依附於每個時代的權貴高層，接受帝王、教會、貴族富豪的豢養，像莫札特，他的身分就是宮廷音樂家，時不時要替皇帝的宴會寫舞曲。

於是，美又多了一層勢利的色澤，做到最好也只能到這樣——已故星象學大師古德曼女士曾這麼說某星座人的慈悲：「他很樂意寄支票給窮人，但休想要他踏入貧民窟一步。」

也因此，美的追尋者如王爾德，總是活著像個四體不勤的享樂主義者，像小說中亨利勳爵這樣的人——這兩種人本來就很像，一開始很像。

很像，但不真的就是同一種人。我以為只是一對心懷鬼胎、各取所需的盟友，最終仍是要分清的——對於王爾德這樣的人，享樂主義是他最方便也最舒服援引的一種現成哲學，如一層鎧甲，可遮擋住他的柔弱，緩解他的道德困境，也像一種偽裝，讓自己可以融入到某一人群之中（「像一隻雨燕，會自動降低體溫，融入到周遭環境裡。」勒卡雷語）；而且，他是孤單的，他需要同伴、聽眾和觀眾。至於享樂主義者這邊，幾乎一定會裝扮成美的追尋者，這幾乎是本能，讓自己高貴起來，從肉欲的層面提升到心志的層面，好掩蓋自己的自私、敗德和腐朽。

宛如不回頭向著毀滅走去的王爾德，他其實有辦法自救，那就是停下來，別認真，就地臥倒當個享樂主義者，像小說中的亨利勳爵，亨利勳爵是這張不祥畫像相關之人唯一全身而退的一個，這絕非偶然，他「敏於言而慎於行」，白話來說是，只出一張嘴；或像台灣當前那些「生活優雅的紳士」（借巴爾札克的命名），這是滑溜溜但舒適安全的生命位置，不當真，所謂的道德困境就當場解除掉十之八九，畢竟，這是只處罰好人的自我困擾，算是葛林所說那種「只有用心高貴的人才犯的錯」，至於所剩不多的那一點點不安，只要偶爾讚頌一下貧窮的印度、讚頌一下勞動者那「有力的、溫厚的、長滿著老繭的雙手」就洗掉了。

一八九五年亦即王爾德四十一歲時，他因為同性戀行為的罪名被判入獄服苦役兩年。但這場官司其實是他自找的。他控告他同性情人道格拉斯的父親誹謗罪不成的法律反噬。據悉，當時有人勸他別去挑起這場沒意義又不可能贏的訴訟，王爾德說：「我想看看花園的另外一邊。」

不是裝飾，而是美的尋求做為一種志業，永遠還想知道更多，想看到、理解美的全部模樣實整模樣，王爾德一定得起身離開這座享樂主義的花園不可。美精緻、珍稀而且困難，但無處不有而且不相替代，訴說著各自的真相和可能，在生命粗礪之處，悲苦之處，陰森森之處，危險之處，敗德、變態、罪惡之處……

這部《道林．格雷的畫像》不已經很危險，甚至恐怖了？

獄中兩年，王爾德以書信形式（收件人當然設定為道格拉斯）寫成了死後才出版的《深淵書簡》一書（我手中的華文譯本名為《獄中書》）；又用掉了生命最後一段時光寫完長詩《瑞丁監獄之歌》——這兩本也該讀的書就不在這裡談了。這裡只多心提一下，別把這兩本色澤、光度不大相同的書當所謂大徹大悟之書、今是昨非之書，千萬不可。這只是延續，只是進展，是他遲早會來到的地方及其想法，也還會有變，如果他繼續活下去的話，如果他還有再下一本書可寫的話。

最後這三年，王爾德活得不見得比獄中那兩年好，身敗名裂，妻兒遠離還改了姓，而且，又更老了些。其間，道格拉斯曾短暫回到他身邊，但只撐了短短幾個月——這其實是可思議的，說是必然會不會太重了些？男同志這種最不許人間見白頭的感情，很奇妙的，時間的宰制力似乎特別強大望風披靡，最終，占盡上風的好像都是年輕一方，乍看像財富、社會地位較弱、像被支配者的年輕一方，我這一生聽過太多太多這樣的故事。

究竟，現實世界裡有沒有這樣一幅不斷變化變醜的畫？我想了半天，大概最接近的是著名的林布蘭自畫像，但這不是一幅，而是一系列的，悠悠時間裡由百幅以上畫像所構成。王爾德寫小說時有想到這一組畫像嗎？

大畫家林布蘭・赫曼松・范萊因，忠實的畫下鏡中所看到的自己，從乾乾淨淨的少年到一六六九他活著的最後一年，至死方休如志業。這顯然（已）不是自戀，我們更清楚感覺到的是好奇，對時間的好奇，對「我」的好奇。我尤其被他一六六二年五十六歲那一幅「抓住眼球」，畫像裡的林布蘭側著身如探頭進來，滿臉皺紋斑點，罕見的帶一抹近乎詭異的、小丑也似的笑，這讓我想到歐陸民間故事裡那種惡作劇的魔鬼，他畫下了這樣的自己。整整四十年之久，他站到遠處如此回看自己，最終成為一個人類學般的不懈工作。所以，平靜，忠誠，無奈但很幽默，而且得其善終。

有時，生命如王爾德這樣彷彿只此一途，但有時又像多歧路多意外，有著其他逃逸的可能，這真的是不容易弄懂的——

《豐饒之海》四部曲・三島由紀夫

為什麼讀《豐饒之海》？我以為，這是一部人隨著年紀、會愈讀愈喜歡愈多想法的小說，儘管三島由紀夫寫成時才四十五歲，一九七〇年末冬日。

其一

並不多小說如此「耐讀」，比較多的，如波赫士小說的，得趁還年輕，不少小說，一定年歲後可能就讀不進去了，「你會開始考慮很多事」。

先來說我自己和這部小說的意外相遇——那是在稱為「格子街」的奈良老街，那家不起眼的街町博物館，這種的通常只收些在地人才有感覺的老東西，舊照片舊地圖舊文書舊招牌云云，但我曉得這家小博物館神通廣大，常借來好東西。我曾在這裡看過五個標價各數億日元、二米直徑大小的古伊萬里瓷盤，有仍寒光閃閃的那把妖刀村正，都像賣野菜賣水果那樣擺著，只攔一條紅繩，沒玻璃櫃沒恆溫恆濕裝置。而這一次，是數十本日本近代文學大師的親筆手稿，你想得到名字的全到齊，而且還是他們最富盛名的那一本，川端《雪鄉》、谷崎《細雪》、宮澤《銀河鐵道之夜》云云，三島當然是《丰饒之海》的末卷《天人五衰》，都攤著最後一頁，很有意思，尤其三島。

我和朱天心不追星不迷文物但看著不捨離去，都曉得三島完成此書就出發赴死了，這幾行字毫無時間緩衝的黏貼著死亡。但——所有文稿中，朱天心最喜歡三島的字，大氣，強勁，筆筆送到，那是怎麼樣一個冬天早晨？你當然可以說這是更大的瘋狂，但回歸文學書寫的根本經驗，完成了，如果這本書寫得夠厚夠滿意，人鬆口大氣，那一刻，世界異於尋常的甯靜，人也異常清醒，身體鬆弛得手腳微微發麻，身體有一種被清空的飄浮感，是一種很不錯的、晶瑩剔透的虛無。至於，到自衛隊切腹自殺則是早已說好要做的事，被這趟書寫耽擱了，但沒被這趟書寫清除，如今，故事講完，死亡依約而來如季札掛劍。

也許，三島這是完成了福克納那個沒能兌現的華麗誓言——福克納說他將寫成他的那本「黃金之書」，屆時，他會折斷鉛筆，一切到此為止。

但這部小說很可惜也因此「遺書化」了。很多人直接在小說裡找三島自殺之謎。這不算錯，錯誤在於「直接」。

直接找太容易了，那就是第二部《奔馬》中同樣如此赴死的飯沼勳，這位少年劍士為著效忠天皇，逼日本政府戒嚴並修憲，前去刺殺財經巨頭並切腹自殺（三島自己則劫持自衛隊長官）。而飯沼勳的起義教本則是記敘明治初年敬神黨黨員的《神風連史話》，這是已可稱之為鬧劇的絕望起義，兩百人左右，只用武士刀（不讓西方現代武器汙染），對抗兒玉源太郎的兩千兵力加槍砲，所以真正的核心就是「赴死」，用生命喚醒所謂國魂云云的崇高東西，因此更像是「演出」——從神風連到飯沼勳到三島自己，似乎可以說，我們總會在時間大河裡找到類似生命處境的人，作同一種夢的人，如夢相似。

有關這個，楊照寫過一篇名為《謎樣的解謎之書》的導讀文字，相當漂亮，建議找來看，也可以大舉減輕我們這裡的談論負擔。

楊照舉出兩個重大質疑都是正確的，一是「《奔馬》並不是三島赴死前的最後作品。《奔馬》完成於一九六八年中，離三島自殺還有兩年多……如果切腹已是三島的中心信仰的話，為什麼《曉寺》和《天人五衰》中完全不是這個主題的延續，反而一轉轉向了深祕卻又宏闊的佛教唯識哲學，以及帶著虛無意味的真偽輪迴思辨中呢？」；二是「《奔馬》並不是以飯沼勳的觀點寫的，《奔馬》主調甚至不是完全同情、認可阿勳的。……無可避免必須透過高度理性的法官本多繁邦的旁觀眼光來觀察敘述，本多雖然對輪迴的可能大感眩惑，卻始終以理性秩序之光照徹了阿勳思想中許多幼稚、荒誕的部分。」

事實上，之前三島寫過一部一氣呵成的中篇小說《憂國》，那才是由起義赴死者視角寫成，一團火也似的作品，目光集中於年輕軍官和他美麗妻子最後的性愛和身體。《憂國》寫於三島三十五歲，台灣的中譯者是我的師母劉慕沙。

楊照進一步引用了《奔馬》書中本多寫給飯沼勳長信中的關鍵話語。

「……《神風連史話》是一個已經結束的悲劇，也是個幾近藝術作品的完整政治事件，更是個出自人類天真意念的寶貴實驗，但美如夢境的故事斷不可與今日現實錯亂混淆。」

「故事的危險性在於抹殺了矛盾。……這本書只顧執守事件核心的純真，卻犧牲了外在脈絡，更忽略了世界史的觀點，也未曾探索被神風連視為敵人的明治政府的歷史必然性。……當時的日本，無論何等不切實際或激進的思想，竟都有一絲實現的可能，即使是彼此相反對立的政治思想，都同樣發自於樸實與純真，這種背景截然異於目前政治體制堅固的時代……」

故事的危險性在於抹殺了矛盾——這講得真好。

而我要說的是，到了第三部的《曉寺》，開場時本多已四十七歲了，也是三島本人死後再兩歲的年紀，「四十七歲的本多不知不覺染上了一種習性，對內心輕微的感動也要警惕，遇事馬上能嗅出其中的欺騙和誇張。」這是人中年不惑（「四十而不惑」）的很準確體認和描述，再往前去將更心思如鏡清明，進入到波赫士所說，世間再沒有任一種國族云云、主義云云可欺騙你的年紀，所有的詭計在足夠長的時間裡都會被拆穿。而此時此地（泰國），死亡已是另一種形貌，「至於本多，他沒有任何死的跡象，他既不熱烈求死，也不躲避突如其來的死。但是現在，忽然在這熱帶地方，整天被傾盆而降的灼熱火箭照射；本多覺得，這片草木蔥蘢、欣欣向榮的景象，一如死的輝煌繁茂。」

「我們全都難逃一死，沒有人知曉他的名姓。」——波赫士講，死亡如此堅決，但其面貌、其時機和其路徑則多種多變。三島沒在寫成《憂國》那一天死，死亡便不可能再停駐於那樣的窄迫激情和心志之中；也許此一形式如舊瓶可以姑且保留下來，乃至於只是一個如本多說的「藝術作品」（事實如此，但也成了嘲諷），但其內容變了、不一樣了，因為時間就是流逝，不舍晝夜，尤其是小說中（亦即思維中），時間仍一逕前行，穿過中年的《曉寺》，復穿過老年的《天人五衰》（本多已是八十老者了），死亡繼續它捉摸不定之路……

有個小小的有趣是，理應最臨近死亡的末卷《天人五衰》，卻是唯一不以死亡收尾的故事，還通篇不見人死，這是偶然的、還是安排的？

無論如何，要把如此巨大厚實的三島，直接塞進一九七〇年冬天那個仿飯沼勳的淺淺死亡之中，是荒唐的，這嚴重誤解了人行為和思維的複雜關係、size 大小懸殊關係。

這一理應早已淘汰的、也有點危險的誤解，到今天仍以某種（自認的）高貴之姿一直保留在為數不少的人們身上不去，並潛伏著等待某種災難時刻爆發蔓生開來——比較醒目的歷史實例是中國宋朝，北宋的滅於外族加上兩位皇帝的被擄被視為國恥（其實中國加諸於外族的類似「國恥」為數更多，你怎麼可以只記得這邊不去記得那邊呢？因此，較明智健康的處理方式是，不去抗拒此一激情在時間中自然的淡去，別讓它擠壓掉應有的記憶和反省），帶來了這個悲慟但仍急躁、只是狀似理性的著名反省：「無事袖手談心性，臨危一死報君王」云云，開始了超過百年的所謂「知行」談論（尤其日後明又亡於清），也得到了陽明學「知行合一」的此一積極有力結論。其基本方向是，懷疑知，嚴厲質疑知的立刻有效性，以可實踐為唯一判準，來定讞知的生死存廢，完美狀態則是知和行直接畫等號，兩者完全重疊。

今天，讓我們擱置「知」、「行」這兩個已有相當拘束力的詞，平實的用「思維」、「行動」來替換它們，如此，再清楚不過了不是嗎？人思維的領域和人行動的領域怎麼會一樣大、又怎麼可能讓它們一樣大呢？這是對人思維的無比輕蔑，幾乎是迫害了。

願意的話，可以一個一個試，數學，物理學，文學，倫理學，經濟學，政治學……乃至於我們用以享樂的電影電視電玩，看看這樣一趟過濾下來還剩多少，相信我，這是一個幾乎不值一活的貧瘠世界。

思維的領域不可道理計的遠遠大於行動可能的領域，包括永遠不可實現的、只一代一代真實薪盡火傳於人心人腦裡的東西（亦即李維-史陀很值得好好體認的這說法：「人（只）在思想中經驗著的東西」）；也包括一小部分在遙遙未來某一天方得成功實踐出來的東西，像是、「嫦娥應悔偷靈藥／碧海青天夜夜心」的夜間奇異飛翔，到一九六九年阿波羅成功登月，中間綿亙著數千年悠悠歲月，我們甚至有理由懷疑，如若沒這樣的思維，沒諸如此類奇思異想引路，日後的此一實踐是否可能，所以凱因斯才這麼指出，我們不知不覺都是過往某一個思想家的信徒。

事實上，即便是「知行合一」這一主張也是無法徹底實踐的，只能是個提醒，或某種理想；也就是說，它的完整模樣只存在於思維之中。思維和行動，除了大小有別，還有難以一一羅列的更微妙複雜關係，人的行動，或再擴大些，人的行為，屢屢是隨機的，突兀的，背離的，否定的，歪斜不相干的云云，我們每個人都是這樣。

思維和行動的大小之別，隨個體、隨專業志業大大不同，極致的，我們或會想到哲學家康德，他一生過著孤獨、規律到一成不變的刻板生活，像是「只以一個腦子活著」；或小說家卡夫卡，和康德有拚的乏味而且時間更短（卡夫卡只活四十一歲），他讓人在在驚嘆的「以這麼點微不足道的經驗材料，寫出如此規模的小說」。基本上，小說家這一行當，是知和行大小極為懸殊的一種（一般而言，比詩人更內斂、更隱身於常人之中），你得從他寫的作品而不是從他的生平去認識他理解他。只從他的行動（或擴大些，行為）去窺探，收獲極小，且很容易異化為誤解。

這裡，我們得先處理三島之死，便是要排除掉此種窺探帶來的誤解，把三島的知和行先分開，也把《丰饒之海》這部大作品和三島本人給還回來——《丰饒之海》共四部各自完整飽滿的長篇小說，四個彗星般劃過的人物，少年、纖細如詩之美的松枝清顯，年輕、胸中火燄也似燃燒的飯沼勳，異國、帶著奇怪前世記憶的泰王室月光姬，以及依然秀美、但已無賴化虛無化的安永透。這四個人，往事歷歷般依序排列於說故事人本多繁邦的四個生命階段（少年、成年、中年、老年），也是近代日本四個各自極富意義的時間現場，時間總長度為六十年，日本最波瀾壯闊、如行過地獄／淨界／天堂這六十年。書寫者以輪迴之思（身體那三顆昴星樣的黑痣）把這四個人物一氣連貫起來，小說主軸自始至終穩定、筆直、清晰，不膽卻不逃走，書寫者的意志、專注力驚人（有足夠書寫經驗的人曉得這有多難、多疲憊）；而書寫者同時又極度纖柔敏感，因此，整部小說又細節滋潤枝葉繁茂，一段描述、一番對話乃至於只是眼角餘光一瞥，都不輕易放過，近百萬字幾乎不見那種必要但乏味的所謂過場，如技藝精湛的木匠把木頭的連接處化為特殊工匠技術的展示、特殊之美和其理解（對木頭的理解云云）的呈現。所以小說可以信手的、隨意從哪一部哪一段開始讀，如那種「風吹到哪一頁就讀哪一頁」。但我誠摯的建議，還是老老實實先從頭到尾讀至少一遍，這樣再回頭來裝逼不遲，也才有足夠底氣。

其實，我倒並不反對把《丰饒之海》當三島「遺書」，這部小說和書寫者本人的奇妙聯繫，使得遺書云云這一通常不恰當的概念意外的有趣，還意外的「有用」。但這遺書是整整四大冊，而不僅僅只是「奔馬」裡那幾頁幾句而已。

其二

做為一個現代小說的「被迫」輸入國，日本的現代小說總體書寫成果是相當驚人的，至少亞洲各地無出其右。十九世紀舊俄當然更厲害，但彼時俄羅斯帝國並非遭強迫侵入，而是彼得大帝把國都推到國境極西迎進來的，彼時俄國人對待現代小說的情感狀態很不一樣，信任程度也不一樣，人或許更樂意（或更自然的）引為一生志業，把自己埋最深的祕密、更難說清楚的希望交給它云云，至少，這大大的減少了鬧彆扭所浪費掉的時間和心力；日後拉丁美洲的大爆炸是另一個奇特的高峰，只是，仍以西班牙文書寫的拉美究竟算移民繼承還是移植成功？像是北美書寫，我們直接看成就是歐洲小說在一方神秘陌生土地的延續和擴展。

這是個善於學習的國家。但當然，日本現代小說的豐收原因複雜多端，得另外寫本書來討論才行，這裡，我的好奇只集中在日本傳統的安然延續、沒被西學暴力侵入切斷、丟棄這一個點，這是大人類學者李維－史陀探察日本後指出來的（「日本的工匠技藝直通上古時代，而這恰恰是人類學者最感興趣的」），還回頭惋惜法國有太多東西切斷、消失於法國大革命中，以為無以彌補，李維－史陀感慨萬千（這一感慨應該會挨罵的，但可見他的認真）：「法國大革命的代價真的太大了。」

不切斷，是歷史的鬼使神差——簡單的說，被船堅砲利轟開國門的恥辱，責任概由彼時掌權的德川幕府承擔，明治天皇乾乾淨淨，萬世一系的天皇重新掌權反而成了解答，是為明治維新。當時，對西方列國以及所謂的「蘭學」（經由荷蘭人傳入日本的西學），態度較開放、務實、健康的是德川幕府，尤其末代將軍的慶喜（其實是相當有品質的一位將軍）；相對的，勤王這一側所高舉的只是「尊王攘夷」，一種只靠腺體不動腦子的主張，更像義和團，所以，歷史不僅詭譎，還不講理。

再下一次大危機則是二次大戰敗戰，最終盟軍息事甯人，戰犯究責上到東條英機為止，昭和天皇又躲過了，日本也沒菲律賓化，歷史的好運沒用完。

李維-史陀更換了我這張歷史基本圖像。基本圖像容易不察，但非常重要到幾近決定性，是人思索、理解的根本依據。人基本圖像差異太大，語言會很難對上，語言會愈交談愈感疲弱無穿透力，像被什麼阻隔著——過往，看亞洲各國現代化這一場，我的基本圖像（用以比對、借喻、觸發……）總不知不覺是中國清末民初這一張，但這些年，我改依李維-史陀的指引看日本，加進足夠的傳統（其支援、其干擾、其化合和互斥、其選擇、其源遠流長的消長……），政治議題、經濟議題、社會議題、文化文學議題皆然，乃至於只是一條街一家店一間神社這樣走著看著想著，商品什物、美學、人的姿態教養和行為反應云云，非常有意思，像轉動著萬花筒，我自以為收獲甚多，喜出望外。

當然，我也因此重讀了相當一批小說。

得承認，日本的現代小說書寫，尤其第一階段，顯得相當特別，異常的沉穩，也異常丰碩多樣，像是準備得比較好，有更多可用來寫小說的東西。畢竟，現代小說的「輸入」，只能是其形式和概念，無法連同其內容細節材料一併接收（幹嘛？也寫個英國人法國人嗎？）；或這麼說，在如此巨大且迫切的國族創傷之下，你很難不以一種趨同的、集體的眼光看待自我種種（魯迅、老舍、巴金……乃至於看似迥異的錢鍾書）。當然，個別書寫者來說這也許沒問題，一個書寫者可只認準某一道路徑來寫如賭一種迷信（哪怕是一種偏見、或韋伯說的「一尊魔神」），只要夠認真、夠深、夠久；但總體成果來看，這種偏集體化的面向未免單調，略去了太多其他可能，感覺可惜了。所以波赫士曾這麼勸誡：「要像一個人那樣寫，不要像一個時代那樣寫。」

也得說，這種「像一個時代那樣寫」的作品，總摻入了太多所謂「時代意義」、「歷史意義」之類的額外榮光，小說的準確評價於此從不容易。然而，小說閱讀終究得是「真實」的，是一個個人和一部小說的直面無隱關係，我們幾乎可以斷言（大時間消浪了細節和例外，幾乎是最好預見的），隨著時間流逝，這樣外力黏貼的東西總先脫離，榮光杳遠，再三十年、五十年，小說不得不以它純淨的素顏面對它彼時的讀者、面對那些已快無感於它寫成時代的讀者，讀者會減去那些「多餘」的感動，比方像高爾基的小說，《海燕》、《母親》等等，當時的人讀它和我們現在讀它，落差之大會讓你感覺一定有誰搞錯了——如果三十年後、五十年後小說這玩意兒還在，或人們仍願意認真閱讀、鑑賞小說的話。

還有，當時這種集體的、時代的目光，總是厭惡的、鄙夷的、欲去之而後快的，和魯迅之於中國傳說。人性上，對討厭到這種地步的東西不會想多看兩眼，而且就一整團的丟棄它，不分辨不揀擇，也就很難有層次有深度，看不到那些得凝視夠長時間，才會浮現出來的東西。在各種書寫文體中，這對小說尤其不利，因為小說正是那種「事情永遠比你所想的複雜」的文體。

日本的美學成就驚人而且特別（我跟自己用的詞是「奇妙」），不只是具體的藝術作品，而是化於、呈現於生活的食衣住行中，人的一動一靜一啄一飲中，驚訝的人很多，不只李維-史陀，還有波赫士，詩人艾略特乃至於畫家梵谷云云。這也很順利的很完整的進入現代小說這個新文體之中，不違和，源遠流長大河般不截斷。就以我們今天還算熟悉的小說來看，像夏目漱石，像稍後一點的川端康成、谷崎潤一郎，我自己是沒那麼喜愛川端、谷崎的小說，但不得不說這是極特殊的、有意思的，至少，這樣的書寫「不該」出現得這麼早，通常要到現代小說這個文類不再有震懾性、不再感覺是強勢文化舶來品的中後階段。或我們更整體的來說，日本所謂的「私小說」來得早而且普遍，仔細想想，面對著占據時代意識優位的現代小說，孑然一身的書寫者得有足夠底氣，也就是自認有足以匹敵、能夠抗衡的東西在身，才「敢於」用它來寫如此瑣細、如此家常的私事。這種「像一個人那樣寫」的小說，在那樣猶火雜雜的、人的一切未規格的時代，還真的寫出來那麼點百花齊放的動人景觀。

三島《丰饒之海》的首卷《春雪》，甚至比我們上述的更進一步——三島自己說的，《春雪》乃至於整部《丰饒之海》是他想著平安時代的日本自身古小說《濱松中納言物語》寫的。這種繼承的、比擬的、追問（再次發問）的書寫方式，堆疊起古今，連通著相似生命處境但不同生命現場的人（「穿過遙遠的距離，你伸手給我」）；而我們也已說了，第二卷的《奔馬》，三島又把昔日的《神風連史話》直接寫進小說裡。

就「日本自身之美」這一點，我自己喜愛三島還勝過川端、谷崎，此番再讀《春雪》加重了我這個偏見。我以為川端和谷崎那種幾乎是靜物的、畫卷也似的書寫，美是真的很美，美到某種病態，但也有著類似於我讀自然主義書寫的全部不安和不耐煩（自然主義是小說書寫階段性的重大反省，也一針見血，但自然主義不是一種能夠徹底執行的書寫方式，理由再說），最終，你甚至感覺這個書寫者「不聰明」，至少不夠聰明到你想借助他的眼睛看世界，比較像降回接近生物性的所謂「視覺」，如此你有我也有不是嗎？三島很不一樣，三島是帶著問題來的，或甚至說被已成他生命危機的問題追著來的，不只觀看，還是一一搜尋，如此，這些恍若無時間無歲月的絕美東西，於是也彷彿重新被檢視，被拉出來置放在某種現實無情力量的鋒刃之前，這樣的美甚至必須「講理」，這更暴現它的脆弱，我自己讀《春雪》始終有著這樣山雨欲來天起涼風的提心吊膽之感——這是「時間狀態」、時間緊張度相當不同的兩種小說。我們說，美的事物是在我們看到它的驚異同時，也深知它的無可駐留。川端的書寫如詩，從當下的美直接跳到它最終的命運（李太白的詩文也都如此）；三島是小說的，這些東西彷彿不可察覺、但一點一點的就在你眼中毀壞、消逝。

也可以從這一面看——於日本自身之美，在川端和谷崎那裡幾乎已是某種生命哲學、某種志業工作也似的東西，我就是向著它而寫，我就是（代表日本人）要展示它、記憶它、存留它；三島這上頭很奇葩，他的纖柔敏感完全是天生的，少年三島確實就像松枝清顯這樣，但他如章詒和說名旦程硯秋，「憎惡這樣子的自己」，想換成另外一種身體，另外一種可能人生，所以他開始瘋狂健身，強迫自己流汗，強迫自己修鍊原來最討厭的劍道（「我真討厭這個！生硬的聲音，不管輸贏都摀著臉哇哇叫……真讓我受不了！」），強迫自己從松枝清顯變身為飯沼勳。三島如此劇烈的生命決定，由於來得太早，所以並不必、也無需足夠說服人的理由，它可能就只來自於一次受辱、一次欺凌、一次體育課或運動會的失敗、某無事下午的一場夢境般胡思亂想云云。於文學、於小說書寫，三島的天生纖弱易感原是我們作夢不可得的天賦異稟，但卻是三島生命地獄處境的開啟，他拚了命想逃離它剔除它，也試圖在書寫上改用陽剛的、強硬的文字，換一種聲音和感受方式，但三島想望中那種哪吒也似的徹底替換是不可能的，也天真了，新的進來，舊的頑強不去，人跟化石層一樣，否則如何能夠在四十歲之後仍寫出《春雪》這部小說？

頗殘酷但這確確實實是一個文學通則：書寫者的地獄通常是讀者的天堂。如果我們把少年三島疊印在痴看著美麗聰子的松枝清顯身上，這樣做有點犯規但絕對不是附會，這幫助我們看出來，《春雪》這麼柔美安甯的文字其實並不真的平靜，這裡頭有揮之不去的不安，以及重重困惑，書寫者的心緒遠比川端、遠比谷崎複雜難言；眼前這些美好事物的可望駐留時間似乎更短更危危顫顫，較之川端、谷崎的安定不波。如果你還已讀過了他其他小說如《金閣寺》並再疊加上去，這裡有著川端、谷崎小說裡並不容易見到的種種深層轉折及其暗示，不是那種舉重若輕的，所謂「物之淡淡哀感」，三島生命中沒這種悠閑，我比較相信他是屏著一口氣、努力壓住心緒起伏寫《春雪》。《丰饒之海》是如此一道迢迢長路，而這才剛開始不是嗎？如此內張外弛，所以三島自己殺風景的說，他是在這部雪花漫天飛舞的美麗小說裡到處埋炸藥。

《丰饒之海》四部小說以輪迴之思為軸，但對三島，這應該不僅僅是個聰明的文學技法而已，這是三島很年輕時就已用自己身體模擬過的，是生命具體經驗——事實上，從松枝清顯到飯沼勳，「三島輪迴」毋甯更複雜凌亂，不是新生的，而是糾纏的、更蒼老的，一種保留著攜帶著昔日全部記憶的沉重輪迴。而我們一定得留意的是，事情當然還沒完，因為飯沼勳並非三島生命的終極樣式和年紀（只是死法雷同混淆了此一事實），飯沼勳死去或說再次進入輪迴，三島自己則又十年、二十年的活到一九七〇的四十五歲，這當然是更稠密、人更有能力反覆思索的生命菁華時間，也更長（得扣除人嬰兒期幼年期的心智未開時間）。而外頭世界，這是日本宛如起飛宛如加速的歷史時刻，資本主義大獲全勝。

而小說中從頭到尾在場的說故事人本多繁邦還一直活到《天人五衰》、人垂垂老矣已不必主動去死的八十歲，死亡早已近在咫尺，無須你去找它。

其三

日本這趟頗輝煌的現代小說書寫稍後嘎然而止，歷史退潮，止步處大約就是三島，後三島的日本現代小說正式進入荒年，值得認真一讀的作品非常非常少，顯然，這個國家有了不一樣的想法了，作不一樣的夢。

兩年前左右某一個早晨，三位勤讀也相當善讀小說的年輕朋友到咖啡館來找朱天心和我，說到三島，其中一位皺起鼻子說：「我不喜歡三島。」再補一刀：「他太自戀了。」我知道他看錯了或說時候未到（只希望他日後年歲漸增，會記得再讀一次三島），我沒作聲，說服人幹什麼？而那種人家看在你年紀不好反駁的感覺更糟不是嗎？

我是那種聞自戀色變的人，數十年如一日，已達對愛照鏡子之人避之惟恐不及的地步，我理應更敏感才是。我猜，他對三島小說的理解，大概被那幾張秀肌肉的著名照片給干擾了吧；或者我猜，他一定很喜愛太宰治和他那部已成年輕人聖經的《人間失格》（太宰不差，惟《人間失格》應該不是他最好的小說。代表作但非最佳，這文學世界常見），過度熱愛太宰很容易奇妙的排斥三島——我們講過了，三島討厭自己，秀肌肉應該是證明自己已成功擺脫了那個自己。

鄭重來說，自戀之人不會這麼寫小說，自戀的人總是把小說寫成散文甚至詩，我所向披靡，我無可比擬——沒能力也隱隱不敢比擬，只因為比較會揭露真相，沒有比較就沒有理解、從而沒有傷害（大陸網友無厘頭的又改成：沒有比較，就沒有「上海」）。世界太大太硬，世人太多太奇葩，我不堪一擊。

《丰饒之海》，太明顯了，三島這是如昆德拉說的站到遠處回看自己，不夠，還拎著自己四處找比擬，人體實驗般把自己丟到不一樣的生命現場、或許更容易暴現出真相的生命現場，而且像那種冷血的自然觀察般不伸手干涉；還不夠，更進一步比擬於古人，比擬於異國之人——的確有屈原那樣碧落黃泉上下求索的味道，就惟恐遺漏。

每一部小說，和它書寫者的「距離」遠近不同，比方年輕的張愛玲說「雲端上看廝殺」，站得遠遠的，幾乎就站神的位置。但大致上，愈富問題意識、愈往人心深處而去的小說，距離愈短；或另一種說法，好幾位大小說家都講過，小說愈寫到後頭，書中人物會愈來愈接近書寫者本人，如下卷的唐吉訶德遠比上卷時更像塞萬提斯——這講的同樣是，那些對外挪借來的書寫材料（人物、事件、場地……）有限、有時而窮，無以為繼，而且，通常只能進到人皮下幾公分處就停了，更深的思索和理解只在「我」這裡面發生，小說要再更深處去，就不得不動用更多自我、不吝交出更多自我——這完全無關那種膚淺的自戀，這個「我」是辛苦的、累積著疲憊傷害的勞動場所，不是顧盼走秀的T台。

三島從不是那種悠閒的說故事人，他是和自己小說距離最近那一級的書寫者；而遺書的這部《丰饒之海》又像是他人生的一次徹底清算，距離更近，小說和他本人幾乎重疊，恍兮惚兮。

也因此，最痛恨人玩那種「文如其人」式任意比附、總用力在作品和書寫者之間深深劃開一條線的納布可夫，經驗性的告訴我們——小說（小說中人物）是書寫者自我的演化，一次次，一個個，那些沒能在人生現實真的完整展開、顯露無遺的演化。納布可夫還提醒我們，自我是複數的，自我可不止一個。

還有這一個響亮的聲音——包法利夫人。福婁拜說：「就是我。」

松枝清顯、飯沼勳、本多繁邦、以及散落於小說各處的更多自我碎片……

這樣，應該就順利看出來了，《丰饒之海》由四部小說構成，但並非四個人物簡單平行並列，松枝清顯和飯沼勳，和後兩部的月光姬和安永透，其分量和深度完全不同；也可以說本多繁邦對他們的

「用情」明顯不同，小說在飯沼勳之死這裡打了個大彎，那種密密私語的內心無遮無隱聲音似乎遠了、消失了，月光姬和安永透已離開了三島本人，是借來的，偏向於被觀察的「外人」。

或我們這麼問，重新精緻的演化了松枝清顯和飯沼勳這兩個昔日自我，下一個呢？接下來的三島本人跑哪裡去了？既然不是異國異性的月光姬那是誰？就只剩這個人了，本多繁邦，這個很奇特為什麼事情發生時他都在場的本多繁邦。

少年（松枝）—青年（飯沼）—中年（本多），這樣縱向排列也才真正符合人的生命樣態，讓時間恢復流動，恢復了人（以及他眼前的萬事萬物）在時間大河中無可拒絕的生長、變化、毀壞和死亡。只是三島這個人，確確實實曾經以如此暴烈的、斷開的方式跨過不同的生命階段而已。

順帶說一下，三島也並沒給月光姬相襯於松枝、飯沼的死亡，月光姬甚至死得有點用後即棄，借助了孔雀主的蛇噬故事（《佛母大孔雀明王經》），應命般二十歲時死於紅花爛漫鳳凰樹下的眼鏡蛇毒牙，好再進入輪迴。

本多繁邦這個人，一般很容易把他當那種吸納的、沉默的說故事人，或稍多一點，是三島身上的「理性成分」，用來檢視、對照小說舞台中心的主人翁。但我認為這都低估了本多繁邦的分量，會錯過不少東西，尤其本多精采如靈光的「感想」，那是懸於書中主人翁之上高處的東西，甚至就是他們的絕望、傷害和死亡才換來的東西。

這一次、這個年紀再讀《丰饒之海》，我決定犯規的試一次，就徹底把本多繁邦這個人當真正主人翁，當三島在小說中的完整化身，本多繁邦「就是我。」如此，整部《丰饒之海》的基本圖像瞬間變了——本多當然從頭到尾在場，因為這所有一切正是本多老人的回憶，在自己八十歲了、死亡已來到跟前時，他回想自己這一生，細細回想已不在的少年、青年以及之後（「內心深處的真正問題，總是很天真的啊。」以及、「又覺得只有在『如果我還年輕』這樣一種假定的條件下，才可以作如是之想。」《曉寺》）；乃至於像《天人五衰》卷末處回憶完結，月修寺住持，也就是《春雪》裡的聰子本人卻否認了這一切，包括松枝清顯這個人的存在，「會不會從來就沒有這麼一個人呢？會不會本多先生以為存在，然而實際上，從一開始這個人就完全不存在？」也就是波赫士一定最喜歡的，這只是本多這個老人的一個夢，在夢中他又化身為松枝清顯，和本多遙不可及的聰子有了這樣的接觸、這樣一個故事。

主軸（於小說，「主題」這個詞太收束了，讓人深深不安）也不是真的輪迴，而是死亡，死亡的思索帶來了這一趟回憶——輪迴只是三島本人生成變化的誇張說法，也是本多用來處理死亡的嘗試，一種猜想，一個希冀，死亡是大事，死亡非比尋常，人不處理難以承受。

本多和三島本人最顯著的不同，也是我以為最富意義的不同，是本多活了三島幾乎多一倍的時間，本多替三島多活了超過三十年——分歧點正是《曉寺》，從三島死後兩年開始，這是三島向小說借來的生命時間，或說，三島急於探知死亡的奧祕，遂提前讓自己在小說中向著中老年演化，借來中年人的身體和思維、借來老年人的身體和思維，讓體認完整，避免有所遺漏。這是小說這個文體的重大特權，小說化虛為實，小說把二維的概念思索填實為有著具體細節的實事實物，小說讓思考成為經驗。諸多書寫者並不真的徹底察覺、善用小說這個獨特而且強大的能耐。

我想起馮內果《加拉巴哥群島》書裡主人翁「我」的快快死去，才在小說開頭兩步之遠處，這是他的奇想，這傢伙下定決心要當個鬼魂，好自由進出每一個時間和空間，好進入人心，探知所有的奧祕。

這麼讀《丰饒之海》，馬上救活的便是《曉寺》——《曉寺》（不太像小說）一直是個大麻煩，有人甚至講這更像是本多的泰國遊記；還有，我們讀小說最怕的那種，怎麼好好小說家不當，忽然變成個蹩腳的哲學家云云。當我們把目光從月光姬移到死亡，這些困擾就當場一空了，《曉寺》直面死亡，或說，終於終於，本多繁邦來到了（自以為）有能力正面思索死亡的年紀了，這個壯絕惟不免左支右絀的持續思索，賦予了死亡足夠的鄭重、足夠的敬意，以及，必要的畏懼，都是飯沼勳沒有的，不是那種年輕時日所想的輕快死亡（波赫士一針見血，「死亡和愛情，正是年輕小說的兩大印記」）。我們假設，如果《丰饒之海》的書寫止步於《春雪》和《奔馬》，那我們所看到的死亡模樣，不會跟太宰治的《人間失格》差太多（我還是建議也讀他的《陰火》和《斜陽》，這三書販售數字落差之鉅，一直讓我惋惜不已）。那種輕言的、無畏的、拿來揮舞的死亡，通常書寫者意有所指心不在此，因此死亡本身毫無內容。

《曉寺》處理死亡的不盡成功，這是意料中事，不是因為這樣的思索說理和小說不合，別小看小說，小說仍有足夠大的柔軟性和包容力（D. H. 勞倫斯說的，小說吞得下這種理論「硬塊」），而是，本來就沒有完全成功這東西。死亡是絕對的疑問，是純粹的謎，是完整的否定，是沒有邊界的虛無，是從未見過任何一個人回來的旅程。我們能期待的只是，三島能為我們多想什麼，能想多仔細以及多遠，最終在哪裡「屈服」並以何種方式逃脫云云；更可期待的可能是，通過死亡的硬生生逼問，拓寬、夯實我們對生命、生活這一反側的體認，種種如冷天空氣迎面而來的、讓人機伶伶打了一個冷顫的體認，人變得比較清醒，清操厲冰雪。我們曉得，人的思維包括時間意識、有頭有尾的完整生命意識，極可能正是人察覺到死亡這個點、這一刻開始的。

如日本評論者說的，這是「和死亡的淒絕格鬥」、是「和虛無主義的淒絕格鬥」——我一直不很看重日本的文學評論，這一領域日本始終出奇的貧弱，但這兩句話人家說得對。

本多自己的死亡念頭一直要到《曉寺》卷末才姍姍到來。當下，這是一種極甯沓的、人胸口滿滿的狂喜之感，脫逃有望成功，即將獲得自由，但這已是三島自殺後的事了——「他真正真正想看的東西，只存在於他不存在著的世界裡，為看見真正想看見的東西，必須死。」

這發生在月光姬拜訪本多家別墅那一夜。本多坐游泳池邊，游泳池水面波光粼粼，像撒了光的旋網，那一刻，似乎夢境和現實的界線消失了，生與死的界線消失了，不管是什麼界線都消失，所以好像什麼事都會發生，包括歌德所說那種夜間的奇異飛翔——

「映在水面上的二樓窗戶，正開著通風，白色透花窗帘飄動著。月光姬今夜將住在那裡。月光姬曾在深夜從那窗口飛到屋頂上，又輕輕落在地上……月光姬在本多看不見的地方，不是真的在飛嗎？本多看不見的月光姬，解脫了存在的束縛，誰能說她不會跨上孔雀，穿越時空而變幻莫測呢？顯然，這些事是既無確證、又無法證明，才使本多著迷的。」

又、「莫如說，本多在心裡把死看成一種遊戲，他醉心於死的甜蜜，認識慫恿著他自殺，在自殺的一瞬間，他久想一見的月光姬裸體，如同燦爛的月亮，出現在他眼前。那是一尊誰也看不到的閃爍著琥珀光輝純淨無垢的裸體——本多夢見了至高無上的幸福。……本多所一向期望的，或許正是這孔雀成就。如果今世之戀皆以半月告終，那麼誰不夢想孔雀尾上升起的滿月呢？」

這晶瑩剔透的狂喜，是宗教性的體驗，在理性的盡頭之處，如此華美的圖像才升起（「理性中止日，宗教生成時」）。人也可以從此就停止在這裡，讓它成為確信，成為完滿的答案，如此就完完全全是宗教了——所有宗教（但不包括那些不整理的、如「一整捧剛採摘鮮花」的泛靈崇拜），不管析理精緻，其無可替代的共同思維核心都是否定的，如韋伯說的，始於理性的否定，再進一步便是整個我的否定，最終是這個「我存在著的這個世界」的否定，《聖經》最重要的著述者、論理者使徒保羅也這麼講，在人不能，只能靠神、靠神所射入的光。只是，這個圖像的光輝，遮蓋住了否定，遮蓋住了死亡的黝黑；乃至於，這樣的光輝，讓人可以克服恐懼，願意一賭自己的迷信，想想，丟棄一個不可能完滿的世界，有機會換得萬千個眼花撩亂的至福世界，這划算吧？

再往下，就只能是純描述了（如《聖經》），最多只能是數學式的無窮演繹或說循環論證（如佛家），因為理性止步於死亡之前，理性到不了界線那一邊。

必須死，但看來本多繁邦並沒留在這波光粼粼的一夜，他繼續活下去。

其四

輪迴這個太溫柔、溫柔到不像真的的概念，並不難在人心直接生成，有時只是因為害怕、或只是因為某種無可遏止的奢望，它就來了、信了。對三島本人應該更容易些，他年輕時日彷彿已完成了一次輪迴。

我讀過一篇有趣的文字，講托爾斯泰已垂垂老矣的晚年，那些奉他為大師為先知（已不止文學了）的「信徒」們，普遍生出一種「他不會死」的執念，可能連托爾斯泰本人也片刻的這麼想過——這樣一個人，這樣的智慧，這麼光輝的生命，他都走到這裡了，死亡在他目前怎麼可能不俯首呢？或者說，這一切怎麼可能、可以在一夕間完全消失掉呢？這太荒謬了。

我們尋常人等，儘管沒這麼偉大，但我們也都有我們珍惜不捨的東西，有我們用足了情感守護的東西，有我們用一生力氣、勤勤懇懇的、日復一日的才一點一點得到的東西；還有，我們也是好不容易到達這樣才剛剛看得懂人、看得懂世界的心智成熟時刻，怎麼就要結束了？都要灰飛煙滅了？

發明輪迴不難，難的是發明之後，它禁不起一直想下去，每多想一點，都會遭到現實世界各種合理性的阻擋，都被理性駁斥，也就是我們講的除魅，直到它千瘡百孔，光采盡失。

事情本來就是這樣——愈聰明、愈想事情的人愈難處理死亡，因為這個完整不可分解的謎是沒有答案的，人愈聰明、愈想，只意味著找到更多疑問、更多荒謬，也更難得到身心安泰。所以但丁《神曲》裡，那些最聰明的人都進不了至福天堂（但丁以他們早生於耶穌、錯過了拯救云云的宗教性理由來搪塞，但這也是隱喻了不是嗎？），而是一個一個遊魂的長居於陰黯如迷霧的地獄第一層，但丁最偉大的發明，所謂的高貴城堡，永恆的迷惑之鄉。亞里士多德、柏拉圖、荷馬……

於此，最愛讀《神曲》的波赫士有他個人的不服氣，他一直有個奢望，想要有一個「有學問的人的天國」，並認為在一代奇人斯維登堡的宗教思維裡找到（斯維登堡構築了一個有趣的天堂，只有那些真正聽得懂上帝深奧話語並對話的人才進得去，虔信者聽不懂，只能徘徊在天堂外圍），遂萬分惋惜斯維登堡沒能成為另一個馬丁．路德或喀爾文，多一個新教教派，好讓那些潛心於思維的人也可以怡然的面對死亡。

所有的宗教裡，波赫士因此最心儀佛家，尤其還在追問、還不死心、還不把一切化為吟誦、化為儀式好接待眾生的那時候佛家。三島《丰饒之海》的死亡思索乞援於佛家（他也寫到基督教但略過了），大概也因為這樣吧。

用小說家卜洛克雅賊系列裡的玩笑來說，在《曉寺》和《天人五衰》之間這幾十年時間，我們並不知道本多繁邦發生了什麼多想了什麼，但跳到《天人五衰》的老年，這樣的狂喜、這個光輝的圖像徹底消失了，本多走向了懷疑的這另一側，即便他已親眼看到安永透身上三顆黑痣這一「確證」，依然擋不住他懷疑，隨著時間，他幾乎認定了安永透是個假貨，是「膺品」。

安永透這個年輕人，除了天生容貌和他那個看向大海、看著海平線處船隻出現的職業之外，幾乎再沒可堪想像之處，而這幾乎一定就是本多所能看到的最後一次輪迴了，他已老到等不起下一個了，這樣，算不算他的結論呢？——好不容易找到輪迴這條救命繩子，三島究竟在想什麼？他這麼寫實在太狠了（於人，尤其於己），在最後一刻止步，「把剛剛給我們的東西又都要回去了」；或者說，他太誠實了，誠實到千金不換天堂不換，他終究是走不出永恆迷惑之鄉的人，如昔日那一群我們視之為楷模的智者哲人。

安永透的不堪，除了是三島本人的終極懷疑使然之外，是否也還有另外襲來的沮喪？我在想，三島並非那種困在小小自我裡的人，他生命中一直有著（三島由紀夫式的）足夠現實介入，他有個不小於自己的大和魂，大和之美，大和的品氣和元氣，大和的每一源遠流長美善事物，大和的憂傷及其歷史命運云云。大時間縱向的看下來，他是否逐漸察覺不對勁了，察覺出某種毀壞，某種拉它不住的不改流逝……。這裡，三島可能不是懷疑了，而是失望，對世界、對人的無比失望。

安永透一樣如松枝如飯沼的自殺，但三島讓他不死，彷彿中斷了輪迴。安永以瞎眼、從此不言不語的更糟糕模樣活下去——毋甯更像那種犯了不赦之罪、不能死不得安歇的受詛咒者。

得說，三島真是厲害，我指的是這個已拖著天人五衰身體的老本多，這是很不容易寫好的人物，以及，還不容易察覺自己沒寫好的人物。我一直講，小說中的老年人失敗率、失真率極高，因為他通常由年輕很多的書寫者來寫，沒有那個身體，和死亡的距離、關係也完全不同，只能典型的寫，寫成同一種同一個老人。尤其，本多不是被觀看者，本多是觀看者加上無止無休的思索者，小說中最深最難的東西都在他身上，你可以借來外形和行為，但他的思維、他的體認、他那些老人才有的微妙感受你哪裡去借？這些只能是「三島的」，小說這個可在時間大河中縱跳的文體把你帶去那裡，但仍然要你自己想、自己感受。

至此，我們幾乎可以這麼說了——四十五歲就死去的三島，通過小說魔法般的安排，讓他做到可以用四、五十歲的三島思索死亡，再用七、八十歲的三島思索死亡。就人壽來說，這就是完整人生了，就是人已窮盡所有了，因此，沒浪漫，不是衝動，更不是那種櫻吹雪般的璀璨之死，《丰饒之海》所揭示的死亡思索很厚很重，也負責任，能想的都想了，能講的都講了。

設想，如果三島真如本多般活完《天人五衰》這年歲，再如川端般開煤氣自殺，這會是哪種死亡圖像呢？——我們會說，這是一個已疲憊不堪的老人，不覺得自己還有什麼沒看到沒經歷過，不覺得還有什麼樣的可能，他選擇休息；或者更身體的，沒元氣再這麼高強度思索了，遺忘已快過了認識，像大人類學者李維-史陀八十歲之後說的，我不會也沒時間重啟一輪新的思維，再去建構一個完整的思維體系；也許還有尊嚴問題，不想讓人照顧自己，不要人看到自己更殘破不堪的模樣……

我們或會悲傷，但不會真的震驚，內心裡，也不會覺得不應該。

但走過這趟迢迢長路的三島，何以又尋回他年輕時日的、飯沼勳式的死法呢？我不敢說我真的知道真的能解釋，我只能說，人終究得有一種死法，你走向山，或者山走向你——這裡，我喜歡赫爾岑的話，尤其他的語氣：一個人的死，和眾多人的死一樣，都有它不可解之處，此事神祕，我們認了就是，不必大聲嚷嚷，更不要拿來嚇小孩。

也許，正如三島自己已坦白寫出來的，飯沼勳的死法保留了下來，但已成為某種「藝術作品」，一種仍可採行的死法（且物盡其用的或可激活一些東西）。而我們曉得，實際上這連藝術作品都談不上，一九七〇年冬日下午那一場是個鬧劇，現場無奈聽訓的日本自衛隊員不配合或根本不知三島所云，三島自己的最終演說也是草草，本來就沒啥內容（所以說，遺言在寫《丰饒之海》已說完了）。這一切，更像是走個程序而已，真正做到的，就是他成功死了。

死亡沉重、生冷、無趣、又完全空無。死亡無可比擬，但我們一直努力想比擬，甚至給它一個可感的形式，好讓它有點溫度，好可以說出它。我們會說它像是大眠，像旅行的人回家了，像多年後人期待著又見到自己的親人，像櫻花飛舞滿天，像微風天坐在風帆下，像酒醉後坐在河岸上，像沒藥的香氣，像人發現他一直忽略的東西——我們是很需要安慰，也需要再多一盎司勇氣，還有，我們需要多知道它一點是一點。

整部《丰饒之海》結束在、或說靜止於這個畫面如一切停息。本多繁邦站在月修寺的庭園，「這是個毫不出奇、閑靜明朗的庭園。數念珠般的蟬鳴占領了整個庭院。除此之外沒有其他聲音，寂寞到了極點。這庭院什麼都沒有。本多覺得，自己來到了既無記憶也沒有任何東西存在的地方。」我自己讀到這裡不敢作聲的呼了口大氣，還感覺出其中無何有的有著某種欣然之情，是我錯覺嗎？很類似的畫面我曾讀過且從此深入記憶，但那是在剛果森林，葛林寫的《一個燒毀的痲風病例》，像一路走向死亡、連笑都不會了的大建築師奎理，走進了當地人們都不敢進入的夜間森林，和本多一樣，奎理發現這裡根本不是寂靜無聲，而是有著無止無休的蟲鳴，但這裡完全是空的，「他無法怪這些人害怕，假如人要不怕夜裡到森林裡去，他必須什麼都不信。森林裡毫無吸引浪漫之人的地方，它完全是空的，它也不像歐洲的森林裡有人住過，有巫婆或燒木炭的人，或者杏仁餅做成的屋子。從來沒有人在這些樹下走著，哀悼失去的愛，也沒有人像個湖畔詩人一樣在此傾聽甯靜，與內心密談……」

這我們就不在這裡多解釋了，不要急著解釋，像卡爾維諾講的，這樣幾乎是神話的、已去除所有寓意卻又像空著好吸引無數寓意的靜止畫面，最好讓它安靜的沉入記憶裡，好不遺漏它的每一可能，解釋、體認和想像。還有，我以為這是讀小說的獎賞，你一路讀《丰饒之海》到這裡，心裡滿滿是東西，這最後一步該由你來走完它，這是權利。

這裡只一點點提醒——這不是單純的返祖，回歸原始，不是像 D. H. 勞倫斯最終選擇長居新墨西哥州、並達爾文主義式的不斷發言訓斥我們，沒有那種火氣，那種臉上得色、那種殘忍；這也不是所謂的徹悟，那種以為立刻找到新生找到全新生命實踐的徹悟。這是蒼老的、終點的，像是卡爾維諾說的，賦予了虛無、給了人的全部徒勞一個晶瑩剔透的形式；這是那些難言輕信的長途跋涉之人的力竭之處，很像是死亡了，但或許更像是某種天堂，不意瞥見到的天堂一角，是他們這種人僅能有的，僅能依靠的天堂，安歇之地。

《丰饒之海》這個很美麗的書名，三島本人證實過，這的確來自月亮那兒，或應該說是月球，在阿姆斯壯踩上月球之後，我們完全證實了，那就是個大坑洞，一片死寂荒涼，這樣的發見沒什麼喜悅之情，反倒很悲傷。所以，比現在年輕許多的解說人楊照斷言：「名為『丰饒』，實則乾枯。月球上被命名為海的地方，本質上也是個冒牌貨，是地球上的海洋概念的贗品替代，也是對『丰饒』的諷刺虛相。」

也就是說，三島之死，最終還是害怕自己被看出來仍是昔日那個纖細陰柔的少年，是「贗品」，他要留住那個陽剛、強壯、武勇的三島由紀夫，就只能像他寫的《金閣寺》，用死亡來阻斷時間，讓它不生變化，停在這一刻。

我自己沒敢這麼想，我的依據很不怎樣，就只因我的記憶使然——不止是沒因此更替掉我已有的、抬頭看仍那麼美麗的月亮而已，事實上，也阻止不了日後各種更美好的月亮進入記憶並相信它。阿波羅登月成於一九六九，民國五十八年，我當時小學五年級吧，日後，我又知道了比方赤壁一戰前夕，曹操橫槊所看到那個亮到滿天星斗為之一黯的月亮；旅途夜裡的李白驚異如同初見，那個流洩一屋子光華的月亮；泛舟蘇軾，被香氣的桂棹和蘭槳打碎，嘩的化為流光之路的倒映水上月亮；還有，波赫士所說裝滿著淚水，波赫士拿它當明鏡，送給他最後伴侶兒玉的那個月亮；還有，年輕俊美的古希臘牧羊人，因為如此一夜不捨離去，遂祈求天神宙斯讓他可以永遠睡在這山上，裹一身柔光如大眠的那個月亮……

一輪明月照九州。

這些，都好好的是我的記憶，一如那個荒枯科學月亮也仍是我的記憶，我心矛盾，或更可以說我心有容。最終，我記憶裡還有一個月亮，某種心緒時刻我以為最動容的一個——

「十六世紀初，盧道維科、阿里奧斯托這樣幻想：一位勇士在月亮上發現了那些從地球上消失的東西，如：情人的眼淚和嘆息，被人們消磨在賭場裡的時光，毫無意義的計畫以及得不到滿足的欲望。」

所以，丰饒之海，不僅僅只是虛幻，也實實在在的悲傷。

《聖經》舊約・新約

為什麼要讀《聖經》？這個問題真正要問的是，如果你並不是個基督徒、不因宗教信仰的理由，還需要讀《聖經》嗎？

我自己的答案是——最好還是讀一下，如果你想稍微深沉、稍微完整的了解我們眼前已然的這個世界的話。至於次數，籠統來說一生頂好有個三五回，在不同年紀、感覺自己面對著有所不同的生命處境時。

這並不是個很難的實踐。

其一

先來說書籍的一種形態、一種它和它周遭世界的關係，或可稱之為「像極了河流的書籍」——《聖經》尤其是此一形態的極致。

只要有足夠的時間長度，一本書從不只是一本書，正如一條河從不只是孤伶伶一條河，而是形成一個「水系」——它會不斷匯集著其他水流，由涓涓水滴到波瀾壯闊，沛然莫之能禦，它改變山川大地的形貌及其品質，甚至改變了空氣、改變了氣候；它慷慨的持續分流、沖刷、潤澤，讓土壤厚實柔軟美麗，宜於生命的駐留和演化，長出草木，召來獸群，最終，到來的是人，定居，繁衍，耕植，孕育文明。我喜愛的已故古生物學者古爾德，他有一本書就叫《繽紛的生命》，地球上最繽紛的生命現場，一定都有著、環繞著一條這樣的河。

幼發拉底河，底格里斯河，尼羅河，黃河，恆河云云，人回想自身的來歷，篳路藍縷，有時會激動到稱呼這樣的一條河為母親，說它是一切生命的源頭，而不僅僅只是一個神而已。

這種水系的、河流模樣的書籍形態，把我們帶回到書籍的最原初時日、書籍沒有單一作者的時日——很長一段時日，人的書寫，不是要完成一部作品，只是單純的記憶保存，想記下一段思索，一個經驗，一個故事云云；而這樣的記敘也是註記的開放的，允許他者尤其一代一代的來者在其上修改、增添、「在此一思索之上繼續思索」，這半點不足為奇，只是延續，因為在人發明出文字之前，人以口語傳說的方式已如此進行了百萬年了。像是中國的《易經》作者究竟是誰？相傳是伏羲此人先創造出八卦這個神奇公式，然後周文王姬昌坐牢時把它開展分解成更細緻的六十四卦（另一說是夏禹，但這其實無妨）；日後再由孔子用文字來反思它說明它，凡此。但這當然仍是假托的簡略的，後來的人們喜歡這麼做，好讓自己放心，並賦予它某種神聖性來保護它堅固它，所以古希臘的兩大流傳史詩由盲詩人荷馬署名（但希臘人又狡獪的說，荷馬同時誕生於七個城邦，宛如有七個城邦的萬千個分身），至於《聖經》，猶太人乾脆講是由「聖靈」寫的。

很後來，在進入到單一作者的封閉性書籍時代，如此的修改、增添和再思索其實並未停止，只是轉而在「書籍外」進行。要想較具象的見識一下可能的川流縱橫壯闊模樣，建議找一家大型書店，愈大愈好，看看奉《聖經》或卡爾．馬克思之名，所呈現的相關書籍幅員之廣及其圖像，也可以在搜尋引擎打上 Bible 或 Karl Marx（別用中文，會遜色太多），我的感覺是自己當場渺為一粟，滿心以有涯逐無涯的疲憊感。

書不只是這一本書，書並不結束於書寫者最後的句點，而是動態的由這本書和它所有的讀者所共同完成。不少人從這個角度來問來探索，包括已故書的大搜尋者大詮釋者安博托．艾可，我想，這是追問書和現實世界的千絲萬縷關係，而非評價書的「好壞」。影響力最大的書，和最好的書，這是不盡相同的兩件事，有時不盡相同到讓人心生不平，比方二十世紀佛洛伊德的《夢的解析》。

我應該沒看錯，這一不盡相同正在持續擴大，影響力位移也似的向著通俗那端而去，和書的內容好壞屆臨背反，以至於當《百年孤寂》賣得「像賣香腸一樣」，賈西亞．馬奎茲不是開心，而是驚愕，帶一點自己八成做錯了事的感覺。

赫爾岑的名言：「歷史同時敲千家萬戶的門，哪一扇會打開？這誰知道呢。」人，向著未知，向著眼前的迷霧一片摸索著前行，一直都是這樣，會選擇走上哪一條路，這鬼使神差，如拉丁美洲大解放者波利瓦爾的感慨：「我這一生，完全是鬼使神差。」——個人如此，卡爾維諾講過，某一天你搭上這班車而不是那班車，你向左走而不是向右走，人好險（或好可惜）差一點就做不成現在的自己，而你甚至並不知道自己做了選擇；比個人更缺乏自覺缺少意志的集體更是如此，尤其在人類世界才伊始的時刻，各個社群各個國度的人，被拋擲在不同的生命現場，先看到什麼，眼球被哪一驚異景象緊緊抓住，用什麼樣的猜想什麼樣的假設進入世界，攜帶著哪一基本圖像前行云云，基本上都算走得通但並不是非此莫由，更非不可替換（佛洛斯特的名詩 The Road not Taken，未走之路：「未來因[illegible]全然改觀」）。真正難以替換的是日後不斷加進來、不斷堆疊上去的再思索成果，難以數計的人（其中不少人甚至遠比原思維者、原著述者更聰明），難以數計的苦苦再思索精純時光，這讓這一切成為歷史既成事實，讓它難以比擬也無法逆轉。我也想到中國春秋宛若繁花盛開的歷史時刻，當時林中分歧可不止二路，某些歷史條件加上歷史偶然，最終中國走上的是儒家這條路，但兩千年後今天我們曉得了，某種對人性保持高度警覺的法治思維，某種下階層、勞動者的思維，也都可以是坦坦之路，只要給它們足夠長的時間和後來者。甚至，名家那種著迷於名實的、如提前出現的記號學思維也非常有趣不是嗎？

一般相信，《聖經》應該就是人類史上讀者最多的一本書，但這裡多心提醒一下，我們所說的並非像《哈利波特》或《小王子》這種方式的讀者，而是思維如薪盡火傳的接續者、思維如大河開展奔流的參與者。

不一定得是最好的書，但也許我們仍可籠統的看出來某些個共同的特質。於此，安博托．艾可沒好氣的指出（他顯然也很不服氣）：「你只要大肆狂言即可。」——大肆狂言，去除掉其嘲諷，意思是，不怕說大話，竭盡可能的愈大愈好，大到沒辦法收拾完全不是個事，恰恰好相反，就是要留下足夠多的矛盾和空白，這是關鍵，這才能順利吸引足夠後來者的加入，給他們足夠的施展空間，也就是我們常說的，往往，問題比解答更重要或更富意義，尤其是那些並沒單一答案的問題，它不是讓我們只獲得一個答案，而是給我們一個視野、一條路（或不止一個、一條）、一個世界；進一步講，這樣上天入地但矛盾紛呈的「大書」，很容易就分解開來，「材料化」了，像個大倉庫，當你在其中尋獲某個如獲至寶東西，應該不必也不會太在意其他部分的雜亂無用。

艾可說話時想的是哪些大肆狂言之書呢？馬克思？或尼采？這裡，我自己一個小小實例是康拉德——他最好的小說也許是《水仙號上的黑水手》，而他被討論最多、也給後來書寫者最多啟示的可能是《黑暗之心》，這幾乎就是他最失手的小說，那個不知所云但宛如未引爆炸藥的庫茲先生。

「不學詩，無以言」。這不是罵人的話，只是稍微嚴肅的揭露某種人現實處境的話。人的交談，尤其是比較深刻一點的思維交換，總是在一定的基礎之上進行，孔子指出詩正是這一共有基礎的核心成分（其文辭、故事來歷、喻意、以及此時此地的特殊交織聯想），這無需解釋，也通常不會有誰覺得還要回頭解釋。你一人不知不學，那就只你一個無法聽懂別人講什麼，無法參與談話，不僅如聾似啞，嚴重起來甚至還失禮，還可能危及身家性命。《春秋．左傳》裡，我們看彼時的盟會，國與國談判、宴飲、乃至於尋常的政事討論都是這樣。

得說，不讀《聖經》無以言的程度，要比不讀詩無以言的程度既廣且深多了；孔子的描述基本上不（直接）及於庶人，而《聖經》則接近無所不在，甚至在一般人的生活現場更生動更持久——《聖經》由西亞到歐洲到整個世界，並不只由那些前仆後繼的傳教士攜來（不過，想想那種哪裡都有人敢去的驅動力量還真是驚人），而是垂直性的，從各個睿智的領域（哲學、文學、藝術、科學……）到每一處生活現場。甚至，它還不總是慈悲的、拯救的，我們亞洲這些國度記憶猶新，《聖經》可以跟著船堅砲利的暴力而來，曾經，它就是這個暴力的一個構成成分，帝國主義的構成成分，如同當年猶太人抬著約櫃攻入迦南地。

來講我的祖母大人——我祖母謝簡阿桂，清末生人，教育程度是私塾而非學校，身分證上註記的是「識字」，信仰是傳統崇拜加上佛教，每個月初一十五兩次茹素云云。但由於台語並沒有「星期幾」這個說法，所以她一生仍日用不知的說「禮拜幾」這詞，也曉得禮拜天是不上班上學的日子（並不知道這源自於《聖經．創世紀》的上帝），儘管這不妨礙她禮拜天仍打四色牌、打麻將。是的，《聖經》無所不在，或者說，這幾世紀的人類世界，其主體確實是讀《聖經》的歐洲人所走出來的世界。

當然，《聖經》濃度最高、人們如同攜帶著它過生活的時代是杳逝了，事實上，歐洲自身正是所謂「世俗化」最快最徹底的一塊地方，我喜愛的英國學者加頓艾什指出，從嚴格的宗教崇拜意義來說，如今西歐最大的宗教其實是伊斯蘭教而非基督教了。沒有任何東西能躲得過歷史變遷如李維-史陀所言，時間就是流逝，流逝的包括神在內——兩千年下來，各個睿智界的思維和創造已走太遠了，已不必回溯其源如不必重溫其基礎課程、重讀小學課本；至於生活層面，人們也許仍在復活節找彩蛋，在感恩節吃火雞（美國白宮廢了這事，因為歐巴馬特赦了那兩隻待宰火雞「安享天年」），在聖誕節狂歡並互贈禮物，但毋甯就只是儀式行為乃至於生活習慣而已。今天，人與手機每天相處十幾個小時如身體器官，但iphone上那個很漂亮的、缺了一角的蘋果商標（知不知道是咬的？誰咬的？），我們不怎麼會去想它的學名原是「分別善惡樹的果實」，更不拿它來分辨善與惡。

所以，《聖經》還必須讀嗎？於閱讀，我不會也從不動用「必須」這個詞。我會說，如今少掉了些命令成分，會讓這本書更完整更有意思，畢竟，命令總不免窄迫，過度強調（亦即過度捨棄），且多少讓人心生抗拒，如今我們或可更趣味盎然的讀它——起源，確實像波赫士所講的那樣，往往反而誤導我們，它不見得那麼重要。或者說，認為它重要的那個時代、那種思維已不再了。曾經，人們容易以為昨是今非，容易相信古老就是神聖（美國大法官霍姆斯談成於一七八八年的這部美國憲法：「只因為是兩百年前的老東西就認定它神聖，這讓我噁心不已。」），容易把人的歷史想成是一趟不斷墮落的旅程（一種高貴反省所犯的錯誤，也是對人的無比輕蔑），習慣輕蔑人的宗教尤其是這一思維的「主嫌」，像諾斯替教派的有趣宇宙圖像，以創世的神為中心一點，宇宙同心圓也似不斷向外擴展，離中心點愈遠愈久，神性愈稀釋云云。而今天，這則往往是某些人的唬人把戲，祭出起源，只是炫耀「你只知其一，我還知其二」的裝逼行徑而已。

但起源之思還是非常迷人，如同尋獲記憶如同人想起自己的前世，有一種讓人安心的完整感、完成感，世界變大，想像如翼飛翔；不大像只是多得知一個知識，而是某種回望，過去現在未來。像星宿海這個地方，我猜想它的模樣跟我們尋常可見的小山泉小山澗不會有太大兩樣，但結果這是這條大河、是中國千年文明這一趟迢迢歷史的起點，是這樣，它才當得起這個神也似的名字不是嗎？甚至，有沒有一種可能，人們是先為它命名，才上溯著黃河找到它？

「原來如此」——這是我閱讀所能有過的最好一種感受，心思沉靜但遼遠，原來如此，原來如此。

星宿海一樣做為當前人類世界最重要的一處起源，《聖經》因此不必是一部最好的書，但《聖經》是嗎？是的，這是非常非常好的一本書，而且如此特別。

其二

文字留下，話語飛走——所以，各個古老文明思維成果的高低厚薄，仍得取決於日後的記述工作，尤其宛如定讞的文字記述工作，我們今天所能讀到的是記憶，不盡然就是當時的真相。

猶太人來得稍晚，或者說要到很後來才進入到人類的歷史視野之中，他們一直只是一個無關緊要、飄泊在沙漠之中、四處找尋居住之地的小部落而已，這樣掙扎於生存的小部落遍地都是。希羅多德的《歷史》一書，就跟早期的任一歷史著述一樣，壓根沒提過猶太人一字，而希羅多德已是西元前五世紀的人了，彼時，已有多少王國興起，也已有多少王國化為廢墟如一夢，特洛伊的大戰早已打完且猶力西士也輾轉回家了，事實上，就連猶太人自己也成功建國但得而復失，亡於尼布甲尼撒，進入到所謂「巴比倫之囚」的處境且至此重新飄蕩千年，也就是說，現實裡他們是生是死毫不重要，不值一提。

但今天，在傳交到我們手上的書中，較之現實內容更豐厚、有更多事情發生的各文明古典籍，《聖經》卻如此特別——一是、《聖經》的記述意外的稠密，富實物細節，更奇妙的是人物如此生動完整，用E. M. 佛斯特的標準來說，更接近「圓形人物」，而非「扁形人物」，簡稱像人，而不是那種角色扮演式的聖人英雄；二是、《聖經》刺蝟般以虔信宗教者的角度來回憶來整理，有點像《華爾騰湖》梭羅說的那位想「造出完美手杖」的工匠，無視於月換星移、無視於人世間已一變再變不曉得走到哪裡了，「時間只能站在一旁歎息」，這樣，或讓它不免偏狹武斷，放棄不少東西，但一以貫之在它選擇的路上，它單獨的、無可比擬的走得更遠更深。

《聖經》把蕪雜難收的人類歷史奮力「淨化」為人和神認識、相處關係的歷史；相對的，在中國，這一工作的主要擔當者是孔子和他身後的儒者，孔子的理性、孔子對宗教的淡漠，使得中國的古典籍裡最少神祕的東西，神的身影不可思議的極模糊甚至可疑。以至於，我們今天所掀起的某種神話熱潮

（電視劇、電玩、通俗小說……），只能往殘存的民間傳說裡找，往南找，到彼時被摒除於外的《楚辭》乃至於蚩尤、巫者的幽黯世界找。我們這裡所謂的「找」，當然包含了附會製造，如最早的那樣。

《聖經》，半為舊約半為新約，斷點其實相當明顯——舊約基本上就是猶太人的歷史記敘，所以很難單一意志的收束淨化，留下很多不容易拗得過來、不容易說清的部分，矛盾、空白處處但豐富（所以日後文學書寫的取用，多舊約而非新約。或說，宗教中人愛用新約，而宗教外的人愛用舊約）。基本上，我們可以把舊約看成就是猶太人一路收存整理下來的官方歷史版本，書裡的反派角色是所有生存競爭的外族，是以舊約也由基督教和傳統的猶太教所共用；新約則是較純粹的、意志貫徹的宗教著述，反派人物轉成了猶太人自己，當權的法利賽人、撒都該人，把耶穌送上十字架的也是猶太人自己（羅馬總督彼拉多只是沒阻止悲劇發生而已）。我們可以把基督教的興起看成是猶太人內部的「宗教革命」，斷點在此，只是因為年輕的耶穌不可思議的、不符合他年紀的仁慈溫柔，他聲稱他來是成全摩西律法而非廢除摩西律法，他拒絕激烈的手段（唯一沒忍住的一次是砸爛耶路撒冷聖殿前的商業一條街），小心不跨出宗教、道德領域一步，更無意如先人大衛那樣當猶太人的王。也因此，「救世主」這個流亡猶太人全部希望所合成的夢寐之詞，日後失去了所有政治意涵，甚至直接等同於耶穌，如同十字架原本是法律刑具，卻成為神聖的象徵。

《聖經》的單一宗教視角記述，可能來自於猶太人奇特的、宛如返祖的歷史際遇。

古之大事，惟祀與戎，先宗教後征戰，這順序可能是對的，人類學報告所顯現的大抵如此，我們較合理的推想也是如此——最早，人生存的依賴和威脅就只是大自然，如何傾聽它（祂）弄懂它並應付它當然是頭等大事，要到三四千年左右（意即人已生存超過兩百萬年了），人口和土地的關係才緊張起來，「避開」這個生物世界最通用的生存手段再難援用，征戰的時代才來臨並愈演愈烈，部族的領導由祭司緩緩轉為戰鬥英雄云云。中國，由商而周我們大約可看出是其過程中一個模糊節點（中國以後來世俗帝王的形貌來描述早期的宗教領袖），周人把商人的尚鬼、淫祀、飲酒迷醉、耽於夜間思維當亡國教訓，銘之金石（和《聖經》的替罪羊方式正好相反）；而最鉅細靡遺的典籍版本是《聖經》，舊約〈士師記〉是個太有意思的篇章。士師是新興的世俗領袖（也可視為世俗國王的前身），主要任務是領導作戰，現身於後摩西時代，猶太人正式攻入迦南地搶這塊流滿牛奶與蜜的土地，需要的是戰鬥而不是禱告（「我們已禱告太多了。」十九世紀舊俄，別林斯基就這麼駁斥寄希望於東正教的果戈里）。我們也應該注意到，其實在摩西當權時，猶太人抵達並覬覦此地已足足四十年了，過其門不敢入，當然，日後猶太人仍歸罪於不敬神而不是戰鬥力不足。

這一戰鬥拉鋸了幾代人時間，既是猶太人和原住的亞摩利人、迦南人、亞瑪力人云云的戰鬥拉鋸，也是士師和祭司統治權的消長拉鋸，最終，贏的是猶太人和士師，大衛成王建國，國王的任務已不止征戰，而是食衣住行無所不包的治理，意即全面開向世俗。這個權力轉換，《聖經》留下了一段生動的證詞，出自於最後一任掌權的祭司撒母耳。彼時猶太人再三跟他討個國王，他知道大勢已去，說了這番也事實也恫嚇的話，大意是，你們要的國王，將會讓你們的兒子為他征戰、為他耕種，還讓你們的女兒為婢，取走你們最好的橄欖園、葡萄園，取走你們財產的十分之一做為稅金……

也就是到時候你們可別後悔。這話是真的，但其實與是國王是祭司的統治無關，只是權力結構自身的擴張。日後，像中世紀的的教廷統治，也做撒母耳所說的這些事，並不比國王「便宜」，事實上，某方面他們更堅決也更富想像力，比方他們征地上的稅也征天上的稅，征人身的稅還征靈魂的稅。

猶太國王的世俗統治，在大衛之子所羅門王時迅速到達高峰，他是最豪奢的王，也是宗教性最淡漠的人——所羅門王娶諸多外族女子為后為妃，允許她們建造自己的小神殿，敬拜她們本族的神。這樣的宗教寬容，日後我們在巴比倫王國、在羅馬帝國、乃至於我們今天放眼所及的（幾乎）全部國家都看到，這應該是明智的、進步的，不這樣做才是犯罪，或稱之為迫害。

如果一切順利，這將是一道不回頭的歷史之路，或更確切的說，只要世俗統治拖過一段夠長的時間，宗教的控制力隨著人世俗生活層面的展開而式微、而限縮，歷史翻過了這一頁，未來的征戰將只是世俗國王的彼此爭奪，但猶太人的歷史在此快速的打了個彎——所羅門王一死，王國旋即內戰並裂解為二，北以色列南猶大。世俗統治的「失敗」，給了其勢未衰的祭司好機會，宗教和世俗的爭鬥重開，不同以往的只是，這已不再是祭司由上而下的壓制士師，而是祭司由下而上的見縫插針、煽動乃至於政變，其中最嚴重的一次係由以利沙處心積慮發動，就像我們今天仍在阿富汗、在伊朗看到的那樣。以利沙很典型，我們也應該很熟悉這號人物，他農人出身毋甯更接近日後的曠野先知，更為純粹更為嚴厲，也正是我們今天所說的宗教狂熱者、元教旨者；所以以利沙也必定是更殘酷的人，曾經只因為一個小孩笑他禿頭，就舉手滅了他。一般而言，宗教領袖比世俗領袖更不猶豫於殺人，只因為奉神之名，神聖到甚至豁免於十誡第六條「不可殺人」的至高神諭。

誰贏了呢？誰也沒贏，贏家是外來的亞述人和迦勒底人——北以色列先亡於亞述王，又一百五十年後，南猶大又亡於巴比倫雄主尼布甲尼撒。時為西元前六世紀，猶太人進入到所謂「巴比倫之囚」的全新歷史處境，而且，從此猶太人將以一個非國家的種族樣態穿行過未來兩千五百年——

猶太人真正獨特的歷史由此開始，《聖經》的無以倫比也由此開始——本來，像這樣小國小部落的覆亡，是人類早期歷史的常態（在中國，從黃帝時號稱萬國到秦漢的一統），基本上就是滅絕或融入於征服者消失不見，極少數則是躲到某個崎嶇不毛之地以初級部落的停滯形態掙扎存活。國家失敗了，便只能折返回宗教來凝聚來護持，但原先那種部落神的簡單崇拜顯然做不到這麼困難的事，得有更強大更精純的信仰力量才行。

這也就是《聖經》的「先知書」，或稱為「後先知書」，以區別於摩西以降的第一代祭司，顯然猶太人也察覺此一歷史斷點，不只是時間的流水順序而已；文風也丕變，彷彿由小說內折向詩，不再只是全知觀點的歷史記敘，「後先知書」有更多個人的聲音，禱告，內省，祈願，以及幻境。

我們簡單說，猶太人在此有一次空前的「質的飛躍」，從視野、思維內容到想像力——先是巴比倫，然後是波斯，日後還有希臘和羅馬，用現代的話來說是，只有更強大沒有最強大，只有更華美更深奧沒有最華美最深奧，這應該是一次接近魂飛魄散的「文化震撼」，猶太人被帶到大世界面前，「始見滄海之闊輪船之奇」，原來，說故土迦南地的「流滿牛奶與蜜」，不過是相對於不毛的沙漠而言。我們回看〈列王記上〉所羅門王的篇章，文中所描述的聖殿、宮室及其器物（必定已誇張過了），其實並不怎樣還有點「暴發」不是嗎？尤其最重要的「至聖所」，不過是個三十英呎正方的小房間，要命的是，從天花板、牆壁到地板全貼滿金箔，這樣的美學還真嚇人。

對照組，我以為是日本那種水木清華的神社，神壇只是輕紗引風的帘子，偶爾一角揚起，感覺像是神來了，應許你的祈求。

所以說，日後所謂的所羅門王寶藏，其實只是《聖經》大水系末端所冒出來的一個白日夢、一個水花。就算有，也不會是什麼富甲天下的財富，而是某個鄉紳生前的收藏品而已。

「我們曾在巴比倫的河邊坐下，一追想錫安就哭了。／我們把琴掛在那裡的柳樹上，／因為在那裡，擄掠我們的要我們唱歌；搶奪我們的要我們作樂，說『給我們唱一首錫安歌吧！』／我們怎能在外邦唱耶和華的歌呢？」（詩篇第一三七篇）——這的確是末世了。和過往的征戰挫敗不同，過去的挫敗仍積極祈求下一戰的勝利，沒有如此深沉的哀傷乃至於絕望。我們差可想像，面對如此尺寸和實力的巴比倫王國、波斯帝國，訴諸武力的重新建國行動看來全不實際，當下不允許，未來也遙遙無期，也因此，集亡國猶太人全部救贖想望所凝聚出的「救世主」（說成是預言，其實是一代代人不斷添加塗抹的希望），儘管膨鬆一團無所不包，但已殊少武勇的成分了，日後，耶穌曠野禁食四十晝夜後的決志而行，也放棄所謂的萬國繁華，放棄當猶太人的王，並進一步把凱薩和上帝分開。

地上已無路可走，那就往天上去。便是在這裡，絕境中的猶太人給了人類（至少）兩個空前的發明——

一是普世的一神。

另一是天堂，或確切的說，日後西方世界的天堂原型。

而這兩者應該是相關的。

其三

「我是耶和華，在我以外並沒有神。你雖不認識我，我必給你束腰。從日出之地到日落之處，使人都知道除了我以外，沒有別神……我造光，又造暗；我施平安，又降災禍；造作這一切是我耶和華。

／諸天哪，自上而滴，穹蒼降下公義，地面裂開，產出救恩，使公義一同發生，這都是我耶和華所造的。」

這樣的神，始生於〈以賽亞書〉的後半。事實上，有足夠充分的跡象顯示，這一不同以往的禱詞應該出自於另一位不知名的先知——和前面以賽亞那種仍囿於猶太部族的、猶咒詛怨毒的、猶滿滿報復之心的禱詞大大不同，像突然拉高好幾個檔次，這份全新禱詞前所未見的恢宏，從眼界到胸懷，也相應的優美、相應的溫柔；這樣的神才聯結得上〈創世記〉裡那個神，如同恢復了本來面目。

普世的，所有人的，而不僅僅只是猶太人所獨占的神，或者說，猶太人在此把自己下降一階，成為只是萬民平等中（幸運）被揀選出來的一個部族（「惟你以色列我的僕人，雅各我所揀選的，我朋友亞伯拉罕的後裔，你是我從地極所領來的，從地角召來的……」）。這個或許至此仍只是某單一一個猶太人的想法，但日後的歷史證明，這是一條愈走愈長愈寬的大路（「在曠野預備耶和華的路，在沙漠地修平我們神的道……」），日後，神奇的使徒保羅才得以把此一信仰帶出猶太部族外頭，鑄造出日後的歐洲和世界。而這似乎也保護了基督教，基督教從猶太人的信仰中岔生而出，但留在猶太人世界的仍是他們的傳統信仰（猶太教），一如印度半島的人們仍信仰印度教而不是佛教。

一個人心中的一個念頭，竟然能成為日後萬千人們最深的感動、最深的夢境和希望——波赫士幾次這麼動容感慨。這確實不可思議，但卻也是思維者、書寫者無論如何必須相信的。

我們仍看到諸多嚴厲的話，但這已稍稍不同昔日的嚴厲——過往那種部落戰神也似的怒氣，若發向猶太自己人，比較像是不服指揮不從軍令乃至於背叛，發向外族，則只因為他是敵人；也就是說，這裡面並不管是非，不做善惡之辨，只有那種不講理的偏狹國族忠誠，所謂的一神也只是相對性的，意思更接近於只是「我們的神」。但〈以賽亞書〉裡這個所有人的、公義的一神，神的怒氣開始指向那些無憐憫心的人、狂傲自大的人、剛愎作惡的人、不公不義的人云云。這是法官的嚴峻，而不是將領的狂暴；更像是審判，而不是暴力鎮壓，保羅說：「神不偏待人」。

有個人類世界通則：人類發明出新東西，不會立刻知道它日後完整實現的模樣，包括其範疇，包括其代價，以及它可能帶來的災難。

〈以賽亞書〉的一神是邁向未知的一大步，人和神的關係由此緊張起來——神原來就只是自然，人活在自然之中如已知如相忘，不必非整理不必非解釋不可也無從懷疑，依需要編織些故事以自娛以安慰就可以了；如今，神轉向道德、轉向是非善惡，神離開了自然，不再自動成立，便要求某種秩序、某個首尾一貫的「道理」。簡單說，單一公義的、執行是非善惡之辨並施以獎懲的神，究竟要如何和一個無序的（李維-史陀語）、毫無道德跡象的（赫胥黎語）的實然世界和解合一？

更麻煩的是，這個新一神又很快拉高為至善，全知，萬能，而且昔在永在，毫無瑕疵，毫不模糊，這勢必和我們所在這個破爛不堪的世界完全對立起來，而且再沒有緩衝空間，人把自己逼到了死角，愈當真就愈為難。公義原只是人的希望，但你如何給世人一個百分之百公義世界的承諾？

「但是為什麼——我沒辦法不去想這件事，哪怕知道這麼想並不會讓我比較快樂——為什麼上帝應該恨祂所創造的呢？要是祂最後會恨他們，又何苦創造他們？而且，倘使祂是按照自己想要的方式創造了一切，那就沒有任何事物應該為他們原本的樣子而被定罪，這不是或多或少推翻了整個原罪的概念嗎？那麼，基督又為何需要為我們的罪孽而死？這篇講道對我產生了負面影響，我變得困惑而好辯。甚至讓我覺得（儘管我不願意承認），對基督這個人感到厭惡，因為祂的完美是這樣不斷的被提起……」——這段素樸但迫切的質問出自於艾莉絲·孟若的《雌性生活》，也就是說，兩千五百年後二十一世紀依然活跳跳的問題。

惡從哪裡來？

是啊，惡到底是什麼？是誰「造」它出來的？神為什麼允許惡存在？這算力有未殆呢（可是祂明明是萬能的、無外的）？還是另有安排（但可以直接完成幹嘛要安排）？——由此，可以想得極深極遠如迷途如入魔，但自始至終是每個人都會直接問的，尤其在受苦時，在憤憤不平時，我們一生中都有很多次這樣的時刻。你一旦相信世界是由至善的神所造所管轄，我們眼前遍在的、已習慣的全部惡人惡事，瞬間便不再理所當然，便不可理喻，甚至，再不能忍受如眼中進了沙子。

《聖經》裡，這問題爆發於使徒保羅，五百年後，彼時耶穌已死（或回去了），身分有點尷尬的保羅三次渡海，把基督教傳向外頭世界——傳給外族，傳給那些有自身信仰而且知識準備更高的人，對神的認知和論述，便有著完全不同規格的要求（過去，封閉於猶太人世界裡，新的普世一神和原來的部落一神是可以有意無意不去分清的）。這是普世一神信仰真正脫胎換骨的一大步，關鍵到日後有人乾脆直稱基督教為「保羅的基督教」。確實，《聖經·新約》足足半本是保羅一人所寫，所謂「保羅的十四卷書信」，若說後幾卷的作者有爭議，不正恰恰好說明保羅論述的全新展開？

耶穌以口語傳道，使用生動的故事和比喻，依《聖經》，他一生只在沙地上寫過幾個字旋即拭去，真令人好奇他究竟寫了什麼；保羅的書信用的則應該已是文字了，有著文字才可能寫到的深度和稠密度。

然後是聖奧古斯丁，保羅思維的再思索者。他的《天主之城》一書寫於四世紀初，刺激他的是彼時羅馬城竟然被蠻族哥特人攻破，天地崩毀，大惡橫行於世——信神的人、貞潔的人為何受害、為何死亡？獲勝的為什麼是惡？而且不是一個人兩個人，是舉目所見無一例外，神在哪裡呢？奧古斯丁必須回答這個，迫切的、活生生的，為他自己，也為他相信的神。

以至高至善的神為前提，追問這個和祂完全不相容的惡，是不會有解答的，所以直到二十一世紀今天的孟若依然在問，依然如同最原初那樣子發問。但我們說，這看似徒勞的兩千年歷史時光絕非徒勞一場，事實證明，這道思維之路被歐洲人走得既深且廣——面對一個注定無望回答卻又非回答不可的問題，人便得傾盡所有，動員所知道的一切，檢視每一個實例、每一處細節，嘗試每一道路徑，想像每一種可能，甚至動用詭計，文字的詭計，概念偷換的詭計，邏輯的詭計云云。正因為惡無所不在，惡血肉真實（所以絕非教會搪塞所說的，惡只是善的缺席，善的空白，甚至善的反面成全），惡事關每一個人，是以這一思索很快「溢出」神學、宗教的範疇，人得到的不是一個宗教答案，而是一條豐碩的全面思索長路，一張更小心翼翼的人性基本圖像，對惡的理解，對人幽黯一面的掌握、警覺和設法防範，最終，據此建構出不大一樣的社會、國家和人類世界。

我想起三十年前左右，華人學界對此曾有過一陣堪稱痛切的反思，代表之書是張灝的《幽暗意識與民主傳統》，斷然把這幾世紀的自由民主憲政成果歸於此一思索——是以，中國模模糊糊的偏性善傾向是否樂觀了點呢？這比較愉快，但人也就免不了稍稍偷懶了，防賊不力。

無法直接回答，保羅和奧古斯丁便不得不把問題拉開，如圍棋手把緊繃難解的場面「弄鬆」。奧古斯丁的《天主之城》甚至由特洛伊戰後、羅馬城的建造開始講起，乞援於「時間」，足夠的時間縱深，看看可否消滅惡、或至少稀釋惡，看看拉長之後的時間可否讓正義果報「完成」，從而讓惡貶損不值，讓惡微不足道，讓惡只是個張牙舞爪的小跟班、小丑如本雅明的描述。

然後，我們來看先知以西結的天堂。天堂，時間大河的終點，時間的靜止之地。

或更確切的說，不是以西結才發明了天堂，而是以西結說他去了趟天堂，從而以見證人的權威身分改變了天堂。

我們有充分理由相信地球各地人們早早發明了各自的天堂——至福之地、沒痛苦折磨之地，這說是發明，不如說是人無可遏止的渴望、是人性。天堂總顯得貧乏，那是因為快樂、幸福難以具象描述、難以保存，但天堂仍有它生動之處，在於各種具體痛苦的消失，這使得天堂有了些許個性，甚至看得出地域性，比方濕熱不堪的印度人說它「清涼」，而不幸在高緯度歐陸冬夜賣火柴的小女孩，她去的天堂則是溫暖，有個大壁爐那樣。

但以西結給我們看的天堂是可怖的，毋甯更像是放錯位置的地獄，空中監獄那類的。駭人的火，畸形的活物，叫嚷威嚇的聲音，神從頭到尾不講一句仁慈安慰人的話，滿口是刀劍、瘟疫、饑荒、褻瀆、流血和死亡，所動用的刑罰幾乎全是「唯一死刑」。和前一卷先知耶利米的哀傷憂鬱完全不同，是要多討厭這個世界、多討厭人才這麼說話？

彼時的先知大致可分兩型，一是但以理那種的，居於猶太人中，脫穎而出，做為某種部落代表和外人周旋，做為某種部落導師指引並安慰人心，睿智，足夠的世故和耐心，甚至狡獪如狐，會一些魔術似的、江湖術士似的把戲；另一則是以西結這種的，所謂曠野先知，獨居獨學無友，沒現實世界的阻止和校正，接近百分百機率的必定陷於狂亂，幻覺和真實不分，目中無人、沒血肉真實可同情可悲憫的人，所以更聖潔、更勇敢而且殘酷無倫——但我們也得小心別把結論落太早，這種安於貧賤、棄絕世俗欲望狀似無法威脅收買的人，有一定比例只是時日未到，只因為他還沒機會「墮落」而已，人心是危險而複雜的，今日曠野明天朝堂，我們一路看過太多這樣的人，誰都能自己列一紙夠長的名單。

以西結的天堂何以重要？事實面這麼說就夠明白了——這就是《聖經》壓卷之作〈啟示錄〉的來歷、的藍本，而〈啟示錄〉多重要、多撼動日後世界不是嗎？多被往後難以計數人們包括好萊塢、包括今天電玩不斷取用？

不真是天堂而是審判法庭（想想日後中世紀的宗教法庭、北美的清教徒宗教法庭），只是，這才算開始、才草創，只因為沒有搭配地獄來安置死後罪人好持續懲罰，善惡果報仍得是當下的、現世的，一樣會陷入到奧古斯丁的時間困境，無法完全平息惡的喧囂、完全解決惡的逃逸——天堂和地獄原非一體而生，地獄是概念產物而非生理需求，所以來得較晚，並且，只有在「審判」的意義之下，兩者才組合為一，天堂是獎賞，地獄是懲罰。

（我又想起晚年波赫士說的，算算我此生所做過的好事，絕對當不起天堂這麼巨大的獎賞，而我所做過的全部壞事，應該還不至於下地獄。所以，我們何去何從？）

終《舊約》，地獄就只是墳場而已，意思是人最重要的懲罰不過是死亡（處死），人死去就離開神的統治歸於虛無，但人們對惡的認知走在前頭，所謂的「百死莫贖」「這麼死算便宜他」云云，惡有甚於死者，得想出甚於一死的刑罰來對付它。

〈啟示錄〉的「進步」在於它加進了「末日」，看來，又幾百年過去，使徒約翰（就說是他寫的）也發現了這個漏洞——真正完成的審判在末日，時間最遠的那個點，到那一天，封印揭開，天使吹號，再無任一絲惡可僥倖可漏網，正義在可惜你我都無法過癮看到的那個日子必然圓滿完成，像數學家說的，兩條平行線會在無窮遠處相交。

其他時間，以西結用來發明一個猶太人的理想國（以西結可真是個發明家）。這與其說是國家，不如講就是以西結天堂落實於世間的模樣，由神直接統治（「人子啊，這是我寶座之地，是我腳掌所踏之地，我要在這裡住，在以色列人中直到永遠。」），這當然是個可怕的構想，我們就不多說它了，免得有人當真。

其四

《聖經．新約》由「四福音書」開頭，四卷敘述耶穌短短一生的篇章，也是《聖經》最仁慈的篇章，晚年托爾斯泰於人類救贖之所寄——四福音書最特別的是由（據說）馬太、約翰、路加和馬可四人各自從頭細說，不懼重複，卻也完全不懼參差，在《聖經》必定強烈定於一尊的編纂要求下，這極不可思議，也反倒比定於一尊的唯一版本，多了一種精巧的朦朧，搖曳生姿，多了一種難以言喻的無法窮盡之感，在無限的神和短促有限的人之間，有一種心存敬畏的保留。身為一個編輯，我非常贊同而且佩服。

借用一下平民史家房龍的敏銳體認——馬太，「他是一個樸實的人，他喜愛耶穌經常對加利利的農夫們所講的家常話，所以他著重格言和講道」；約翰，「他必定是一位有學問的略嫌迂腐教授⋯⋯他所寫的耶穌生平帶有嚴謹的神學味」；路加，「他莊重宣稱自己讀過所有關於基督生平的書，但都不滿意⋯⋯因此，他在馬太和約翰所忽略的細節問題上花了很多時間和精力」；至於馬可，「在耶穌的最後日子裡，從模糊的背景中經常可以看到一位聰明伶俐的少年一閃而過」，房龍猜想，馬可應該就是這個少年，跟到最後，悲劇發生時一直在場，「這卷書看起來正是那一個少年才能寫得如此精采，他所寫的許多事情都帶有一種親身經歷的味道」。

我記得某位歐陸的大書寫者如此鼓勇說過《聖經》：「我用耶穌是神的角度讀這本書，覺得通篇矛盾不通；但當我改用耶穌是人來讀，我赫然發現，這真的是一部最美麗的書。」

我也是。年輕時相當一段時日，我讀《聖經》屢攻不克（稍後才莞爾知道朱天文也這樣），甚至一路讀一路心生悶氣，在於我不假思索接受了虔信者的話當閱讀前提，這裡每一句都是至高至善之神的話語，並統一由聖靈完成，百分之百智慧，百分之百對，這樣絕對是「捧殺」，沒有任何一本書應該被如此評價；但我終究慢慢看出來了，如迷霧吹散，這不是一個作者，而是許許多多個作者（且只限於一段時候的猶太人），在他們各自的生命現場，奮力說出他們極有限但靈光閃逝有如神助的話語，如此，這些話語全活過來了，尤其那些相互妨礙如沙礫如傷痕的部分，不必勉強統一互看臉色，不必完美，像鳥掙開腳鍊，抖開羽翼自由飛起，非常舒服。我知道怎麼讀這本書了，事實上，我一直都這麼讀書不是嗎？

Welcome home。

基本上，《聖經》是順時間縱軸編成的，由天地始創到耶穌身後的門徒聯合傳教為止，有不少人把《聖經》的時間數字記錄加總起來，竭盡所能也只六千年左右，宇宙或地球生命史只六千年嗎？這疑問可以很麻煩也可以半點不麻煩——我們需要一大團如迷宮如詭辯好把人繞暈的論述（如果《聖經》字字句句全對的話），或者我們只要說「猶太人弄錯了」即可，就像和《聖經》成書時代相去不遠的大天文學者托勒密，他算出地球和太陽的距離只五百萬英哩，這種錯誤改正即可有什麼關係呢？

在這個直線敘述的猶太人歷史主幹上，「加掛」著不少非時間性的篇章——但說它們是加掛禮貌嗎？

我自己倒不怎麼推薦〈箴言〉和〈詩篇〉這看似巨大的兩個篇章。箴言是人生命經驗的結晶，化為給一代代後人的一句一句忠告，好教導他們如何在各種艱難的生命現場趨吉避凶存活並變得更好；詩則是人的言志、人情感的變化和飛揚、人在在察覺自己和所在天地萬物的親密聯繫，如水奔流，如鳥鳴囀，如花綻放。這是每一社群每一國度都有、都努力保存子子孫孫永寶用的好東西。唯收集編纂即是選擇（所謂的「刪詩書」），《聖經》裡的箴言和詩相對的單調、乾燥，應該是日後編纂者過度虔信、過度淨化的收束結果，從而，箴言失去了它們該有那種遍在的、具現實針對性的、或不免偏見不免俚俗但生動有力的特質，也失去了它們總會流露的幽默或自嘲，像嚴肅的宗教訓令，不復是溫柔的事事提醒；詩也是，〈詩篇〉像什麼？我以為像中國的《詩經》去掉了「國風」和「大小雅」，只留「頌」這一神聖部分，這其實是人最受約束的時刻，包含衣裝、肢體和語言，可能連微笑都失禮、都冒瀆。〈詩篇〉中最重要的詩人數大衛王，依記載，大衛擅長彈琴、賦詩歌唱，上一任的暴躁士師掃羅患失眠症，得聽他吟唱才睡得著，但〈詩篇〉裡，我們絲毫聽不出他如此撫慰的、伴人入眠的聲音，反倒會驚醒過來睡意全消。

真正的詩是〈雅歌〉，這是《聖經》中一顆熠熠明珠，意外的好，意外的文學——〈雅歌〉是那種深情召喚、讓聲音飛過平野飛越山崗的古老情歌，「耶路撒冷的眾女子啊，我指著羚羊和田野的母鹿囑咐你們，不要驚動、不要吵醒我所親愛的，等他自己情願。」寫這樣一位美麗的牧羊女和她的等待，明亮、熱切但乾乾淨淨一塵不染，比起來，中國宋元那種公子佳人夜會故事，要沒耐心多了，總是直奔主題。〈雅歌〉全文沒一字提到神，是《聖經》中唯一如此的篇章不可思議，或者我們也可以想成，這是神聖性編輯的漏網之魚，讓我們窺見未經修整的詩歌模樣。

〈路得記〉應該是日後教會證道最愛援引的篇章之一，真善美，記敘一個最溫婉的、天使般的女子。依記載，路得正是大衛的曾祖母，遂也是耶穌的先人。今天，再讀〈路得記〉會讓人微微一驚的是，路得其實不是猶太女子，而是摩押人。我的驚訝不在於原來耶穌的「血脈不純」，而是《聖經》如此大方的留下證言。本來，異社群、異種族的反覆通婚繁育是最自然的，依人類學報告，從異族搶奪女人、乃至於兩個敵對部落同時也互為通婚部族，這是一個通則。所以說，所謂純淨血脈的要求不是自然的甚至不可能是真的（人只能靠無知才能否認此一厚達數百萬年的事實），這是很後來才出現的極糟糕概念產物，由過多的仇恨和當下的利益養蠱而成，也是人與人「相處失敗」的不幸結果。我們說，在〈以賽亞書〉我們看到了普世一神的初萌想法，但很長時間這絕非猶太人的主流意見，事實上，這將是罪狀，在現實景況趨於緊張、尤其在起了征戰之時，直至今日，這種打開心胸、試圖跨越敵我、平等和善相待的主張總是被視為通敵視為叛國（光以小小台灣一年就貼上了多少人次的此一罪名），所以耶穌被釘十字架，所以保羅處境艱難並三次出走。我們甚至該說，終這歷史一場，猶太人從沒真正跨出這一步，願意慷慨把神分予他人。所以基督一脈沒能和解成為猶太人信仰的一個教派，而是獨立出去或說被驅趕出去，成為世界減去猶太人的普世宗教。

〈約拿書〉則是個好玩故事，感覺更像是契訶夫或果戈里的一個短篇小說，講一個想法很奇特、老是和神吵嘴的先知人物；不是信神不信神的大是大非之爭，而是信神卻不肯乖乖就範，是《聖經》

全書中最奇葩的人神相處樣式——原來，尼尼微城的人行惡，神要約拿去宣告降罪毀滅的信息，但這傢伙居然就落跑了，還偷渡出海，被鯨魚吞入腹中三天三夜，這才心不甘情不願出發。有趣的是，識趣的尼尼微人立即悔改，神也後悔不再降禍，本來這樣就 Happy ending 了。但約拿卻生起氣來，說他之前不願受命，正是看準了神太過慈愛一定會收手，言下頗有被當棋子耍、甚至有傷他先知信譽的憤懣，「現在求你取我的命吧！因為我死了比活著好。」（神的回嘴亦如吵架：「你這樣發怒合理嗎？」）約拿乾脆到城外搭一座棚，等著看尼尼微城的最後收場，神也順勢安排了一棵蓖麻，一夜長高好幫約拿遮蔭，卻讓蓖麻在黎明時遭蟲咬枯死，又在日出後吹炙熱東風，把約拿曬得頭昏眼花，於是，這一人一神又吵起來了，還是那兩句：「我死了比活著還好。」「你因這棵蓖麻發怒合理嗎？」……

〈傳道書〉是《聖經》最低溫度的篇章，由某個心思寥落、看什麼都灰撲撲的、奄奄一息已算憂鬱症的猶太人寫的，「我心裡說，這也是虛空。智慧人和愚昧人一樣，永遠無人記念，因為日後都被忘記；可歎智慧人死亡，與愚昧人無異。我所以恨惡生命，因為在日光之下所行的事，我都以為煩惱，都是虛空，都是捕風。」我所讀過、聽過最好的〈傳道書〉閱讀建言，出自台北某教會一位中年牧師之口，他講，有時你信神信得太喜樂，太順風順水，感覺自己要得意忘形了，那就讀一下〈傳道書〉，寒風徹骨讓自己醒一醒。

還原為一個一個不同作者，一個一個都所知有限的人，這些文字一篇一篇全活過來了不是嗎？

然後，我們來說〈約伯記〉，我以為《聖經》裡最麻煩、最不好解釋的篇章——「烏斯地有一個人，名叫約伯；那人完全正直，敬畏神，遠離惡事……」

約伯是人生大贏家，鉅富，還有七個兒子三個女兒，但撒旦對此嗤之以鼻（完全不交待哪來這個至惡東西，而且說他也住天上都不奇怪，他「往返而來」，和耶和華交談自然到如平輩如同事），以為約伯得此豐厚的人生獎賞誰都感激信神，不信你奪走他這一切試試看，「他必當面棄掉你」。於是，神與撒旦極無聊也極殘酷打了個賭（他們倆沒能力預見結果嗎？），唯一條件是不得取走約伯的性命。

所以說，我們還是得把〈約伯記〉當個故事、寓言云云讀，說是實人實事就太難受了。

一夕失去所有、連十名無辜兒女全莫名其妙死掉（只能當他們臨演退場領便當）的約伯怎麼樣呢？我所聽過的牧師或神父證道，全描述為約伯儘管受苦，依然虔信依然仰望神如初，這有點狡猾或說無奈，因為約伯是沒如他妻子說的「你棄掉神，死了吧！」沒有「以口犯罪」，但這人可是抱怨個沒完沒了，整部《聖經》的所有怨神之言加總起來還不及他一個人十分之一，耶穌釘十字架、連生命都被取走也就只這一句：「我的神，我的神，為什麼離棄我？」基本上，約伯只是把他火力四射的怨言以一種極卑俯的形式包起來，他甚至詛咒自己的出生，以為神該讓他在懷胎就死去云云（不就是棄掉神的禮貌說法嗎？），這很尷尬，也誰都聽出來了，如果約伯沒錯，那犯錯的只能是神，「因約伯自以為義，不以神為義」，鬧這麼大總得有一邊要負責。

整個〈約伯記〉是場大辯論，一造是約伯，另一造是他三個聽不下去、為神辯護遂顯得無情的友人，以及最後出來收場的年輕人以利戶。大家都講最激烈的話，理不直但氣極壯，論述凌亂到幾乎分不清誰是誰，但這些脫韁而去的話語，卻真是人心深處的聲音、真的是人的疑問，唯有冒著瀆神、冒著信仰瓦解的風險才能說出來、說得如此深。我的建議是，何妨忘掉名字，就把當一個人左衝右突的思維來讀，一個在苦痛中掙扎卻又努力想保有自身信念信仰的反覆思維來讀。

最終，耶和華鏗鏘的聲音由旋風中傳出如最高潮，神絲毫不回應約伯的具體疑問，而是強力鎮壓，要他（以及一干人等，也許還包括多年後的你我）閉嘴：「誰用無知的言語使我的旨意暗昧不明？……」約伯也當下認慫，這人真是有前途：「我是卑賤的！我用什麼回答你呢？只好用手摀口。我說了一次，再不回答；說了兩次，就不再說。」

神的句型全是壓伏性的反詰，潮水般淹來——「是誰定地的尺度？是誰把準繩拉在其上？……」「海水沖出，如出胎胞，那時誰將它關閉？……」「光明的居所從何而至？黑暗的本位在於何處？……」「誰為兩水分道？誰為雷電開路？……」；然後是生物界，「山岩間的野山羊幾時生產，你知道嗎？母鹿下犢之期，你能察定嗎？……」「誰放野驢出去自由？……」「馬的大力是你所賜的嗎？它頭頂上棕杪的鬃是你給它披上的嗎？……」「鷹雀飛翔，展開翅膀一路向南，豈是藉你的智慧嗎？大鷹上騰，在高處搭窩，豈是聽你的吩咐嗎？……」，凡此。但說得最漂亮的我以為是這兩句：「你能繫住昴星的結嗎？能解開參星的帶嗎？」自大卻又溫柔如女子；還有，「你曾進到海源，或在深淵的隱密處行走嗎？死亡的門曾向你顯露嗎？死蔭的門你曾見過嗎？你若全知道，只管說吧！」

神一定講得很解氣。這裡，我總是想起〈楚辭．天問〉這篇也許是中國早期最奇異的文字，回到那種只自己一人面對無邊疑問的閱讀。

神的最終結判決奇妙但倒不意外，約伯勝訴。那三個竭力為神的公義辯護的友人反而遭到輕罰，亂講話的老約伯財產解封，且計算利息也似的陡然成長近一倍，還有七名新兒子和三個長更美的女兒，數量不變，質量提昇。

不該說是Happy ending，而是有驚無險。

其五

「強辯的豈可與全能者爭論嗎？與神辯駁的，可以回答這些吧！」神擺明了不回答，或說人沒資格如此質問。如此「解方」，在相距整整半部《聖經》之後（因為無法確認約伯的時間落點），使徒保羅有了遙相呼應的說法，溫和的稱之為「因信稱義」——〈羅馬人書〉為保羅十四卷書信之首，也是基督信仰論述的起點，保羅以「因信稱義」開講，幾乎當這是人走入救贖大門、走進新世界的唯一鑰匙。

「人稱義是因著信，不在乎遵行律法。」信在前，理解在後，缺東缺西的理解得靠信仰來補滿、來提昇、來完成。我們確實無法反駁，人太有限了，人的認識和理解太有限了，而且給我們的時間又這麼少如微粒如埃塵；我們心知肚明，有太多問題我們想一輩子都得不出答案，以及還有太多問題本來就沒答案（如有關死亡的諸多思索，那是理智到達不了之處，純粹的問號，單向不回返的大疑）。很自然的，連基督教一神的種種難題也一併包裹其中，在人不能，在神凡事皆能，人理性的晦暗不明之處，只有靠神的光，信仰之光的照入才得以明亮開來。日後，馬克斯·韋伯也這麼講，信仰，必須讓理性停住才能夠，信仰始生日，理性中止時。

至於奧古斯丁那樣拉長時間完成公義等式、乃至於時間無限延伸的末日審判云云解法（其實也正是各民族的基本解法，「不是不報，時間未到。」），極有趣，約伯在第一時間便彷彿預見了予以駁斥，淋漓酣暢，的確是兩千多年後我們仍會想說的話：「惡人的燈何嘗熄滅？患難何嘗臨到他們呢？神何嘗發怒，向他們分散災禍呢？他們何嘗像風前的碎秸，如暴風颳去的糠秕呢？你們說：神為惡人的兒女積蓄罪孽。我說：不如本人受報，好使他親自知道。願他親眼看到自己敗亡，親自飲全能者的忿怒。他的歲月既盡，他還顧本家嗎？神既審判那在高位的，誰能將知識教訓他呢？有人至死身體強壯，盡得平靖安逸。他們奶桶充滿，他的骨髓滋潤。有人至死心中痛苦，終身未嘗福樂的滋味。他們一樣躺臥在塵土中，都被蟲子遮蓋。」

有一說，遲來的正義不算正義，如凱因斯的不耐煩名言：「長期？長期我們都死了。」若然，那遲得地老天荒、慢到時間盡頭的正義又是何種正義？

真正完整接受〈約伯記〉神的全部話語連同其語調、其威嚇的，最終是新教的喀爾文教派，清教徒，他們由此以同樣的殺伐之姿宣稱，神是不可盡知的，如月亮有另一面永不顯露於人眼，人也沒資格探問，神自有祂的安排和時間表；而且乾脆，喀爾文教派著名的「預定說」，誰得救誰不得救都是神預定好的，人在世上的作為無法更改它，亦即，就連善惡果報的最基本正義概念都連根拔掉，道德不再有意義，人不再有自由意志可能，或說道德只剩馴服，對神的全然馴服和轉頭對人的無比蔑視（也難怪清教徒倫理和非道德的資本主義、和十九世紀優勝劣敗的社會達爾文主義結合得最好）——一般，我們稱此為「最後的辯神論」，最後，意思並不是就此完滿解答，而是釜底抽薪，直接把問題取消，把人斥退，若再輔以斧鉞刀劍（喀爾文教派的確刀劍不離身，到北美洲後換成了來福槍，美國惡名昭彰的來福槍協會和清教徒教會高度重疊），這就是鎮壓了，就異化為思想言論的鉗制了。

平和的說，喀爾文這其實只是把神「還原」，包含於當時一個全面認識事實回歸真相的大思潮中（科學、人文……），承認了大自然的風雪不時、喜怒無常，「無序，統治著世界」（李維-史陀），就像其他民族始終都認知的那樣，希臘奧林匹斯山甚至愛捉弄人的諸神，或中國的天地不仁，沒情感，不知覺云云——所以，今天的宗教淡漠，至善之神風華不再，也不干喀爾文辯神論什麼事，就只是「世俗化」（史蒂莫西．加頓艾什），人落回地上如亞里士多德講的石頭終究會落回到地面上，那是它「最舒適的位置」。波赫士曾稱此為「疲憊的歷史引力」，地心引力沉默但無情的作用那樣，你得做到一些極特別的事才能抵消它飛起來，但你又很難長時間抗拒它，所以說凡起飛的又必將降落，這讓人踏實，卻又不免沮喪不免興味索然，感覺一種得而復失的疲憊和蒼老。

世界，加上至善一神，再減去至善一神——我們借用一下卡爾維諾這藏匿著精巧時間差的著名句型。從〈以賽亞書〉開始，這的確是人一趟奇異的飛翔。

最後，我們來說說猶太人精采的祖先塑像，「摩西五經」裡的人物，從挪亞、亞伯拉罕、以掃、雅各到約瑟。這排猶太先人確實是「最像人」的，比起其他國族的同期祖先。

「摩西五經」指的是《聖經》的前五篇章〈創世紀〉、〈出埃及記〉、〈利未記〉、〈民數記〉和〈申命記〉。摩西是猶太歷史的一個重大起點，猶太部族到他手上才初步「定型」——儘管語多重疊，但大致上，〈利未記〉，完成了垂直性的權力層級建構，正式確立了祭司階層及其統治；〈民數記〉，如中國周宣王的「料民於太原」，詳細計算人數，分別氏族，規定其權利義務（近似於一種無土地的分封），這是賦稅、動員戰鬥乃至於日後土地分配的必要基礎工作，讓每一個人無所藏匿；〈申命記〉則進一步是律法和大大小小規範的向下頒行，包括諸多的生活須知（亦即把生活必要知識化為律法，讓人不知亦能行），最有趣的是，還鉅細靡遺規定走獸、游魚和飛鳥哪些可吃哪些不可吃，如此，不潔和惡混淆起來了，原只是健康考量，卻上綱成為罪行，割禮（希羅多德所言「奇特的衛生習慣」）也是這樣，本來也是溫柔的身體衛生關懷，卻硬化為信仰的入門資格，一直到保羅才成功解開，不解開寸步難行，永遠困在特定地域的某一特定時間之中。

也就是說，由摩西開始，猶太人的歷史這才正式進入「真實時間」，在此之前，時間汪洋鴻蒙，沒刻度，不連續，孤島般人只能點狀的盡力回憶。而回憶這個彷彿會自己生長的怪東西，每來一次好像總會多知道一些，都更明確一些；又，回憶這個懦怯東西，也總是順應著回憶者的現實情感暨其需求，朝特定的方向演化，如本雅明說的，岩石的紋路，人看它夠久，便逐漸浮現成某個圖像，奇特的獸，奇特的聖人英雄，神。

人最早回憶（形塑）他們各自的先人，幾無例外的總是過度崇高偉大，幾乎是神，或一半是神一半是聖人英雄。這裡我們要多說的是，先人回憶，同時也是一條神聖甬道，回溯源頭，連通起人和神，先人是中介者，昔是今是。像薩滿崇拜，人真正祭拜的是祖先而不直接是神，如孔子說的「非其鬼不祀」，如《尚書》所載周公為重病的哥哥武王祈福，對象也是他姬家諸先王；天地無私，神無私，唯祖先這是親人，可以也理應偏袒。但基督信仰的上帝太神聖又太迫近了，無時無處不在，占走了全部榮光（「一切榮耀歸於神」云云幾乎是基督徒的口頭禪，一個結束話語的句號，比說早安午安晚安的次數都多），這形成消長，祖先的回憶折向凡人演化，祖先的「功用」變了，人性、平凡才照見神的神聖、崇高。

不是古聖先賢，不是傳說故事的「人設」，就只是我們的先人，就只是活在百年、千年前的我們自己，質地真實，形體飽滿——這麼誇張點說，這是人類書寫史一批「提前」寫出來的人物，其他的，差不多得等到現代小說書寫後才出現。

有關神的獨占榮光（其實這些話只能由人自己說，還不能代表別人說，由神來說會變得非常奇怪），葛林在《一個燒毀的痲瘋病例》剛果叢林痲瘋病院現場，有一番令人難忘的質問，說話者是主人翁奎理，對象是神父院長：「……你們看到一個人與妻子同住，不但不打她，還在她住醫院受苦時照顧她，你們稱這個為基督之愛；你們到法庭，聽一位好法官對一個到白人家偷糖的小偷說：『你這可憐的小偷，我不懲罰你……』你們便稱這個為基督之仁。但當你們這麼說時，便是大盜——因為你們偷了這人的愛和那人的仁。可是，當你們看到一個人背上插著一把刀血流不止時，為什麼不說：『這是基督之怒』呢？當亨利．歐卡巴新買的腳踏車煞車被人故意弄壞，為什麼不說：『這是基督之妒』呢？你們就像那種光偷好果子、而任由壞果子在樹上爛掉的人一樣。」

「不，不是。神父，你們想把所有的好東西扯入你們的信仰之網裡去，但是你們無法偷走所有的美德。溫和不是基督教的，自我犧牲不是基督教的，慈善不是，後悔也不是，我想原始人看到人流淚時，自己也會哭。你難道沒看過狗哭嗎？當世界冷到極點，而你們的信仰之空虛終於暴露出來時，仍然會有一些傻瓜用自己身體蓋住別人，讓他多活一小時。」

歸根究柢仍然是善與惡的問題。神至善而且一塵不染，無法抹消無處可去的惡便得被扔出來，於是，只能由人來認領。這個彷彿自誣的、扭扭曲曲的惡，落在並沒直接相繫惡行的人身上，保羅只好說它是「罪」，原罪，我們第一個先人亞當在天地之始便已犯下，我們刻在基因裡（但為什麼呢？）、正是生命基本構成的罪，一種無須犯罪的罪，一種已超過六千年、沒追訴期限制也不消解於遺忘的罪。

人把自己想成這樣，卑屈如螻蟻，還一身罪愆，我相信，這在日後傳道必定一再發生困擾，在某個智識更高的國度，在面對某些在意尊嚴如納布可夫所說「仁慈，自豪，無畏無懼」的人們時。事實上，教廷統治的中世紀便是結束於此，人想做像希臘城邦那樣抬頭挺胸的人，人不願再一直仆伏著。但如此認真而且長時間的自誣，不僅僅是精采的祖先塑像而已，有些路會是異乎尋常的既遠且深，其中最成果豐饒的應該是這個：自省。

自省，或進一步稱之為懺悔，也就是自省加上認罪，加強版的自省，我們馬上會想到的是，聖奧古斯丁的《懺悔錄》。

讀過《懺悔錄》的人都看到了，這書裡並非只道德性的檢視懺悟，更多是不斷「向前」的詢問和思索。自省，並非一定是道德的，也多有非道德的逆道德的，像是，「當時我應該更狠一點……」「真後悔沒扁他一頓……」，這也都是自省。《迷宮中的將軍》書中，波利瓦爾和那個該死的法國佬一場激辯，但一直要到法國人上了岸、船又前行數哩之後，波利瓦爾這才一個一個想出來更銳利的論點，絕對讓老法啞口無言，沒錯，我們最會吵架總是在吵完架之後。

正經說，自省是再思索再吸收。圖像、聲音、氣味、感覺，如微中子每一天數以千萬計的穿過人體，嵌在骨頭某處留存下來的只寥寥幾個，這是喬哀斯在《猶力西士》書裡所顯示的。人的經歷不直接就是經驗，經歷得再加上自省這一內折內化才成為經驗，才在我們的記憶裡保存下來。我不完全確定自省是否算人的本能行為，即便是，也短暫微弱不可靠，所以，生物時期的幾百萬年經歷，人的留存比例如此懸殊萬古如長夜；所以，人的自省需要自覺需要練習乃至於需要「勉強」（日語也正是學習之意），我們觀看這最後一萬年的文明建構和進展速度變化便一目瞭然。

古希臘著名的德爾斐神諭：「認識你自己」，這成為蘇格拉底乃至希臘思維的重要核心。在中國，至少從孔子起，便強調了自省的重要，曾參甚至把它化為一種不懈的生活習慣。但自省有種種障礙，其一，自省到達某一深度，便會撞上人的尊嚴問題，一個「用心高貴之人」的微妙障礙。畢竟，人真正的尊嚴要求並不只在人前，孤獨時亦然，人會抗拒那一點點不堪的自己、危險的自己如不願屈從，讓它不生長，即生即滅。

但基督教的自省懺悔走了另一道直往不回的路。神都知道了，也就無法隱藏，一代一代，如此稠密且高強度的實踐，這創造出歐洲獨特的懺情傳統，事實上，所謂的「懺悔錄」（直接的以及廣義的）正是一個歐洲獨有的書寫體例。其他國度，可能得等到學會寫現代小說才得以解脫。現代小說狡獪的繞過此一尊嚴困境，把「我」他者化，自身的幽黯轉嫁給小說中某人，是他幹的，不是我，遂可以直視，可以敞開來談。

有一位顯然不在基督信仰裡的物理學者，曾說出這句很著名的瀆神之言：「我不需要上帝這個假設」。但姑不論宗教不論那種生命皈依，假設有神，假設天地有靈、有更遼遠崇高的存在，這不好嗎？如孔子說「祭神如神在」，如波赫士，我以為他是不可知論者，但他喜歡說神，喜歡天堂和地獄以為這是最偉大的發明，說耶穌是最仁慈的導師以及最好的演說大師，又說但丁《神曲》極可能是人所能寫出來最好的書。

我很喜歡日本的伊勢神宮，去過幾次，這是日本最高一位近似中國太廟、卻又更庶民化的神宮，像是天與地在此交會，五十鈴川靜靜流過一側，我們在川邊洗手潔淨，川水清澈但水氣氤氳，這是我人生從未有過的經驗，我深深知道手上這水非比尋常，我第一次知道什麼是靈氣——

葛林說，人如何愛一個「無」呢？所以要有神，神要有我們熟悉不懼的形象。我們自省也是，有聆聽者有對話者，如山壁回音，而向著神的自省便成為有往有復的交談，雙向交談比單向喃喃自語可持續可行遠，可不斷旁及其他如展開，而且，會是有溫度的話語。

我也來說句瀆神的話，莊重的——如果要說我不相信《聖經》什麼，是我不相信《聖經》裡有我要的所有答案，像葛林講的（當然是反諷）：「教會有全部的答案」。

《聖經》是一本書不是其他，一部名為Bible或譯名為聖經的書，一個稍稍虛張聲勢的命名。這部書的作者是一個人數有限且命運乖蹇的部族，他們集體的歷史、記憶和困惑，各種艱難的、絕望的生命處境逼他們追問，問得比誰都多都執迷。

成書時間則是世紀初，如此，我們也大致可確認其時間落點和限制，到此為止的人智，到此為止的知識準備，到此為止的歷史經驗，到此為止世界向人顯露的樣子……

一本書，很好也很好看的一本書。

《浮雲》・林芙美子

為什麼讀《浮雲》？

這三十年整整了，彼時台灣電影「內圈」忽然起了一陣小津熱，小津安二郎，美麗的日本上一代大導演，《東京物語》、《秋刀魚的滋味》云云，但更內核的楊德昌和侯孝賢迷的卻是成瀨巳喜男，尤其他的代表作《浮雲》。

日後，聽說香港的王家衛也最喜愛《浮雲》，看他拍的電影，我以為可信。楊德昌已逝，但我們仍會說起他講《浮雲》時瞇著眼的模樣，他總是說片尾雪子死去、富岡俯身為她搽口紅那幾秒。

這三位我以為正是華人世界有過的最好三個導演（真希望還會有更好的出來），此一證詞對我意義非凡；但我更是個小說讀者，我還是希望這三位大導演也回頭讀原著小說（我來猜，王家衛讀了）。

我以為書寫者林芙美子已差不多做完所有事了，這位已有相當身後之名的小說家還是被低估了，她真的寫得非常非常好。

其一

當然，成瀨是了不起的，他專注的、並不張揚自己的辨識、挑揀、呈現小說最好的部分，這是比一般想像困難很多的工作，而成瀨極可能拍成了電影史上最好一部由小說改編的電影。我們知道，知道到已當它是鐵律，最好那一層級的小說很難拍成好電影，文字用到一個臨界點，至此文字單獨前行，和影像就分離了，去到只有文字才能去的地方，豈止影像，連語言都拋下了。

容量的歧異是第一感。一般，一部電影的容量換算大約是一個短篇小說左右，但不是也可以拍八小時十小時以上的電影嗎（我能想到的是ＢＢＣ如此拍了一堆了不起的大敘事小說，但毋甯是某種科普作業）？我們這麼一想就曉得可能不僅僅是長度的問題了，帶自身企圖和意義的影像大概撐不住這麼久，影像會疲憊不堪。阻止電影如此增長的不只是經濟理由而已。

真正無法克服的分歧更本質。此處我們只說這個：只有小說（文字）能放個麥克風在人心裡，這是昆德拉講的，讓我們聽到人心各種細危的活動聲音。到電影這裡，我們只能靠影像的交織隱喻（間接的，只能做到詩的地步），以及演員肌肉彈性有限的肢體和表情。像楊德昌喜愛的這搽口紅一幕，其實並不只柔美如詩而已。原小說，這是長達數頁直視夢魘的書寫，毋甯是恐怖的，絕對是小說最好的死亡書寫之一。最終，雪子眼睛狠狠盯住的是看護她的在地婦人都和井信（「而她的胸部和下巴的潤澤肌膚卻又散發芳香誘人的女人氣息」），雪子本來就有一個漸強的恐懼，以為自己會被這女人害死，得設法從她手中掙脫出來才行。現在，這一切已成事實了，她死，富岡和都和井信結婚，住下來……，就在這一刻，雪子胸中忽然噴出一股黏稠的東西，被子、毛毯和枕頭全被汙血弄髒了，「雪子拚命想把濃稠的血塊嚥回喉嚨，就像個活埋的人，呻吟著發出求生的哀鳴。雪子還不想死，頭腦冰塊般冷澈清明，身體卻不得自由。」

便是這個目光嚇跑了都和井信——那是一張令人毛骨悚然的恐怖病容，直勾勾的眼神彷彿把自己穿透了。都和井信冒雨逃回家，以至於沒人確知雪子何時病逝。

從大山裡趕回來的富岡，他真正的悲傷（或說絕望）來得很晚——國境極南、再無法往前去的屋久島，號稱一個月下三十五天雨，雨激烈有聲的下了一整晚，「下半夜，富岡突然猛烈腹瀉。他痛苦的蹲廁所裡，無力的把臉埋入兩手之中，像個孩子那樣嗚咽哭起來，人到底是什麼？到底應該怎麼做人？」

「人到底是什麼？到底應該怎麼做人？」——我讀過不少《浮雲》小說和電影的介紹文字，包括林芙美子自己講的，但我以為最好的就是這兩句。

高峰秀子，電影裡的雪子，還是太美了（儘管我感覺選角時有考慮到小說雪子甚至林芙美子本人年輕時的容貌），且一直素著臉，這也許是電影的緣故（我想起王家衛講的，沒辦法，俊男美女是電影的基本前提）。小說中的雪子「長相太不起眼」，還屢屢是醜的，也因此到越南支援工作時才被扔到沒人要的高原上大叻市，在那裡結識了農林省官員的已婚富岡兼吾；而且，戰後在東京狼狽活著的雪子，也盡可能是濃妝的，像是這令人駭異的一般：坐阿世的梳妝鏡前，「雪子毫不介意的用著阿世的粉餅和粉撲。」阿世才剛被殺，她逃家從伊香保溫泉到東京當舞女，和富岡同居，被追來的大齡丈夫清吉扼死，雪子看了新聞才循線找到躲了她好久的富岡。這近乎不知羞恥的舉動讓富岡厭惡極了，遂也更厭惡自己，「坐鏡前的雪子顯得瘦骨嶙峋。曾經渾圓的膝頭單薄了許多，平添了不少歲數。胸脯也單薄了。頭髮是一種缺少滋潤的焦黃，額頭寬得有點誇張，眼角也耷拉著。」

順便講一下。電影裡，這看來是富岡最渣的一段，最缺錢，還因凶殺案牽連丟了工作。像是他把雪子給拖下去。但其實，這反倒是富岡居然生出了氣力的異樣時刻，他重拾起自己對樹種的知識，也憶起了在越南森林裡的種種研究和聽聞，坐定下來一個字一個字寫著為報刊雜誌供稿，彷彿把瓦解掉的自己一點一點拼合回來；他是缺一筆閑錢，但那是因為請律師為獄裡的向井清吉辯護，他幾次去探監，「富岡不禁為他不惜殺死一個女人的真摯而感到震動」，也認定自己才是害死阿世的真正凶手。富岡胸口有了久違的一點溫度，可能終歸會熄滅，但無論如何雪子就是無法放走他。

行到水窮處，這樣人墜落絕境的微妙變化，彷彿重新流動，某種人生命最深處接近生物求生本能的找尋出路，「走到一切幻滅的盡頭，從那裡再次萌生的東西」，這林芙美子一直很會寫，或者說，她最熟悉，經歷豐富。

所以說，雪子的魅力，甚至偶爾不知從何而來的美，便不是給定的，所謂人見人愛花見花開車見車爆胎那種的。而是閃逝的，一瞥的，驚心動魄，出現於某種奇特的情境裡，僅有的心緒中目光中，光影交錯。這種針尖也似的書寫捕捉，比起直接描繪一個美人，當然是難的，難到不以道理計，難到不知差多少技藝檔次、理解人心檔次。

讀小說，我自己一直有個私密看法不曉得對不對，我屢屢對此莞爾，尤其女小說家，總是「依自己的形像造人」——在書寫她最費心最動情的女性角色（當然幾乎都是女主人翁），最深刻的書寫素材只可能取用自身這沒毛病，有趣的是，其容貌和身體也一樣取用自己，只一定是美麗化了、整容化了的自己，畢竟，細眼睛也可以是美的，瘦小身軀，也可以是嬌弱的、讓人生憐的云云，文字是最好的醫美機械；而這樣依自己形像的小說人物，可能敗德，可能在書末毀滅，惟鮮少真的變醜。但此番，我對照著林芙美子的老照片讀《浮雲》，有點不寒而慄，可真狠啊，林芙美子三番四次把雪子寫得如此之醜，借用葛林的話，她心裡真的有一塊冰，「永生不化的一塊冰」，能這麼殘忍對自己，這樣的人應該是會殺人的。

有些非常好的書寫者，我們讀他的作品就好，生活中，我們該明智的遠離他。

一九五一年林芙美子病逝，主持她喪事的川端康成（只剩他了）說了這句日本文學歷史難忘的話：「所以，請大家就原諒她吧。」

小津安二郎曾坦承，他拍不出《浮雲》這樣的電影。這話，熟讀十九世紀舊俄小說的人一定聽來耳熟，當時普希金和別林斯基讀了果戈里來自烏克蘭民間的《狄康卡夜話》，稍後托爾斯泰讀農奴之孫契訶夫的短篇，就是這個反應。我也相信，這也是川端康成對林芙美子小說的反應。

舊俄這個也許就是人類小說最偉大的時刻，書寫者幾乎全出身上流貴族，果戈里和契訶夫的底層震撼，不只是讓他們讀到了另一種書寫，而是看到了「一個新的世界」（別林斯基）；多年後現代小說進入日本，書寫者一樣多是過好生活、人人敬重的「先生」，年輕的野草般林芙美子以一部自傳體的《放浪記》同等級的撼動他們。

《放浪記》裡，我讀到這一段：「我從書箱裡抽出一本契訶夫的作品來讀。契訶夫是心靈的故鄉。契訶夫的氣息、身影彷彿近在眼前，喃喃對我黃昏般的內心娓娓述說。」——是書裡最不起眼、如隨口帶過的話，也沒真的講出契訶夫什麼，但我一身雞皮疙瘩。

讀《浮雲》的人應該都已讀了《放浪記》，這部更事實的，等於直接呈現她二十五歲前自己的作品，比《浮雲》的雪子更窮，或直接說更冷更飢餓，屢屢沉入生存線之下——林芙美子七歲即隨母親和繼父出走，體面的說是行商，其實就是流浪掙扎求生，十二歲前四年內就換了七個小學，十二歲更乾脆輟學當小販，在比窮比苦的礦區兜售廉價化妝品、紙扇和夾餡麵包。十九歲唸完高校和同居男友來到東京，旋即被拋棄，她如《浮雲》裡的雪子頑強不回老家，為了在東京存活下來，她什麼都做，也差不多什麼都肯做，女傭、女工、小妹、地攤小販、工作性質曖昧的女侍……。直到這一切化為作品，一九二八年開始連載，一九三〇年正式出版並爆賣六十萬冊，這段彷彿沒有盡頭黯黑甬道的慘烈生活才結束，她可以進入另一個世界了，二十五歲這一年戲劇性的拔高成為生之分水嶺。

所以《浮雲》裡的雪子，好像是把她的此一人生沒獲救的再演化下去，指向毀滅（這應該是更大機率的結局）；或者我們也可以這麼想，雪子身體裡就是少了林芙美子這個不合宜的執念東西，餓著肚子也要讀、要寫，典當棉被才能活也要出版詩集。當然，這懷璧其罪的可能讓她毀滅得更快，所以我們這裡講起來提心吊膽，特別是想到如今的世道、如今的人心。

《放浪記》這部生命之書於是有著諸多淩厲的念頭，全都是被逼出來的而不是沒事裝痛苦或想嚇唬人。駭人的也許是這句：「神啊，你這個畜生！」但我想說的是哀傷的這句：「會有誰要買我！把我給賣了吧！」

還有，出自礦區那個缺了手指的娼婦之口：「要是發生戰爭多好」。林芙美子說：「她希望整個世界天翻地覆」——戰爭和整個現代日本如影逐形，戰爭到今天仍餘音裊裊，但這個娼婦是這麼想的。

日前，有位載我去咖啡館的計程車司機，忽然指著高處一層樓說：「就是這間，有沒有！」原來，他已看好了六處豪宅，等戰爭打起來富有的屋主跑掉就搬去住，一天一家。是的，他們會這麼想，這些所謂「貧賤不能移」、太窮了無法移民跑掉的人們。

《浮雲》裡，雪子回國住進有三年斷續男女關係的伊庭杉夫家（伊庭疏開到鄉下未歸），毫不猶豫就把伊庭行李裡的值錢東西賣了，買了件絳紫色時髦外套，還做了頭髮；日後伊庭上門問罪，兩人當然大吵起來，吵得非常滑稽，雪子理不直但氣很壯，伊庭狠話放盡但其實心知無效，他把「屋裡每一件行李都用繩子捆得結結實實，還貼了封條」，可伊庭前腳走，雪子就又把行李裡的長披風和五升小豆拿去車站旁市場，「心中暗想，原來偷盜竟可以這麼有趣」；書末，雪子投靠藉大日向邪教歛財大成功的伊庭，對著藏錢的金庫，「雪子的手像鷹爪那樣伸了出去」，她拿走了六十萬日元，這說是想著富岡，不如說是一種已成本能的舉動，一種肌肉身記憶。

忽然闖入文人世界的林芙美子，不會是另一個林芙美子，她當然風評糟透了如異物，當利不讓，打壓後輩女作家云云。二戰期間她還搖身成為海明威也似的隨軍記者和鼓吹者，最駭人聽聞的是，她還騎上南京城牆頭拍照，成為報紙頭條——但應該知道，這絕不是林芙美子立場丕變，對戰爭換了想法，這只是她又把她鷹爪一樣的手伸向軍國主義的金庫。軍國主義的錢，除了更多，有比大日向邪教乾淨嗎？

於林芙美子，你不能相信她的行為，甚至不該相信她的話語，你該相信的只有她的小說，她的「正直」，以及精緻的反思，只用於此。

這段戰時經歷，我自己較留意的是她因此也跑了新加坡、爪哇、婆羅洲等地，真正留下東西的是在這些地方。

因此，何以死時只剩川端康成一個人？我猜，雲上人、「物之淡淡哀感」、距離林芙美子生命現場最遙遠的川端，極可能是最被林芙美子生猛、不遮不飾力量撞動的人吧，這是他完全沒有的東西。他對林芙美子的此一寬容，其實正是他對林芙美子小說的最高讚語。

其二

貫穿《浮雲》的是雪子和富岡的無止盡分分合合，但說這是一道小說「主線」並不恰當，這不是線，這根本是一條繩索，又粗又韌、怎樣都扯不斷的繩索，只有死亡才放人離開。

「靜靜等待時間的流逝才是唯一的解決辦法。」已經無法從生命剝離出來了，已差不多等於生命本身。

所以儘管仍可以稱是男女戀情，但「絕不是你們說的那種戀情」。小說開始，是雪子發了電報並找到了富岡家，這是戰後返國兩人第一次見面，其實富岡當時已封存越南往事回歸家庭了，但喝著劣酒吃著餛飩和發黑的鮪魚壽司，兩人還是在「許多菸頭燒焦斑駁痕跡」的小旅館髒榻榻米上過了一夜（台灣，這也正是我們童年慣看的榻榻米標準模樣，記憶如夢驚醒）；緊接著，是雪子挑釁也似的又去富岡家，如願見到了那位富岡在越南時「三天就給她寫一封信」的妻子，富岡正式要分手，還塞給她一千塊錢，但似乎這個舉措被雪子逮到了，祭出在越南時對她的承諾鬧起來，但她真的堅持嗎？其結果仍是兩人又在小旅館待了一夜。就這樣，彷彿進入了不醒的夢魘，其間，伊庭轉回東京了，雪子和大男孩美國大兵喬同棲，稍後，富岡也勾搭了溫泉鄉阿世還似乎不止如此，但狐死首丘，總是誰傷痕累累會先循路回來。

說真的，讀到一半左右我都開始不耐煩了，像那種被什麼不潔東西黏著的感覺。但厭煩不堪之後，再來的是驚訝，再然後幾乎是讚嘆了，要自己放慢閱讀速度唯恐漏看了什麼，媽的這還能回來，還能再回來，海潮一波又一波。本來，在書寫「情感」這個總是糊一團不易分解又總是重複的東西，要想寫出進展、寫出所謂的「層次」是最困難的，但雪子富岡這對狗男女，這已經不是層次了，而是流動，轉動，晃動在人處境的微妙變化中，在人心思心緒的難以言喻變化中，在赫拉克里特的時間大河裡，次次不盡相同，循環卻又單行道的直去不回。不知不覺中，它樹根一樣愈抓愈多愈緊，讓人望而生畏，望而沮喪，雪子和富岡都一樣，都只能投降。

我應該沒有看錯，在林芙美子自己說「沒有條理的世界裡」的這個更沒條理兩人窄迫小世界，還是隱隱有這個頗悲傷的規律——總是誰弱了、累了、生病了，會尋覓回去，找到對方，所以，注定不會有個以愉悅開頭的會面。

一定要找到個標籤式的單詞，最接近的應該是日本人說的「絆」，自反而縮，很多人可自行驗證，心領神會這個籠統字詞——但終歸，「絆」的正面成分還是太濃了，太應然太積極而且還太甜；但說成「像兩具屍體綁一起沉下去」更不對，當然沉下去極可能是唯一結局如死亡是我們活著的唯一結局，但如此直跳死亡有什麼意思（除了假充世故、假裝哲人），別褻玩死亡（一種很難戒掉的文學惡習），死亡是一切結束，死亡已無話可說，人真正能想能做的全在此之前。雪子和富岡，兩人仍有著溫度如同發著低燒，有著必要的種種不甘心，以及，儘管看似不乾不淨甚至不斷彼此妨害，早已不給也不要求承諾，遑論誓盟，而他們竟然已是相互最後關懷的人，擋在生與死邊界的最後一個人，哪天你死去唯一還可在能在意、還會記得你一段時間的人。兩人究竟是怎麼走到這裡的？

也許，把這兩端加起來除以二，會相當接近兩人關係的真相。用他們自己的話，心平時刻，不想吵架，不願動用太多累人理智去弄明白時講的話，「倒不如說是彼此之間的狡獪使愛情正純化為一種近似友情的感情，富岡直到最近才開始明白這一點。把雪子當作惡人的時代正在變成遙遠的過去。」——這是兩人剛從伊香保回到東京時，注意，小說才進行正好一半。我想起波赫士極認真說的，友情是遠比愛情更精緻的一種情感。波赫士拚命要我們相信是這樣。

或者就說成是親人吧，那種人馴服於命運安排、並必須封存絕大部分理性的悠悠關係。只來看他們斷續襲來的死亡念頭，這些晶瑩冷光的東西，似乎方生方滅，卻又像靜靜的累積生長，來了就不完全退去——其實不是死亡，而是生的極限，相互意識著、檢視著生命究竟還剩多少，還能承荷多少，就算是玩笑話，仍是不祥的。

我以為林芙美子是對的，這些捉摸不定的死亡念頭多出自男方富岡，似乎男性較容易概念性思索；另一面，也意味著他和現實的聯繫相對不足相對脆弱，較容易扯斷飄向死亡。女性總是更實際，生命不當是一種輸贏。

兩人才重逢，雪子這邊是：「雪子含著滿目淚水，她閉上眼睛，輕撫著富岡的肌膚，他瘦得腰椎都突出來了，想起來他說是因為吃得不好，粗糙的皮膚越發讓人悲傷。雪子把手放自己小腹上，女人潤滑的肌膚蘊藏著某種神祕觸感，女人肌膚為什麼如此鮮活潤滑？雪子覺得不可思議。就算國家吃敗仗，年輕女人的肌膚依然……」

而雪子交往了美國大兵後，富岡看著她：「燭光映照下，……女人自身的強悍個性，似乎開始落地生根了。富岡打量著雪子正全然變了的容貌，對女性那種得天獨厚的，可不受外界影響的生命力，生出了一種近乎羨慕或忌妒的情感。……對照自己現今的卑微處境，富岡不由得暗自沮喪。……就像是從手裡逃走的魚，富岡甚至有一股強烈的食欲。『真叫人羨慕啊……』」

死亡念頭始生於富岡，果然，那是新年前，兩人忽然決定就去伊香保溫泉。但這只半是玩笑，半是那種日本人頗噁心的獨有觸景傷情，尤其不倫戀者，總三兩下就想到殉情。富岡的殉情念頭滲著顯謀殺感「既已漂浮在永久的大海之上，何不就順應易變的人心，隨心所欲放縱一番呢？富岡心想著，時候一到，就和雪子一起在枯木交錯的山裡結束生命。（妳要是知道會被我不動聲色殺掉，妳還笑得出來嗎……）富岡看著雪子，她正狼吞虎嚥吃著炒麵。」

兩人可以一起討論死亡，則是泡溫泉時，話題很快轉成怎麼死比較不痛（你難道不覺得沒有痛苦的死法並不存在？），但真到了如此合適殉情之地，兩人卻又逃開的改說去榛名山更好，往那湖裡一跳就行了。

富岡一直借助杜斯妥也夫斯基《群魔》書裡的斯塔夫羅金來反覆想死亡，他也記起了這番話：「在生與死都一樣的時候，才能夠真正獲得所謂完全的自由。」——這裡，我們土一點現實一點來說，雪子和富岡的生命都還有諸多剩餘，豈只片葉沾身而已，生與死還很不一樣，所以並沒這種「自由」；他們離絕望還很遠，尤其雪子，又對彼此不放心，談論死亡依然心存試探，彼此斤斤計較。

在滿是赴死殉死之思的日本小說裡，還真少把死亡的嚮往寫得如此不入魔、不專注、不乾不淨、且半點不美麗——讀此，我反倒有一種破除迷思破除虛境的痛快，我真正喜歡的是這兩人各自藏於心裡最深處的此一狐疑：

富岡。「富岡思考著（殉情），如同計算一組數據。兩人並非因為相愛而死，這個真相在自己死後，大概不會再有人能知曉……」。事實上，富岡連這事都無法確定，他殺掉雪子之後，是否真能順利結束自己生命。

雪子。「即使兩人殉情而死，肯定也不可能死得情投意合。即使到了死前的最後那一瞬，兩人肯定還是各懷心事，這絕非雪子所願。……雪子仍然懷疑富岡會在斷氣前最後一瞬，發出『妻啊，原諒我！』之類的哀鳴。」

惟最終（先）死的是雪子，航向屋久島前夕忽然染了惡疾，死亡捉摸不定，毫無條理，它找上一直離死較遠的雪子，「這麼強韌的一個生命，竟然也毀滅了。」

「狗為什麼沒有叫？」這是神探福爾摩斯的詢問，問的是空白處，問一個應該要有卻奇怪並沒有的東西。讀《浮雲》，我們也試著一問，雪子究竟找了什麼工作？

至少和《放浪記》一種工作換過一種工作明顯不同了，這上頭，雪子活得模模糊糊的，連阿世那樣當了舞女，筱井春子那樣成了「打扮未免太華麗」的可疑打字員都不是。

當然不是說不缺錢，錢永遠是缺的，就跟我們笑說「女人衣櫃裡永遠少一件衣服」一樣。但至少錢已不是「答案」，真正糾纏他們乃至於莫名驅使他們的，其實是高於生存線上的某些人「自尋煩惱」的東西，不屬生物世界而是人類世界才有的東西。像是，如果說雪子何時最優渥最有錢，那必定是在大日向邪教那段時日，有房、有傭人，富岡問她借錢辦妻子喪事（邦子，「以一種近乎自殺的方式告別了人世」），她隨手就拿出兩萬元來。雪子盜了六十萬日元從大日向教走出來，完全不同於她一貫的心思細密徘徊，小說這裡寫得意外的短且簡單，只說這樣的生活「未免太孤寂了」，離開好像理所當然，好像毫無眷戀。

這六十萬元哪裡去了？毫無吝惜。大致上，用於清吉的律師費，用於屋久島之行，用於雪子治病，最後，用於雪子死後富岡在鹿兒島的買醉，並支付那一夜的妓女，「富岡放錢包裡竟然還剩下許多，那是雪子留下來的那筆錢。」——生途悠悠，是吧，這六十萬幾乎毫無干擾，毫不發生意義。

事實上，更常缺錢的富岡，也不是走投無路，毋甯是他自言的，不容易找到「體面的工作」。從《放浪記》到《浮雲》，這呼應著書寫者林芙美子本人的生活軌跡——簡單說，她的貧窮甚至飢寒，不因為戰爭戰敗，而是命運的拋擲，生於如此家庭如此生命現場。事實上，逆向的，她恰恰在戰爭前夕翻身，並一路上揚，說來荒唐或者殘酷，斷垣殘壁的東京，卻是她最好生活的一段時日。

她順應著自己這一特殊的生命際遇書寫，或正確的說，她沒有辜負自己這一特殊的生命際遇，化為書寫禮物，寫出日本戰敗極容易被淹沒掉的另一種事實，另一些人及其種種可能。個體和集體從不是亦步亦趨，也幸好從不亦步亦趨。某一方面來說，集體是脆弱的還是懦怯的，屢屢陷入狂亂、沮喪而且低能，希望只能保留在這一個個參差不齊的個體裡，事情做得對，這會是珍貴的鑰匙，一一打開被集體封錮的大門，讓我們重新憶起世界可能的完整模樣，也恢復自己的智商。

文學書寫，一一落在某個時代裡，但從來都是一個人的書寫。

《浮雲》，伊香保溫泉過新年那一天，時間停一下讓人想整理自己的時刻，兩人賴被窩裡，富岡這麼說：「……我甚至對自己妻子都失去了往日的愛情。戰爭讓我們做了一場噩夢……製造出一群不知何去何從、沒有靈魂的人……不是嗎？我們墮落成一群不倫不類的人。……這個時代，滿世界都是從高處跌下來的庸人。無法適應現實，不知何去何從。早知道就不跑這麼遠來旅行了……」

如斯感慨出自富岡還合理，畢竟，他曾是可能被器重也可能有點前程的文官。但真正讓我驚訝的是，小說時間直接設在日本戰敗後，但這樁歷史大事在整部小說裡的「分量」竟這麼少。我想到斯湯達爾那個有點駭人的比喻（《帕爾瑪修道院》）：「政治，在一部文學作品裡，就像是音樂會中的一聲槍響。」於此，林芙美子不假裝沒聽見，可也不中止音樂會逃竄，小說不大驚小怪，也不假裝想一下就把一切歸於戰爭戰敗。這麼說，戰敗一事很快就「處境化」了，這極可能才是她這樣的人、她所在生命現場的真相，對壓倒性多數無法上達政治層面以上的人，天高皇帝遠（意思是距離一樣），某個暴烈襲來的摧毀性力量，是天災是人禍還有分別嗎？偶爾咒罵幾句是會的，但也就這樣了。

其實，早在越南時就是這樣，彼時戰爭猶如火如荼，但他們並不相信官方戰報，幾乎誰都懷疑日本要戰敗了，只除了最天真的加野（稍後，他成了雪子和富岡偷情的「祭品」，被逮捕被解職，下場淒寒）。雪子說的是：「我啊，也是在內地沒辦法了才志願到這裡來的……在這場戰爭裡，一個年輕女人，每天憑著『一億玉碎』的精神怎麼活得下去？我可不是一時興起跑這麼遠地方來的……」（所以，完全知道林芙美子是怎麼騎上南京城牆的吧）；雪子參觀當地茶園，聽著茶園耐心且悠長的培育歷史，對日本人「野貓一樣」闖進來踩踏破壞，羞愧得要死：「雪子並不認為日本人也會在印度支那這片土地上幾十年。甚至預感，大概用不了多久，日本人就會遭到報應。」雪子的此一羞愧，完全外於戰爭、不相容於這場戰爭，純粹是人的基本人性反應；而日後雪子還如此回想：「當時實在太幸福了……士兵正拚死而戰的時刻，雪子卻與富岡深陷在那樣奇妙的情緣裡。」傾國之戀，正因為那麼多人受難死亡，這個戀情遂更奇妙也更昂貴無比不是嗎？張愛玲用來寫成一個絕妙短篇小說的珍貴材料，林芙美子這樣一個段落就用掉了。

所以不是控訴戰爭，也不直接反思戰爭，就只是承受這一場戰爭，偶爾還這樣愚弄一下戰爭——但這樣脫出戰爭「力場」之外的書寫，也許是更好更全面的一種敗戰反思也說不定。

所以富岡所言的墜落向哪裡去？不是墜落到生存線之下，墜落向徹底的、萬年之前的生物世界。真那樣，小說就好寫了，不跟拍個那種非洲草原的鮮血淋漓掠食影片差不多嗎？我會說，的確向著生存線方向墜落，但人的基本溫飽還堪堪不是太難，真正變得非常困難的是，那些只能存活於人類世界的東西，那些我們所說屬於「人性」而非動物本能的種種東西，如同失去了合適它們生長的土壤；不是向下墜落伊於胡底，而是人上達的路一道一道被窄化被截斷被封閉，人得而復失。富岡說人不倫不類，說人變得沒靈魂不知何去何從，仔細想，竟然意外的準確。

所以，不是如何活下去的問題，而是，「人到底是什麼？到底應該怎麼做人？」

我也讀到這一段。雪子和富岡順御所的道路併肩而行，下著雨，兩人難得的心思沉靜，又想起昔日越南，雪子說：「那時候，不論你，還是我，都還是好人呢。毫不掩飾自然的人性⋯⋯」

這話，有著回憶的修飾，無法盡信，但人心最深處的那個觸動是真的，而且，語氣輕快，掩藏了悲傷。

其三

法屬印度支那，包含今天的越南、寮國、柬埔寨，乃至於一小塊中國領土，法國人在此地約一世紀之久，二戰當時，日本短暫的侵入。我們簡單稱之為越南，只是為著說話方便。

朱天心說林芙美子寫越南寫得非常非常好。我相信，這不純然是讀者的讚美，相當大一部分是小說同業的油然感受，同為書寫者，會更曉得難在哪裡，容易犯錯在哪裡，不容易寫到的在哪裡——

我完全知道，朱天心指的並不是小說開頭雪子那一大塊宛如必要交待的回憶而已，而是一整部小說從頭到尾不斷又被想起來的整個越南——林芙美子寫越南不是一整片風景，如村上春樹寫《海邊的卡夫卡》那樣，樹是綠色森林是綠色，差別只有濃淡不同，像那種市售二百色大盒粉彩筆所標示的綠色漸層命名（「凡不知道的都叫做樹」）；林芙美子的現實感幾乎無人出其右，寫的永遠是實人、實物、實事以及極準確的細節，樹有各自樹名且樹葉、枝幹、姿態和用途都不同，牆有土塊的、木頭的、白堊的，車過的每個小站也有不同高低溫差和人的不同活動樣態云云，但這樣的細節描述，因為準確，不會掉落成那種扁平的、沒焦點的、讓人昏昏欲睡的自然主義書寫，更加不會是那種只用資料拚貼，如我們今天所說google來的。準確來自於人的參與及其判斷，這既是真實（該不該說「客觀存在」呢？）的越南，卻也是雪子和富岡看到、記得、而且曾加入進去的那個越南，其歷史其知識其傳聞，也是雪子和富岡曾好奇追問過、學習過的當地歷史、知識和傳聞。

這個記憶對雪子和富岡當然極重要，只說是兩人戀情的起點可能還不夠、不準，而是兩人生命最大塊、最沒人摻雜的交疊之處，成為祕密，成為私語。說穿了，兩人一天不散，不講起這個講什麼呢？另一面，當然也是活在如此殘敗的東京，人性上，誰都會唏噓的懷念那個乾淨、平和、好生活的越南不是嗎？所以，這是不斷從記憶再冒出來的越南，參差生長著的越南，隨著人不同的當下處境，隨著心緒高低變化，甚至隨著當下的種種「需要」，不必然都是善意的、甜美的。像是加野醉醺醺刺傷她一事，雪子一再講起，愈說愈多愈細節，多半是故意的。我們慢慢知道，在恩特萊茶園參觀那一夜，這其實是雪子的捉弄，其至隱隱是個陷阱，有一種拿加野獻祭，好增加、證明她和富岡戀情虔信成分的陰黯心思；如今，當雪子感覺需要刺激出富岡熄滅中的熱情時，她會一次又一次再「使用」加野，甚至捲起衣袖露出那道蚯蚓狀傷疤的證物，把富岡扯回去那一夜，共謀犯罪是綁架也似的最強韌聯繫不是嗎？所以富岡時不時被她搞得很毛，他是不願回想那一夜的人：「這女人難道是要想藉往日的回憶，像個債主般沒完沒了追討下去嗎？……聽著雪子的哭聲，富岡突然心頭火起。」

但確實，雪子較乾淨較遼遠的心思，只生於人在越南當時和日後對越南的回憶裡，像是她對日本這場戰事的心思清明，對此地森林和人的敬重（是的，差不多就是敬重）；沾在會安流落於當地埋骨於當地的日本人墓前（「太郎兵衛田中之墓」「花子之墓」），她會很感動，想他們就像漂在海上的椰子。這些都是她回到東京沒有的，或說失去的。我以為最令人動容的是雪子以為最幸福的那次回想，那是在時速四十二公里開向西貢車上，富岡握著她的手，身子探出車外，指認著飛馳而過的樹林，哪個是異翅香，哪個是香坡壘和龍腦香，以及繁茂得令人恐懼的原始密林……，雪子，「也終於知道了，原來奢侈也是美的。蘭比安高原的法國人住宅裡飄出人聲和音樂聲、色彩和氣味，就像高級香水的氣味，隱約飄過了雪子的記憶。……那種悠然自得、穩踞於歷史潮流之中的民族精神，在雪子看來蘊含著根基深厚的力量。沒有比無知、無教養的貧窮民族更好戰了。日本人大概無人知道，在這個地球上，竟然存在著那樣的樂園……回想戰爭時期所謂的『以奢侈為敵』的口號，奢侈成為敵人，那還得了？」雪子回望遙遠的日本，竟然有一種看著異族的感覺。

這裡說的不是那種令人厭惡的、誇富的奢侈，無需故意誤讀。尤其從雪子（或說林芙美子）這樣的人口中說出，她距離那種奢侈還太遠，她們說的只是更好一點的生活，可讓人的良善放心生長的生活。等她們超過那條該死的界線，我們再來反對不遲。

道心惟微，人心惟危，活在越南的雪子，活在敗戰東京的雪子，林芙美子實在厲害，她毫不張揚的寫出來這樣彷彿只是人心顫動的微差，如果閱讀者沒有帶著相應的關懷，還真不容易讀出來。

是以，林芙美子沒把如此越南寫成某種至福之地，某種失樂園——以前，我或許會說她抵住了這個幾乎是慣性的書寫誘惑；現在，我會說她具體的材料實在太多了。只能夠寫成光禿禿的象徵，通常是書寫者無以為繼，很快只剩一個概念反覆塗抹，而這恰好是林芙美子的強項，雪子和富岡對越南的具體回憶參差不齊、源源不絕。

最後的屋久島連袂而行，閱讀者乃至於書寫者本人，總會聯想到越南（這一聯想只讓人悲傷），但也就僅止於這第一感聯想而已——富岡和雪子毫不激動，更沒有那種淒美的終極尋獲感幸福感，兩人疲憊不堪，雪子也不反對也許在屋久島上呆幾天就先回東京，只是死亡忽然找來，嘎然止步於此。屋久島大大不同於昔日越南，就像為雪子醫病那位「給人一種十月革命前俄國人感覺」的醫生說的，他有早期左派人物的那種無欲無求和利他善念，但酷愛音樂（這也極傳神），「我以前考慮過到屋久島開診所，但聽說那裡不通電，一年到頭都在下雨，我就怕了，不能聽唱片那多寂寞啊，難道就只靠空想過日子？」

林芙美子也很會寫這個，人在如此沒條理生活現場左衝右突，但往往又感覺當下只剩這條路，生命只此一途。

然而，只活到一九五一年世界模樣的林芙美子大概不會想到，我們讀她寫的越南心思更複雜更感覺荒謬——毀掉越南的不是日本人，而是美國大軍，又四年後且持續整整二十年時間，空中落雨般密度的轟炸，土地埋滿了地雷，更可怖的是橘劑（落葉劑），為的就是殺死所有樹木草木，好讓北越軍隊游擊隊無處藏匿，估計至少灑了九萬公升，其半衰期長達四十年，含有戴奧辛中毒性最強的TCDD。這其實是我們這代人先知道的越南模樣，很長一段時日整個地球上最毒、死亡徘徊不走的一片土地。讀《浮雲》，我們是時光倒流。

還好，越南人終於挨過來了，近年，越南起飛，成了中南半島成長最強勁的國家，二〇二〇年元旦當天，連足球都踢贏了中國大陸，三比一。

時間不仁，時間就是流逝，但我們卻屢屢感覺時間充斥著近乎惡毒的玩笑。日本這邊，則彷彿和越南交換過來了，林芙美子沒等到，其實多活個幾年就會看到，日本幾乎是整個亞洲最乾淨最安全的地方（不是新加坡那種乾淨安全），我們也在在從日本感覺出林芙美子所說「根基深厚的力量」，但當然不是至福樂土，人認真過活的生命現場沒那種樂土。

讀小說，我自己愈來愈旁及書中的實物，仿人類學的小說閱讀，當然是某種閱讀紅利，以至於，對那種空無一物、朱天心所說宛如行過曠野的小說愈來愈不耐煩——就像推理小說愛講的，這種不經意留下的證物證詞，其證據力愈強。

像是這個：「車裡到處是食物殘渣。」這是如今最不可能看到的日本——我讓自己像跟著雪子和富岡一路輾轉南行，往屋久島的最後這趟旅程，仔細跟著看車窗外的迴異風景，也看著和我們熟悉的日本那種潔淨、安靜、清冷、人們動作壓到最少最小完全不同的彼時車廂，屢屢被什麼打到的心裡一驚一熱。車到熊本，林芙美子這麼輕巧寫道：「人們的談話也變成了九州口音。周圍已經沒有了與兩人相關的事物。」這讓我想到稍前清吉講他敗戰後返國：「我回來時在廣島大竹港靠岸。我看見棧橋上有一包駱駝菸盒子掉地上，那顏色漂亮極了。看到那菸盒，我才真正感覺到這仗終於打完了。戰敗一定也是命中注定的。」林芙美子寫某種孤獨感流放感亡國感都是實在的。

所以，不只是滿布手指大小焦痕的榻榻米和發黑的生魚片而已，遍地都是。目黑、池袋、新宿，伏見宮殿前……，不改的地名，赫拉克里特之河的地名，裝填著不同的屋子、商店、品物、街景、色彩、聲音、氣味，以及人的樣子，人的交談內容，人汲汲皇皇的需要和渴求。時間處處撒下足跡，我猜，我應該還比今天活著的日本人有感覺，畢竟，台灣的此一社會進展時要晚個十五年左右，而生命現場，如大人類學者李維-史陀講的，總是大同小異到令你吃驚，連人的神話、人的胡思亂想都大同小異。

這裡，「伊庭擱下一包錢就匆匆離開了。雪子打開一看，是一疊簇新的百元鈔票，望著眼前這一萬元新鈔，雪子覺得自己真可悲，生來只拿過皺巴巴的錢。而此時的可悲又讓她感到可笑。這些剛從銀行取出、不帶一絲皺摺的鈔票，的確有著十足的魅力。」——一萬日元，如今就只一張紙不是嗎？印著倡議「脫亞入歐」的福澤諭吉。

的確，在台灣，十歲以前我們所見的就是這樣子的鈔票，小額，皺巴巴的，汗濕無數次又乾了的，破了斷了用糨糊黏起來的，被帶點哲思帶點喻意的說成是「全世界最髒、最多細菌的東西」，一元，五元，十元，至於紫色的五十元鈔，綠色的百元鈔，只遠遠在大人手上看過。罕見的新鈔確實是銀行換來的，只出現在過新年時，銀行的一項特別服務，給人包紅包用的。

我想，這將是最快變得沒感覺乃至於不可解的實物記憶沒錯吧，時日無多，在我們這代人死去之後，如張愛玲說她祖母，這些皺巴巴的小面額紙鈔將再死去，並永久死去。這上頭大陸後發先至，紙幣已是倒數計時的消逝之物，連乞丐都使用微支付。

人，真是寂寞。

如此出身、這麼書寫的林芙美子，一般很容易認定是所謂的素人小說家。像《放浪記》這樣的作品，具體材料野草野花般蓬生，直直說出來就好，其實並不需要太多文學技藝的支援，更不用去另外尋求結構，事實的強大力量讓它的銜接轉折毫無困難，讓它自然成立、成形，書寫者只要貼住事實、順著流水時間就成了。但這樣手饒的生命材料卻是兩面刃，往往讓書寫者養成依賴的壞習慣，或至少耽擱了時間，止於自體經驗，不思及於他者，不去琢磨講究必要的書寫技藝，不閱讀不吸收足夠的文學知識乃至於自外於必要的文學教養，這全是走書寫長路必不可少的最基本東西。書寫的消耗量之大之快幾無例外的超出人的預想，寫下去就知道，兩本，三本，差不多就枯竭了，人如打回原形。也因此，文學之於素人書寫者總有某種「用後即棄」的殘酷感，驚喜的捧上天，再斷崖似的墜落成笑話，如瞬間切換，難以相信他曾經寫過那樣精采豐沛的作品，像是舊俄既被視為某種小說之父又早早如空無一物、十年寫不成一部《死魂靈》（只完成不到兩個章節）的笨拙果戈里。確實，素人作家一生最好的作品常常是第一本，頂多第二本。

這種依賴，更糟是往往成為書寫者的某種拙劣詭計——享受某種道德民粹的榮光暨其利益，遂不敢踏出自身一步，也不肯稍微用功的學點東西讀點書，諸如「你問我詩的意象，不如我帶你去看田裡稻子的生長」云云，這種早已用爛掉的招式，最終只騙了、妨礙了書寫者自己。

迢迢文學長路，文學從沒這麼簡單，文學不能只有自己。

林芙美子不是、或說沒成為只是素人小說家，《浮雲》一書正是無可駁斥的最終證據。完成於一九四八年四十五歲的這部小說的確是完熟的作品，非常均衡。那種「林芙美子流」的生命現場直接材料依然豐沛（這是通則，書寫者開向世界開向他者，宛如得到不同視角、不同觸發的回望自己，反而會發現、掘深、撿拾更多自身回憶，讓自體經歷的供應延長），但我們看，已不僅僅只靠雪子一個人看一個人想而已，林芙美子把麥克風也一個一個放入其他小說人物心裡，此起彼落，糾結交纏，沒有什麼乾癟的所謂「扁形人物」。指出「圓形人物」和「扁形人物」之別的E.M.佛斯特講小說也許不能讓所有人物都太圓太飽滿，結構上銜接上往往還是需要些只是角色擔當的扁人如司機管家警察云云。《浮雲》人物的個個過度飽滿確實會感覺「擁擠」，對我們這些沒想要、也沒能耐承受如此細微書寫的沒出息讀者，在總會心思不夠沉靜、或身體不舒服不爽利時候，讀起來的確會吃力會分神，會不小心睡著。

就小說的專業評價來說，《浮雲》的確深於、廣於、複雜於、完熟於《放浪記》，這不是無聊的比誰好，而是我們要多追問點林芙美子的書寫，想多知道她。確定，這之間二十年文學時光她沒浪費，她的文學之心是真的、正直的。倒是，《浮雲》讓我們回頭證實了《放浪記》果然已不盡然是素人之筆，《放浪記》的文字已遠遠不是不粗糙而已，二十五歲如此人生能有此文字能力令人小小吃驚，也不免好奇不敢確信；而我們也可以放心相信了，《放浪記》書中那種僅次於求生、接近於求生急切程度的閱讀渴求文學渴求，應該完全是事實，顛沛困窮如此，日後可享受生活時依然如此。

我看林芙美子生前的黑白照片，特別注意過她的書齋書架，日後我去了她最後居住的屋子，即所謂的林芙美子紀念館，又認真的確認一次——那絕對是每天使用的書架模樣。擺飾用的書架和使用中的書架，我這一生都看過一些，可以一眼就分別出來。

「她竟然也死了，沒能享受到絲毫的幸福，像一塊破布似的死了。」這是富岡對他妻子邦子之死的追想，單薄得像張薄餅的遺體，本該在釘上棺材那一刻的哀慟，延遲到半個月一個月後才忽然襲來。這種感受的延遲，延遲的了解，延遲的看清事實，延遲的原來如此，林芙美子總是這麼寫，我仔細想想，好像我們真實人生裡更多是這樣沒錯。這是她的洞察，也提煉成高明的書寫技藝。

林芙美子看來比她寫的邦子，乃至於雪子阿世春子這些浮雲女人要幸福，儘管時間不夠長。

二〇一五年三月，下雪雨而不是下雪的那種最可怕濕冷一天，我和兩位小說家林俊頴和朱天心從表參道走去她的故居。時間停在一九五一年的這片不大不小日式木造居屋和庭園，我努力用我少得可憐的一九五一當時知識一一換算，這樣究竟算奢華了還是很不錯而已？她從一九四一到一九五一住這裡十年，若退回到一九四一猶大戰時日，那應該是相當相當有辦法了。

屋久島上，富岡用辣椒水的當地土方，抹紙上貼雪子胸口，據說可幫她降下高燒。雪子胸口肌膚被敷得通紅，「富岡把臉貼那片皮膚上，向神佛祈禱：請讓我們重生一次吧。」

林芙美子，其實仍跟諸多當時的日本人一樣，沒來得及等日本從戰火瓦礫再興造起來，永遠不會知道有今天這樣一個日本。活下來不見得更幸福，富裕起來更闊綽起來應該是會的，但只是不一樣而已吧，也更隱沒更難言，人的生命現場不改掙扎、悲傷、不平、壓抑和自尋苦惱。生而為人，就像我們看著如此狀似富而好禮的當下日本，總懷各色心思的會想問，你們真過得幸福嗎？比我們都幸福嗎？

一九五一年六月十七日黎明，林芙美子在這個家死去。她伸手可及的那些日本人可能偷偷鬆了口氣，但對於我這種遠遠的閱讀者而言，我仍然惋惜，因為相似文學案例太多已心思很平靜的不免惋惜，接下來的日本還是很值得寫的，需要有人來寫的，日本失去了這個沒替代者、且起居注般稠密真實的觀看者、詢問者和記錄者。

就像導演成瀨巳喜男的半玩笑話，他拍了六部林芙美子，包括未完成、得找人補上結局（還補了兩種）的遺稿《飯》——怎麼這就拍完了？真的再沒有林芙美子的小說嗎？

《墳墓外的回憶錄》·夏多布里昂

為什麼讀《墳墓外的回憶錄》？

老實說我相當猶豫。我很清楚如今的閱讀狀態，此時此地，建言人們重拾這部不合時宜的書，應該已算是錯誤了——但願「不合時宜」這四字仍殘存些許正面的意思，人仍能以此自豪，就像當年的蘇東坡，如此開心侍妾王朝雲說他「一肚子不合時宜」。

墳墓外的回憶，人在死亡咫尺之地，也有人乾脆就譯為《墓中回憶錄》，甚有道理，從墳墓裡傳出來的陰森森聲音。

愛聽秋墳鬼唱詩是嗎？倒不是這樣，而是——人類世界的進步從不是簡單的，更不會是把所有美好的都留下。把所有該死的都成功丟棄。進步，再怎麼看似光朗看似唯一，最根柢處仍是選擇對吧，每一道路徑都有它獨特的相容和排斥，是以，有不少相當美好的東西我們帶不過來，有些也很值得人持續前行的實踐和希望就此中斷，靈光杳逝，但歷史定讞了嗎？我自己比較不會這麼問因為太像祈願，我已經很久很久不祈願了；我比較想說，不覺得可惜嗎？現實或無處容身，但人心應該還有空間不是嗎？人心應該寬廣。

這是閱讀者的基本思維——我們存留某些記憶，不盡然只想著它未來「有用」，我們記得可以只因為它是否美好。

鬼魂夏多布里昂，我帶著玩笑google這五個字試試，果然，出來的資料絕對多數是牛排，夏多布里昂牛排，菲力中段的絕佳部位，一頭牛只能取到三十二盎司左右。這的確因書寫者夏多布里昂得名——也就是說，今日還知道夏多布里昂的，壓倒性，是吃牛排的人。

其一

「我利用了我搖籃的偶然性，我保留了這種屬於喪鐘已經敲響的貴族對自由的堅定愛好。貴族經歷了三個連續的時期：優越時期、特權時期、虛榮時期。它從第一時期走出之後，墜入第二時期，而後滅於第三時期。」

夏多布里昂，出身法國布列塔尼的已沒落貴族，家族紋章原是松果，我極喜歡它的題銘：「我播種黃金」。

本來，這個家族應該止於上一代，因為已貧窮不堪，但他的父親，才十五歲年紀，拒絕了病榻上祖母要他種田過活的安排，「種田不能夠養活我們」，毅然參加了法國皇家海軍，遠赴但澤市作戰。稍後，他在殖民地發了財，購回了一部分失落的領地和城堡——但個別的窮困只是個開始而已，法蘭西，在一九七〇年也就是夏多布里昂才剛滿二十歲時正式廢掉貴族。

「因為我們的歲月，在我們之前已經死了。」

佛朗索瓦－勒內．德．夏多布里昂生於一七六八年，死於一八四八年七十九歲。這部回憶錄，很奇特的，早在一八一一年就開筆，歷時三十年於一八四一年停止——人寫回憶錄當然可在任何年歲，唯年紀愈輕愈事有蹊蹺，因為總得有某種特殊的心緒，意識到某種終結，人生由此切換成以回憶為主體云云。但我們看夏多布里昂，這一年他當選法蘭西院士，然後貴族院議員，駐英大使，頂峰是外交大臣（部長）；換句話說，一八一一年彼時他的現實施展才正開始，遠遠不到世俗權勢的高點，他是心有旁騖的看出了什麼，感覺到何種大勢已去的歷史之流？從而用三十年時間一步步走進墳墓？

「再加把勁，就不再有需要哭泣的東西了」

夏多布里昂這幾個生命時間數字其實非常有意思。

生年的一七六八。用他自己的話說是：「我出生之前二十天，……在法國另一端的另一座島嶼上，誕生了那位摧毀舊社會的人——波拿巴。」——波拿巴就是拿破崙，這個把法蘭西力量用到極限、也把法蘭西積累力量幾近全數耗盡的人（日後法國，比較像個不斷吃敗仗的國家）。和拿破崙生命時間完全重疊，我們大致就曉得夏多布里昂活於何種時代，何種生命處境。

死於一八四八。一八四八，革命史宛若紀念碑高高聳立的那一年，這是歐陸最輝煌卻也做為收場的最後一次革命，仍以彼時「世界首都」巴黎為核心（儘管義大利的西西里島早一個月爆發），規模空前幾乎遍及歐陸每一塊土地，卻也到此為止。也就是說，從一七八九法國大革命一路延燒的革命之火到此熄滅，連同所有的激情，所有的詩歌，所有不計一切的主張、想像和希望。各個國度關閉起來各自整理，建造現實的所謂「民族國家」。大戲落幕，絢爛歸於平淡、歸於平庸之人，如義大利不再是迷人的馬志尼和加里波底，而是狡獪、庸俗、肥胖的加富爾；如彼時流亡於倫敦的赫爾岑指出的，現實收割勝利的總是公約數、是對角線、是平庸者。

所以一八四八，既非夢想破滅也非夢想完成的一年，加起來除以二比較接近歷史真相。

停筆於一八四一。等於提前認輸，那是因為夏多布里昂可相信的最後國王，流亡多年的查理十世病逝（法國不是再無國王，而是再沒有夏多布里昂認知的那種昔日貴族時代的國王），這空白的最後七年，他關心的只是這部回憶錄的出版和他所選定聖馬洛港外小島的墓地，以及「我希望能死在醫院」。暮年的貧窮讓他很擔心會保不住這最後兩樣東西。

「新的風暴即將來臨，有人預感到這是一場前所未有的大災難，他們正包紮好舊傷口，準備重返沙場。然而，我以為不會有什麼不幸發生了：因為君民都已疲憊不堪。……在我之後發生的只會是一場普遍的變革，……這不會是幾個獨立的小變革，而是一場正邁向終點的大革命。未來的這些圖景已跟我無緣了，它們呼喚著新的畫家來描繪：該你們了，先生們。

「一九四一年十一月十六日，寫完最後這幾個字，我看見西向的窗戶開著，正對著外國傳教士住所的花園。正是清晨六點，月亮發散著蒼白的光暈，已經沉得很低了，幾乎碰著被東方第一道金光照亮的巴黎殘老軍人院的指向牌：大概舊的世界已經隱退，新世界就要誕生了吧。太陽將從萬道晨曦中升起，但我看不到了。我只能坐在墓旁，然後手拿耶穌十字架，勇敢的走進那永恆的寧靜。」

所以，並不是時間的絕對長度問題，這部回憶錄距今其實二百年不到，我們讀著諸多更古遠的書。而是因為，書寫者活在一個已消亡、且不會再回返的世界，人已不再這麼講話，不會這麼想事情，不會這麼訓練、安排、使用自己，甚至，連文字語言的基本認知都歧異——活在兩百年前的法蘭西，他選擇看著想著講著的是另一個法蘭西（「每個人身上都拖帶著一個世界，由他所見過的，愛過的一切所組成的世界，即使他看起來是在另外一個不同的世界旅行，生活裡他仍然不停的回到他身上所拖帶的那個世界裡去」）。對於今天再無利害糾葛、也再沒現實威脅的我們，多獲取一個世界怎麼會不好？怎麼不是更丰饒？

像是，法國大革命的亮堂堂標語「自由．平等．博愛」，但夏多布里昂告訴我們實在巴黎街頭牆上的是：「自由．平等．博愛；或者死」——這樣才整個活過來，才是較完整的事實真相不是嗎？「或者死」，畫龍點睛，包括主張者的甘心赴死和抗拒者的必須處死（法國大革命把理應罪不至死的國王路易十六送上斷頭台，當時羅伯斯比的名言：「路易必須死，因為共和必須生」），這不僅把我們帶回真實的歷史現場，還把我們拖入到更深刻殘忍的人類歷史長流裡。

或者像是，拿破崙死後，路易十八復辟，夏多布里昂決定辦報，好倡議立憲君主制。報紙名稱他取得甚滿意，是為「保守者」——已經多久了，我們不會再有人如此命名，自承落伍自承膽小鬼是嗎？但，如此異質的文字使用，拖帶著、顯示著某個不同於我們的非比尋常世界不是嗎？畢竟，文字本來應該是不站立場，它的高低美醜善惡是人後來給它塗上的。

還有，一八〇六年夏多布里昂初次去了耶路撒冷，並在歐亞交壤這片古文明土地旅行，他得到各地統治者其實就是特許通行證的所謂「敕令」。非常有趣，這些敕令最吸引他的竟是——「我打開時無不懷著喜悅的心情。我喜歡撫摸這些敕令的羊皮，欣賞上面的優雅書法，對文筆的華麗讚嘆不已。」

這讓我想起小說家阿城。阿城著迷各種究極的工匠技藝，自己也是好木匠，他讀「買櫝還珠」這個老成語不以為愚蠢，阿城說這個人可能是真正的鑑賞家，知道這個工匠精湛技藝打造的木匣比珠玉更難得，也藏蘊著更多有意思的訊息。像挖掘古文物的考古學者，一個出自昔日工匠之手的器物必定遠比一顆大自然養成的珠玉，告訴我們更多事情。此刻只有外行人才沉迷珠玉，如梅根・哈利這樣的人。

歷史的變革持續發生，事物的流逝更替亦從不間斷，我自問，為什麼我獨獨對貴族時代的消亡多點眷顧？我這麼想，這可能是人類歷史前行的最大一處斷裂，既是直線向前也是橫向轉移，於人類世界這一趟數千年建構，毋甯更接近於「打掉重練」——關鍵是時間，已經投入的，也已好不容易鍛鍊出來的、難以數計人的精純時間。確實，所謂進步觀念發生可以只是一瞬（個人），只很短時間（集體），但事情並不這樣就完成，這只是把人移往某個新的立腳之地，更恰當、更宜於諸多美好東西生長，然後，仍然得由時間接手，「太陽所曬熟的美果，月亮所養成的寶貝」，沒有時間，寸草不生，而時間又是往往催促不來的東西。

好（其實並不太好）有一比，你砍掉千年參天大樹，找到一塊以為更宜於生長的土地，你依然需要足夠長的時間才能得到同樣的大樹；或者，你得改種某些生長較快的、偏熱帶的樹種。大體上，我們採取後一做法，也就是說，有些樹我們放棄了，讓它自生自滅走向難得一見走向絕種，如同我們舉目所見的，城市的樹替換森林的樹。

一片森林，尤其熱帶雨林，浸著的、珍貴的可不只有樹而已，它由諸多的物種構成，一個生態。

所謂「貴族時代」只是提綱挈領的指稱，我們也可以這麼說，法國大革命這鋪天蓋地一場，結果（並非預謀，革命必如脫韁野馬），終結掉的是一整個「舊」時代，終結人類世界到此為止的建構成果、樣式暨其思維，幾乎是這樣，有那種之前人類歷史走錯路的感覺。我們或許會說這只是革命大軍中最激進、近乎無腦的一種主張，但不幸（是不幸沒錯），「舊世界打得落花流水，同志們起來起來」，這通常也是最終得勢的、宛如活物倒頭來驅趕眾人的一種主張。

相對的，彼時站大革命反側的並非盡是些所謂既得利益的貴族之人。比方，我以為，某些在專業技藝、在生命志業領域走得夠精緻夠遠、深知交到自己手上這成果非積累百年千年得之不易的人，至少會非常非常猶豫，也往往很痛苦的左右為難，總想找出一道非新非舊的一條路，一道不截斷時間之流的路。

來讀幾句夏多布里昂的話。

「貴族階級不能造就一個貴族，因為貴族是時間的女兒。」

「對於保王黨而言，我太熱愛自由了；對於革命者而言，我又太鄙視那些罪惡了。」

「在一個更換主子如此頻繁、受慣革命動盪的國家，正統王權並未深深扎根，友愛還來不及發生，風俗也來不及接受各個世紀各種制度不改的印記。」

「當人們還沒準備好的時候，爭取時間是一門偉大的藝術。」

「（我）執意選擇那些危險最小的道德，徹底自由的道路。」

對夏多布里昂而言，這道苦心的僅有現實之路便是立憲君主制。他賦予這樣的希望：「我試圖把這些現代觀念歸附在古老的王位旁邊，使這些原本是敵對的觀念，通過我的忠誠變成朋友。」「原因是合法的君王立憲制一直都是我走向完全自由的最溫和、最可靠的道路……我將給它足夠時間來完成社會和風俗習慣的改造。」

時間，如何獲得足夠的時間讓好東西繼續生長，這才是夏多布里昂真正的關懷。

儘管不合於彼時法國大革命種種時宜，但確實，這並非走不通的歷史之路。時至今天，歐洲仍有超過十個君王立憲國，且如英國、比利時、荷蘭、盧森堡、瑞典、丹麥、挪威、西班牙等多為最成熟的西歐民主國。君王立憲確實是比較溫和的，過程中可望少死少殺很多人，少摧毀很多值得留下來的東西；更重要的，內閣制基本上就是君主立憲的歷史產物，它拉長時間，讓國王的權力一筆一筆轉交人民，這應該接近定論了，內閣制是我們所知最安全、最健康的民主制度（所以我的從政好友鄭麗文，日後應該會想到她們的所謂野百合學運毀棄了什麼，而非沾沾自喜）。

「法國大革命真的讓我們付出太大代價了。」這是李維-史陀的浩歎，做為他那一趟日本之行的總結。他一樣一樣考察日本的風土、器物、神話和宗教崇拜，尤其是各地如始終不離生命現場的工匠技藝，動不動完好承傳幾百年上千年，乃至於像他說的「直通上古」，人們不斷在宛若足夠厚實的土壤上再思索再調整再發現。如此處處驚異，讓李維-史陀回望了自己國家這一趟再不回返的歷史之路。

我自己極喜歡李維-史陀的此一想法，成為我這些年看日本的重要視角，看懂了很多過去我想不清的日本。但我並不訝異，我們對諸如法國大革命這樣總是太激情到不免浮誇的歷史，必定會被時間緩緩冷卻下來，我們會更理智些，不是看法翻轉如翻臉，只是負責任的兩面察看，想更多，懂更多，哀矜勿喜。

生命後期，夏多布里昂把所剩不多的自己押他所說「思想大膽，性格卻怯懦」的國王查理十世。他的現實作為變得較僵硬，在如此激烈對抗激烈、極端招喚極端的不好空氣中。他自己似乎也不快的察覺：「我有預感，我的角色變了，我本來是跑來保衛大眾自由的，卻將要不得不的保衛王權。」

但也許這才是他內心的真正哀傷聲音：「可是，對我這個從不相信所處時代，只屬於過去、不信任君王、不信任民眾……除了夢，從不把任何事放心上（即便是夢，也只放一夜）的人，這種微不足道的困窘生活又算什麼呢？」

夏多布里昂也引了聖．奧古斯丁這句禱詞：「賜我一個愛護我、理解我的人。」

其二

「你們兩個是訓練來為大英帝國乘風破浪的，……你們是最後一代了，喬治，你和比爾。」——這是醉酒的退休女情報人員老康妮的胡話，出自勒．卡雷的名著《鍋匠．裁縫．士兵．間諜》。康妮緬懷的是二戰的風華歲月，當時他們肩負一整個世界，決定著人類歷史的走向和成敗；而現在，歷史翻到了美蘇東西冷戰這全新一章，榮光逝矣，這些練就一身絕藝的英國情報人員，只能替美國人跑腿。

所謂的屠龍之技。

「我在那裡種下的樹正在成長，它們現在還很矮小，我站在它們和太陽之間，可以蔭蔽它們。有一天，它們將償還我的蔭蔽，像我呵護它們的青春一樣。」

夏多布里昂的父親，頑抗著難以逆轉的大時代浪潮，把他人生全用在拉扯住這個理應瓦解的貴族家庭，人無疑是極嚴厲的，還是沉默的抑鬱的，對親情、尤其對兒女的教育也必定如此——夏多布里昂講，貢堡當地的首富波特萊，只因為他講故事時習慣將兩肘支在桌上，「我父親恨不得把碟子朝他臉上扔過去」。

更誇張的是這個：「我父親固執的要一個孩子獨自睡在高高的塔樓上。……父親強迫我挑戰鬼魂，而不讓我相信沒有鬼魂。他常常帶著嘲諷的微笑問我：『騎士先生害怕嗎？』他甚至會要求我「死人睡在一起。」

夏多布里昂自己講，這最終對他有好處，造就了他所謂男人的勇氣——可能是吧，估計以毀去三個孩子成功一個的比例。

「我播種黃金」——日後，夏多布里昂家這一代，哥哥死於斷頭台，兩個姊姊在監獄挨過一段時日後，和痛苦的生活告別，只夏多布里昂一人，如萊辛的詩：「我最後死，命運最悲慘。」當然，這些不幸是時代使然，但是否，也仍是這個家族的貴族教養處處拉高了風險？某種格格不入，某種懷璧其罪，這個「在兩座絞架、在兩顆頭顱之間存在著自由」的時代。就像他中學那位厄第修道院的院長神父，「他對我並不隱瞞在我身上看到的好東西，但他也預見了我未來的不幸。」

應該這麼根本的說，曾經，而且一直，人並不願屈服於生物本能，甚至視之為累贅，視之為把人往下扯、不放人自由的討厭力量（「吾之有大患惟吾有身」），掙開它，人才能變更好更有品質（「克己復禮」），人才得到無限自由云云。這些非生物性的、純屬人才有的忘情追尋，其極致之處總是超過的、入魔的，彷彿不拿生死這生物最大事當回事；或者說，以為生命是拿來「用」的，而不是小心翼翼照顧的（人不是終歸一死嗎？），由此來賭某一個輝煌成果。但也許因為這「不人性」，也許因為更多慈悲且訴諸公平的考量，也許也是因為人疲倦了，人類集體戒斷般不再這麼想事情。

「不拿生死當回事」，這的確危險，但事情還是有差別的——如果我們談的是關乎公眾之事，比方像同時代拿破崙或羅伯斯比這樣的人，用的這麼多別人的生死；但如果人枉顧的、耗用的只是自己呢？用來雕一顆石頭，用來譜寫一首樂曲，用來完成一部大書，用來追一個數學原理、一個物理定理，或康德那樣彷彿只以腦子活著（連生物性的生殖傳種之事或說歡愉都完全丟開）、全用來想根基性的全部哲學難題云云，而成果終將歸於人類全體所有。所以，這是否算玉石俱焚？我們究竟有沒有能力稍稍恰當的分離出這兩者？

「仁慈．自豪．無畏無懼」。這是大小說家納布可夫的回答，回答有關什麼是人最好品質的提問，他針對性而非完備性的簡答如揭示，我從此牢記不忘。而且，仁慈還是一定得擺首位對吧——納布可夫可以稱之為俄羅斯的最後貴族，一八九九年生，在那場更玉石俱焚的大革命存活下來，神奇的綻放於二十世紀美國。他的回答完全是昔時貴族的。

自豪，的確是夏多布里昂最清楚可見的人格特質，事實上，他常常自豪過了頭不是嗎？

「高傲是我家族的通病，這個缺點在我父親身上表現得咄咄逼人，我哥哥將它發展到可笑的地步，……儘管我有共和傾向，也不敢說完全避免，雖然我小心翼翼遮掩著。」——遮掩著是嗎？如果我們以為這是打算聞過而改的自省，那可就大錯特錯了，這當然是變相的得意而非自損。

一七八七年十九歲時，夏多布里昂這個野心勃勃的哥哥想方設法讓他進入巴黎進入宮廷。這是他初次見到這位六年後將被處死的國王路易十六，還成功擔任他的狩獵侍從，但夏多布里昂旋即選擇回布列塔尼，告別他哥哥所說的「富貴之路」：「這就是我對城市和宮廷的第一印象。社會比我之前想像的更醜惡。……我模模糊糊感覺，我比我目睹的東西都優越。」整個狩獵過程，他最鮮活記得的是，那匹橫衝直撞差點闖禍。不肯俯首就範的牝馬「幸福」，還真的叫幸福該說是隱喻抑或嘲諷：「這是一匹輕快的馬，嘴很小，很容易受駕，非常任性，牠常常豎起耳朵，是我命運的生動形象。」

仔細讀，這整部《回憶錄》，吟嘯徐行穿過這一整個喧譁的大時代，擠滿了一整個歐洲的歷史名人，東從俄羅斯，西抵英倫，真沒感覺夏多布里昂打心底服氣誰，或直說認為有誰比他更好，如果他半生傾慕的那位美麗雷卡米耶夫人不算數的話。

猶響著黎明時分布列塔尼為死者的鳴鐘，想著自己為什麼要來這個世界……我反而最難忘的是《回憶錄》這番話：「因為我既沒野心，也不虛偽。野心在我身上最多表現為強烈的自尊，我也許有時想當部長和國王，那是為了嘲弄我的敵人。」

說得好，就只為嘲弄那堆不值一顧卻又無法原諒的不入流敵人。

也許再加這段話：「人們必須知道，我是出於輕蔑，而不是出於慷慨大度，才尊重我的誹謗者的信仰。」

自豪，較不討人喜歡甚至危險的一種德行，尤其在我們如今這個爭奇鬥豔卻甘於平庸的時代，所以幾乎也是我們丟得最乾淨的東西。但我喜歡人自豪一如納布可夫，尤其，人如果到四十歲五十歲之後仍能如此，已經知其代價、知己處境，我以為這大概就是真的了，深深沉於內心伴人一生，而非年輕的一時莽撞不識利害，如夏多布里昂在他生命末端通算後仍頑強說的：「在我一生當中，我寧願接受苦難，也不願當眾被羞辱。」以及，「榮譽變成了我終生的偶像，我為它多次犧牲了安逸、快樂和財富。」

所以，較為特別，自豪是人難得德行的其中一種，卻又同時是人德行的防腐劑，相為可靠的守衛著其他珍稀德行不失不壞——這個極有趣的剛強，帶著一抹洋洋得意之色，可有效驅散道德的苦澀，因此比較持久，也比較容易感染他者。如果做個有品質有厚度的人同時還能如此欣然，也許我們也想試試成為像他那樣子的人。

但我心裡一直有個隱隱疑問，好像少個環節扣緊不起來，如此最挺直脊骨的人，究竟如何成立於中世紀那樣一種時代，神統治一切，所有美好東西都歸給祂，人懺悔，人認罪，人自比螻蟻，自豪的螻蟻？——我感覺夏多布里昂給了我不少很具體的線索，以及，一個活生生的樣本。

宗教，或直說天主教，緊緊伴隨夏多布里昂一生——只多說三件事。年輕時，做為一名貴族子弟，他得在軍人和教士這兩種生涯二選一，教士同樣是世俗之路；中年，他寫成《基督教真諦》這部生命大書，意外的被當權的拿破崙看中，仕途開始，「《基督教真諦》為我打開政治的大門」；暮年，他最終所剩的就是宗教了，「這裡，不再有道路，不再有城市，不再有君王，不再有共和國，不再有總統，不再有國王，不再有人類。」

但是，《回憶錄》寫他第一次去到耶路撒冷，我們看，這段回憶竟然如此短而且平靜不波，完全不同於他出使羅馬教廷的激情，悲傷，如飢似渴，細數著教堂、墓園、壁畫雕像，以及一個個人物和往事（但很奇特不是耶穌，不是摩西，不是亞伯拉罕或雅各這些《聖經》人物和其故事），似乎，羅馬遠比耶路撒冷更像是「聖城」，當時，夏多布里昂甚至拋開公務在當地挖掘起來如那種不可自拔的朝聖者。由此，我們也就注意到了，《回憶錄》裡幾乎不見引用《聖經》，而是蒙田的、塔西陀的、拜倫等各個詩人的，乃至於某修士某神父的事蹟和話語；或更精確點說，偶爾的《聖經》話語幾乎只取自〈約伯記〉這個怨言四射的奇特篇章，如《回憶錄》全書以此開頭：「像雲霧、像船隻，像陰影……」，這樣一種宗教（或生命）圖像、色澤、氣息籠罩著全書，像他講姊姊呂西兒的苦命一生，「為什麼上帝創造這一個生命，僅僅是為了讓他痛苦呢？在苦難的天性和永恆的原則之間，存在什麼樣的神祕關係呢？」這個質問完全是約伯式的；夏多布里昂還告訴我們，在里斯卡有這麼一塊宏偉的紀念碑，刻著此一碑文：「巴斯卡．菲蓋拉違心的長眠在這裡。」

直接最不聖經的應該是這兩句：「要是人家打我一個耳光，我絕不會伸出另一邊臉——」

我猜想，對夏多布里昂而言，天主教的崇拜景觀已不再是昔日猶太人那樣，說得不敬一點，《聖經》時代只是此一信仰的「幼年期」。又整整一千八百年過去了，時間的厚度，經歷的厚度，思索和驗證的層層厚度，相似的信仰體認，我們已懂得更多更精密這不理所當然嗎？還要捨棄這些去說牙牙的話語嗎？大家同樣站在神前，都是人子，都是萬民中的一個，沒有誰自動成聖對吧，而此時此刻的事實是，蒙田（堅定但複雜的舊教信仰者）的話語，實際上一句一句來聽來想並讓它沉入記憶如攜帶，就是遠比昔日先知如以利亞、如但以理高明、動人太多了。對認真的人來說，後來者當然是占優的，時間紅利。

只稍稍多提一下。這一千八百年下來，天主教已發展成為一個巨大的層級系統，且深入世俗，深入凱撒而不僅僅是上帝的領域，後者尤其是《聖經》時日沒有過的全新經歷。由此，我們站外面的人看到的也許是權力及其腐化（這是真的），但對此一信仰自身，這則是最艱難、且日復一日的課程，這趟陌生、令人畏懼的學習，《聖經》能直接幫助人的很少很少。

《回憶錄》裡這一感想，便是舊教而非新教的，有較多人間性的成分：「在孩子和上天之間設置一位聖母，並且讓她分擔人世母親的關懷，這畢竟是令人感動的事。」——用了「畢竟」這詞，夏多布里昂顯然知道這理論上有著不安（聖母一直是基督教義的一個爭議題目，尤其新舊教之間），但這樣比較溫暖，也有助於人世建構是吧。

這樣，時間似乎有著兩種完全背反的作用力量，在中世紀或說到此為止的人類世界——絕大多數人這一端，時間叨叨絮絮殊少內容，時間只成了神聖性的證明，琥珀封住那樣；少數人如夏多布里昂這頭，時間則是進展、是累積，時間的作用難以替代難以欺瞞，他對革命全新世界的最大疑慮正是，他憂心這一手饒的時間之流會被魯莽的截斷，返祖也似的一切推倒重來，而且，他們會願意重來嗎？就像他老年旅行途中這強度奇異的悲慟：「我目睹一件悲慘的事：一片五到六英呎高的小松樹林被砍伐並捆成柴堆，森林還未成長就被毀了。……我從未如此渴望儘快結束我的路程。」

夏多布里昂很愛樹，遠遠「提早」出現於那個人尚未有此覺知的時代，這一點其實也是「貴族」的。我們可以說，至此，只有少數人「解放」出來，也先洞穿了那些多出來的、虛幻的神聖部分（並非不相信有著神聖），所以夏多布里昂說，反抗王權其實是貴族發動的；日後，俄國的革命更誇張，「進步」貴族和沙皇的爭鬥持續了近百年，到十九世紀下半才由民眾接手，進入民粹時刻，並把先行的貴族打成所謂「多餘的人」。

歷史千頭萬緒複雜難言，但最根柢處，這一點無疑致命——所謂少數美好的人及其美好的成果。問題不在於如何美好，而在於少數；也就是說，夏多布里昂珍視的這千年成果，係建立於如此不穩定、還讓人負疚的基礎之上；更理智來想，如此犧牲多數人，成就少數人，這甚至應該直接承認，時間早晚而已，這是不可能一直成立的基礎，這不「自然」。所以夏多布里昂說他自己有「共和傾向」，我不以為他騙人，也自始至終輓歌也似的講述這一切，他只敢希冀這裡有一道稍微周全稍微進步之路，人能揀擇、能分離玉與石，但革命大斧，它只砍伐不剪枝不是嗎？

哈伯瑪斯正確的今日歷史結論：人類的這趟進步之路，是層級建構的社會，和平等原則的政治，兩者無止無休的衝突。

再多退一步，這個無可阻擋的新世界，其基本傾向，究竟是重新建構這一切（如此，損失的只是時間而已）？還是另一道歷史之路，新土壤新空氣，將生長出不同以往的成果？什麼樣美醜深淺善惡的新成果？——便是在這裡，相似的困境，相似的視角，夏多布里昂，以及稍後我們較熟識的托克維爾（也是貴族，來自諾曼第的貴族），極其準確的抓出「平等」這個即將到來的歷史主課題，並做成相當一致的精采歷史預言。

平庸化是兩人（以及英國的小彌爾，和托克維爾出生只差一年）的共同看法。夷平也似的普遍平等原則所形成的集體思維，必然是天花板不會太高的公約數，未來，這將是人類世界的基本前提，也是說最後一句話的定讞者，拉扯住一切，讓整個人類世界重複的、沉睡也似的停留於某種不高不低的樣態，如夏多布里昂講的，「……虛無，人們既看不到帝國宗教，也看不到野蠻人，文明達到了最高峰，但這是一種庸俗的、貧瘠的文明。」

平等也將回頭摧毀自由這個此刻盟友（夏多布里昂、托克維爾、小彌爾）。一般性的自由毀壞或更晚發生，在平等原則肆虐末端極可能形成的集體專制集體暴政之時（夏多布里昂如歷史現場目擊者般指出，拿破崙的專制已是先兆，拿破崙不是傳統的、層級結構性的「君王」，拿破崙如他自己所說是「全國人民一致的願望之後才接受的皇冠」，他是全新內容的「皇帝」）；而那些特殊的、可讓人創造更好東西也可讓人變得更秀異的自由，則在第一時間就一一消失（「他們永遠不會原諒我的優越」，米波拉）。

所以，並非重來；所以，不少好東西就此中止，死心吧。

不同於托克維爾和小彌爾的冷如冰柱，夏多布里昂顯得憂鬱，他如此說自己處境：「人們不需要一個看不起我們渴慕東西，自以為有權侮辱我們平庸生活的人。」

其三

讀夏多布里昂，如果也能讀托克維爾的回憶錄，甚至他那本只寫完一卷的《舊制度與大革命》，那就太好了，托克維爾並非只寫了《民主在美國》——非常可惜，托克維爾只活五十三歲。《回憶錄》收尾，夏多布里昂終究還是留下了他的「歷史遺言」，這很容易讓人想到托克維爾《民主在美國》的下卷，都是預言也似的議論今後的人類世界可能，最精采處也相似——「平等與專制有些暗中聯繫」。夏多布里昂不止指出集體平庸，還更洞見的指出集體平庸的暴力，集體平庸將創造出來的全新形態極權國家和獨裁者，如日後由人民投票選出的希特勒，如人民革命支撐起來的史大林，以及我們這近百年沒停，世界各地不斷冒出來的微形、規格不足的希特勒史大林。

只是，和托克維爾嚴謹的論述、冷靜且顯得公正的語調不同，夏多布里昂是浪漫主義者（他也這麼說自己），情感先於、重於、泛濫於理性，自我也大得稍稍任性。我們看，他們兩人的現世位置高點有趣的相似，都幹到法蘭西學院院士和外交部長（大臣），只是，夏多布里昂浪漫的自豪，總讓他太誇張他的重要性和影響力，以及人們對他的讚譽，也在現實的權力縱橫場域徘徊、掙扎更長時間。他的現實形象，這麼說有點悲傷，一定有點滑稽而且突梯，一定不少人掩嘴竊笑。

兩人也都去了新建立的美利堅合眾國，但各依本心恰恰好走了完全相反的路——托克維爾研究市鎮，研究制度，研究全新民主國家的體制及其憲法，交出了政治學的不朽鉅著《民主在美國》；夏多布里昂，「我急於繼續旅行。我來這裡要看的不是美國人，而是某種同我了解的人完全不同的人，某種與我的思想的慣常秩序更加協調的東西，我非常想投身這個事業，但除了我的想像力和我的勇氣，我對此毫無準備。」他浪漫宣稱此行要找所謂的「西北部通道」，意即美洲大陸極北處是否連通著格陵蘭云云，但他沒走多遠就折返放棄了（應該算預料中事），讓自己置身於廣漠林野和原住民世界裡，「我覺得自己因大自然在一種泛神論的狀態下生活、成長。我背靠著一株玉蘭樹的樹幹，隨即進入夢鄉，我的睡眠在希望的迷糊背景上飄浮——」，夏多布里昂因此交出的是《勒內》和《阿達拉》這樣浪漫的小說，都是場景、人物設定於北美原民部落的哀傷愛情故事，並奇妙的收入於日後的《基督教真諦》書中。

是否有點像？如古兩面神 Janus，一個看向未來，一個看著過去；一個年輕，一個蒼老。

兩人對今後世界的議論，彼時法國人的反應也幾乎背反。《民主在美國》當下就轟動如起風，《回憶錄》則被修理得相當慘。夏多布里昂一定以為自己其言也善，但法國尤其巴黎的所謂進步大空氣中，人人看到的多是「不善」，恩怨未冷，埃塵滿天，人人置身其中各有心思，也各自被書中的不同話語刺痛很難真的公正。會出現喜歡這部《回憶錄》的人（如很後來的波特萊爾）但還得再等等，等法國歷史真正翻過這一頁，等待人走到所謂「無利益」、「不相干」、「沒興趣」的閱讀位置。真以為公正這麼簡單嗎？公正可不僅僅是人認真堅持就有的道德而已，公正更困難是一種能力，以及能力往往也檢查不到、克服不了的種種歷史現實歷史限制（人在探尋公正時，因此總是意識到時間），否則我們創造出全能審判的神幹什麼？

所以說，夏多布里昂的這部《回憶錄》不是這麼「用」的。

我不大相信人會因為讀完此書徹底翻轉他對法國大革命的基本圖像和看法，或者說我不怎麼信任這樣的人、這樣子的閱讀方式。夏多布里昂是貴族，這個鎧甲般的沉重身分限制著他，卻也是他最特別最珍貴甚至最迷人的觀看、思索位置，當時已稀少，往後這兩百年更如恐龍般滅絕（大概就十九世紀舊俄那些人，我具體想到的是赫爾岑和屠格涅夫，還有意外存活於二十世紀的納布可夫）。

但終究，我們並不是十九世紀初的法國人，我們犯不著加進去吵架，我們站較優勢的時間位置——這幾乎是歷史通則了。所謂異議，當種種劍拔弩張的需要消失，在人經歷足夠時間的較完整理解裡，我們會發現，異議往往就是構成完整事實的一部分，此時此刻缺的那部分。是以，異議，當然得是有品質而不是那種只要我喜歡有什麼不可以的異議，往往是暫時性的稱謂，毋甯只是我們到此為止還不曉得、還沒想到、還大驚小怪的東西而已，它指著某處空白，讓我們的視野更完整，更逼近最終的真相。

還有一樣禮物，人的想像——異議，或就直稱為異物，可害怕（其實通常沒那麼可怕），也可收存為寶物；異物的接觸和收存正是人想像力如花綻放的一刻，我們還不曉得怎麼用它，就先給我們一堆想像如石頭擊破平靜湖面，且持續懸浮著讓我們的想像源源不絕。我想起《上帝也瘋狂》這部老英國喜劇片，一只可口可樂玻璃瓶從天而降，掉到非洲喀拉哈里沙漠仍是原古生活的布希曼人部落，這只不知是神是魔的瓶子，最終似乎創造出一個傳說一則神話，曾經有個人，帶著它走到了世界盡頭，把這瓶子還給神。

於政治，或說權勢這個最遮遮掩掩、陰森無比卻又處處立入禁止處處裝飾各色人為榮光的場域，貴族站在一個絕妙的好位置，逼近，其實，包括上班時也包括下班時無休——日後，這位置只剩僕人、副官和祕書。但人自身素養和其高度的限制，決定了他去看什麼？看到什麼並看懂什麼？所以還是難以真正替代，如今我們循此得到的總是些偏八卦的東西，沒什麼精巧的觀察遑論洞視。偉人聖人也上廁所，也會要上牀，這很特別嗎？要講嗎？

耶穌，生前算彼時猶太部族的大異議者，他說，我來是要成全律法，不是要廢棄律法；是增加，而不是減少或歸零。

所以，夏多布里昂《回憶錄》的較正確「用法」應該這樣——時時彎下腰去撿、拾荒者式的閱讀，本雅明講的那樣；不是找某個太大太亮的決定性東西，而是一路的微光，葛林講的那樣。事實上，這原本就是「回憶錄」的基本讀法，這個總是蕪雜的、也難盡如人意的特殊文體，書寫者本人也是拾遺補闕的。采葑采箍，讀者從不需要照單全收，只不過，夏多布里昂這部《回憶錄》裡可採收到較多已日稀、已不太講究的東西。

何妨，我們隨手就來撿些「樣品」——

於大人物拿破崙，夏多布里昂並不嘲笑他首次失勢在途中旅店的流淚和軟弱如幼童，他重點記下的是這句忘情叫出的話：「我要是我自己的孫子該多好！」這說的是拿破崙站上權力頂峰帶點疲憊感的躊躇滿志，也說出了他科西嘉島不夠顯赫家譜的隱於內心最深處的不安和遺憾。而且，說這話的人怎能可能甘於民主？

夏多布里昂也問了，在拿破崙死後：「他要是活到一八三四年，也許會回到我們身邊，但他在我們中間又能幹什麼？」——這個疑問（或說質疑吧）也可擴大為，如果拿破崙生得稍早或稍晚，他又能幹些什麼？也就是說，在法國大革命掀起的歷史上升氣流和天縱的波拿巴（他一直平視的稱波拿巴）之間，夏多布里昂始終保持警戒並分辨。

歷史上，那些現實勝利者、當權者，其實遠比一般所知所傳的平庸多了，也幸運多了，這幾無例外——貴族，比我們早一步察覺此事。

乍看，戰爭、勝利、征服、榮光云云這串玩意兒，應該最對貴族脾胃，他們不就訓練來幹這事？然而，他們也相應的訓練高於、規範著、節制著攻擊殺戮的東西；戰陣有禮，有內容，更得有底線。拿破崙不停歇所追逐的勝利，已空洞無物且超過了，也就是夏多布里昂看不下去的，某種純粹「用血肉洗濯出來」的榮光，用「死人數目多少」來計算大小的勝利，尤其打俄羅斯這最無謂且殘酷的一役，留下長達數千哩的滿地屍體。

「那時存在著兩個法國：一個是國內可怕的法國，一個是國外可敬的法國，有人拿光榮來抵消我們的罪行，正如波拿巴把光榮拿來抵消我們的自由。」——典型的夏多布里昂語言，他太文學性的文字總帶著濃濃的隱喻（是長處也是缺點）。這說的是拿破崙的法國，其實也適用於整個大革命，做為歐洲領頭羊的法國；甚至，比方說我們當下台灣，儘管在眾國之中沒什麼可敬之名，但其他的不也一樣不少，抵消罪行抵消自由不是嗎？

「他的歷史結束了，但他的史詩卻開始了。」這是拿破崙病死，夏多布里昂的第一時間斷言，很準確，也準確的令人難過，的確人類的歷史記述很難不如此。「波拿巴不再是真實的波拿巴，這是個傳說中的人物，由詩人的怪念頭、士兵的閑談和民眾的故事所組成，這是我們今日見到的中世紀史詩中的查理曼和亞歷山大，這個虛構的英雄將長期是現實人物——」

這些虛構的人，將長期是現實人物。

也來看看一七八九大革命現場，年輕的夏多布里昂當然是目擊者。當時，他是三級會議出席者被困在會議大廳，一群人拔了劍，冒著「民眾的喊叫、石塊、鐵棒和槍彈」攻擊才鼻青臉腫闖了出來。

攻破巴士底獄，民眾打死並沒抵抗的守備司令和市長後，「人們讓『巴士底獄的勝利者』乘出租馬車遊行，興高采烈的醉鬼在酒店被宣布為勝利者，妓女和無套褲漢開始耀武揚威，尾隨著他們，路人因為恐懼而畢恭畢敬，在英雄面前脫帽。」——除此，夏多布里昂還看到了，一、狂歡中，有幾位英雄因疲勞過度死去；二、巴士底獄的鑰匙被大量複製，「寄給世界各地有地位的傻瓜」，這個操作可真現代；三、往後數日，果然他們都來了，「最著名的演說家、最出名的男女演員、最紅的女舞蹈家、最顯赫的外國人、宮廷貴族和歐洲國家大使」，巴士底獄前搭起帳篷賣咖啡，成了打卡景點。

夏多布里昂自己說，讓他從大革命的巴黎離開甚至遠赴北美大陸，是因為這兩顆頭顱，富隆的，財政總監；以及貝蒂埃的，巴黎總督。「如果革命不是以犯罪開始，我也會捲進去。我看見第一個長矛舉著的頭顱，我後退了，在我眼中，屠殺從來不是一個值得稱頌的東西，也不是自由的論據。我不知道有什麼比恐怖分子更加卑屈、更加令人鄙視、更加怯懦、更加狹隘的東西。在法國，我沒有見過那些為沙皇和他的警察服務的無恥布魯圖嗎？平均主義者、改革者、屠夫變成了僕從、間諜和告密者；而且，更不可思議的是，變成了公爵。伯爵和男爵。多野蠻的世紀。」「這兩顆頭，還有我以後會碰見的其他頭，改變了我的政治態度，我憎惡吃人肉的宴席。」

但是，唉！革命怎麼可能不由犯罪開始呢？革命哪一次不由犯點罪、殺些人開始？

可也真的，革命哪一次不多殺了人、多犯了罪呢？革命怎樣才可能儘早的恢復理智、講求公平？但要說夏多布里昂膽小，在歷史的大浪潮之前戰慄，應該是不公平的。我們說過，《回憶錄》不用來對抗已汗牛充棟的法國大革命史。他只是個「彼岸」之人，堪稱認真、堅持、敏感且心懷良善企圖，所以是個有價值的異心之人，拾遺補闕，讓歷史恢復生動。

宛如踽踽獨行，穿過他所說這樣一個「爭寵和失寵一樣危險」的奇異時代，夏多布里昂這麼看一個死者：「如果他多活二十四小時，這個昨晚判絞刑的人，第二天就是英雄。」

他看到，「只要有一個貴族姓氏就可能遇到迫害，你的看法愈正直、溫和，就愈遭人懷疑，被人追究。」

他看到，「在恐怖時代之後，倖免的受難者翩翩起舞，努力顯得幸福，而且由於害怕被懷疑犯有懷舊罪，努力高興，他們跟上斷頭台一樣興高采烈。」

他看到，「當一個政府並非團結一致堅強有力時，任何良心靠不住的成員依其性格的活力，都會變成四分之一、四分之二或四分之三的陰謀家，他等待命運的決定；事件造就的叛徒，比輿論造就的要多。」

他看到，「一般而言，人心因為有平庸之處，才能爬到國家機關；又因為有其高超之處才能留在國家機關。這種對立因素集於一身的人十分罕見。」

他看到，一個名叫金蓋內的不值得記住的人，「他從一個庸人變成要人，從要人變成傻子，從傻子變成笑柄。」

流亡倫敦時，他莞爾看到，「革命不時給我們送來一些具有新觀點的流亡者，流亡者的不同層次正在形成。」

他也看見，這驚人的準確，如預見了一八四八後歐洲民族國家的新歷史一頁：「無政府解開了群眾的鎖鏈，卻控制了個人獨立……不得不轉到民族主義的源頭。」

站在路易十六的死亡地點，夏多布里昂如此直言：「……會使人產生模仿那些暴行的願望。惡比善更富誘惑力，你想讓人民永記痛苦，但人們常常記住的是那些作惡的榜樣。各個世紀都不接受哀傷的遺傳，現實有夠多的事讓他們哭泣，他們絕不會為往昔傳下來的傷心事落淚。」

以及這個，「從前的老人不像今天的老人這麼的不幸和孤獨。過去，……他們周圍的事物很少發生變化，他們失去青春，但沒失去他們熟悉的社會。現在，一個在世上殘存的老朽之人，不僅目睹他親友死去，也目睹他的思想死去：原則、風俗、趣味、娛樂、痛苦、情感；現在沒有任何他熟悉的東西，他在一個不同的種族中結束他的生命。」

還有相當不少。

惟，做為一個遠處的，心思也遠比他穩定無波的讀者，我自己最喜歡的，我知道這有點莫名其妙，竟然是這兩則——

其一，寫於他年輕人在北美大陸時：「在顯微鏡下，各種食肉昆蟲都是了不起的動物。牠們可能是過去的飛龍，牠們的外形是一樣的，隨著物質能量的減弱，那些水蛇、獅身鷹頭怪獸個子變小了，成為今天的昆蟲。挪亞時代大洪水之前的巨人成了今天矮小的人類。」

完全是胡說八道，但是，就像古爾德談法國人拉馬克的遺傳說（人的後天學習成果可進入遺傳）：「多美麗，只可惜不是真的。」

如此敢於胡思亂想（不是那種白日夢似的，心思無所憑依漂流的亂想，那很難看），其迷人處，我們很容易感覺這很迷人，我以為，這呈現人和大世界一種極親切關係，對你，世界全然自由開放，尚未有專業性的處處立入禁止警示，其實也不真的多危險；世界就這麼大剌剌攤你眼前，這麼靠近，處處是謎，也好像處處藏著好東西，還處處給人留線索如響如應，於是尋求解答可以也像個遊戲，像兒時探險，像不斷的被糊弄上當，裝得進笑聲，樂呵呵的，元氣。

人把自己想得較聰明能幹，久了，還真可能變得聰明能幹。

至於錯誤，有些錯誤幾乎無法原諒，有些錯誤不好彌補，而諸如此種的錯誤改過來即可，人畜無害。

其二、我更喜歡這一則，寫在他年老時如詩如言志：「……在他一本書裡，他證明藍色是生命的顏色，因為人死後血管變成藍色，生命浮現到人體表面，以便蒸發，回到蔚藍的天空。」

同樣胡說八道。

貴族時代，他們會要求自己是全才，也多少如此自我訓練，文章之事只是其一，而且可能排行不高，「紳士應該舞劍，而不是耍鵝毛筆」，如我們也說：「文章小道壯夫不為。」——但我以為，夏多布里昂的真正「本命」是個文學書寫者，用現代的習慣語說，他是個被老法蘭西、被貴族心志耽誤的文學書寫者。某單一一點來說這是幸運，文學書寫者往往僅有的、誰也不易奪走的幸運。我說的是，人總是不斷受苦，不斷悲傷，徒然的受苦和悲傷，只有文學書寫者，最終能讓受苦和悲傷成為「材料」，取回一點補償，遂也讓人，不管原本性格是剛強是柔弱，生出某種奇異的生命韌性。

這就是大革命歲月飄在法蘭西如影子的夏多布里昂（「老人是陽光下漂泊的影子」，艾斯希爾《阿加曼農》），我想用他引述過的這一句詩來結束這趟閱讀——

「只剩一線日光在一個維納斯的額上逝去。」

《寬容》・房龍

為什麼要讀《寬容》？

這裡，我差一點動用「必須」這個詞，但想想還是忍下來——也許並沒有非讀不可的書（願意的話，我們在其他難以數計的書裡也可學到寬容），但一定有非做不可，非遵循不可的事。

有人反對人得寬容嗎？

說真的，寬容並不難懂，甚至還不難說，漫漫人類歷史，其實也沒見誰直面的駁斥，那些不寬容的人，頂多只是狡猾的擱置它繞過它，假世故的、假務實的，說它太美好太高冷我們這會兒還講究不起（還總帶點如此的嘲諷）；但，寬容的確真難實踐，屬那種人的理智和人的行為相距最遠的東西，這說明它極少生物本能的成分，人必須勉強自己。

房龍講，寬容，來源於拉丁文 tolerare，意思是忍受——所以其來已久，人知之已久。

我自己，年少歲月第一次讀就記得的、攜帶著的則是這番話：「為什麼？我們異教徒和基督徒不能和平相處？我們抬頭仰望的是同樣的星辰，走在同一塊土地上，同在一片蒼天之下。為了探求真理，每個人選擇自己的道路又有什麼關係？生存的奧妙非常深奧，要找到答案，通向答案的道路也不會只有一條。」

多年來，這番話在我腦中也始終伴隨一個畫面：打不動了，兩群血戰過後一身傷痕的人們，頹然的雜坐下來，不約而同的看向天空，忽然被無際無垠的星空抓住了——

這話其實是四世紀羅馬帝國當時敘瑪庫斯這個人寫下的。所以，至少已一千五百年以上有找了，我們（儘管好像什麼都在進步）難能說得更多更好，這也就意味著，於寬容，我們幾乎可算毫無長進。

之所以有這番美麗話語，是宗教衝突的緣故。彼時開始掌權的基督教反過來要迫害別人，把羅馬人的傳統信仰逐出，也把原本寬容的羅馬帝國帶入無法回頭的不寬容時代。而這將不是唯一的一次，這是人類宛如掙脫不開、醒不過來歷史的噩夢的（又一次）開始。

是以，我記錯了（人的記憶真是個自在的，捉摸不定的東西），這番話沒讓人和平，倒像是一首輓歌，We sang dirges in the dark。

其一

這回，我想多記頌一番話，接續的，一樣是羅馬當時的忒彌修斯說的：「有一片領域，任何統治者都不能在那裡施展權威，這就是美德之國——個人宗教信仰的領域。在這片領域內，強制只能在欺詐的基礎上產生虛偽和皈依。因此，統治者最好容忍各種信仰，因為只有寬容能防止民眾之間的衝突。

而且寬容是一種神聖之道，神本身已明確表明多種宗教的意願。只有神能夠辨明人類用來理解天道玄機的方法，神欣賞各種崇拜他的形式，他喜歡基督徒的形式，也喜歡希臘人和埃及人的其他形式。」

房龍註解：「這的確真知灼見，但人充耳不聞。」

充耳不聞的可不止當時羅馬人而已，時至今日。所以這本書，並非議論式的探索，而是人類歷史，在他溫柔寫成《人類的故事》後，以寬容或不寬容為焦點，再從頭講一次人類的故事，如檢視，如鞭撻，指證歷歷——問題一直發生於實踐。難道說，寬容竟是人類發明出來、卻永遠無法真正得到的那種太過美好東西，就像人發明出天堂那樣？

我想，先讀了《人類的故事》、尤其《聖經的故事》的人，必定駭異，甚至想察看一九二五年當時究竟發生了什麼刺激大事。《寬容》此書，幾乎從頭到尾嘲諷，且語多嚴峻，已到他老紳士優雅教養的極限了。我們這也才曉得，原來他稍前說人類、說基督教，不過才四年前、兩年前，多麼留情，「歷史就像巴吉豪特說的，應該像林布蘭的蝕刻畫，把生動的光輝灑在最好最重要的事情上，至於其他的，就讓它們留在黑暗中，別去看他。」

人類歷史進展還真的沒讓房龍「失望」，再十年，歐洲東邊有莫斯科大審判，一次兩次三次如趕盡殺絕，西邊則出現由民眾投票選出來的納粹政權，前所未有的極權國家正建造中，且持續輸出世界各地，人的彼此不寬容又一次拔高到駭人的高峰，取得更強大的形式和配備；跟著，就是地表涵蓋面空前、死更多人、且平民百姓死亡比例更高的二次大戰。他預見了嗎？我們看到書裡這兩句：「這本書有開頭，但結尾在哪裡？」這是不喪失勇氣的書寫者最沮喪的話語。

也就不奇怪了，為什麼這本書流水般的歷史敘述嘎然止於十八世紀北美洲，少了一百五十年（按理，他應該寫到他已眼見的一次世界大戰吧）。人類歷史，瘋子的日記本，慘不忍睹。

就是這樣，以「寬容」為名，說的話卻前所未見的不寬容（甚至如此疾言厲色呼喚：「打倒不寬容，讓我們全部寬容起來！」）。但我喜歡房龍這樣的不掩飾（或說無法掩飾），這意味著他要講得較徹底，要我們必要的想更多事，更靠近事實真相；於寬容，一直，我們總賴在某個軟綿綿的，一廂情願的迷思裡。

「凡是為寬容而戰的人，不論彼此有什麼不同，至少有一點是共同的——他們的信仰總是存在著懷疑，他也相信自己是正確的，卻又不會太絕對。」這話直接讓我想到也總是慈眉善目如長者的台灣自由主義大師錢永祥，也莞爾想起老錢幾乎一模一樣的罕見動氣。老錢最氣人們把自由主義誤認為那種你好我好大家都好、彷彿世間無一事一物需要堅持的相對主義。不，自由主義者是很激烈的，是以窮究到底的，爭是非對錯，爭善惡，不僅爭辯信念原則還爭動態的、流變不居的事實，不輕易收縮成某個快速的單一信仰躲進一己人心裡。正因為爭辯如此激烈，如此必要，如此非持續不可，所以可需要宣告自由，以為前提，以為終極保障——所以自由主義不同於那種××主義，自由主義者只有自由這個非結論的、不成其為主義的主義。

相信自己是正確的，卻得在這個正確轉向真理時，硬生生在最後一刻剎住如驚醒，一次又一次這樣，直到這成為一個信念、一種習慣；回想起自己生而為人的種種限制，回到難以窮盡的廣闊現實世界。

這種剎車通常並不愉快。

而更不愉快的極可能是——當這個信念普遍化，及於所有人，成為某個莊嚴的誓詞，成為律法，絕大多數時候你因此聽到的是人不入流的胡言亂語（所以小說家馮內果曾仿製了一個禁止標誌，要人們「禁止胡說八道」），還不斷看到人們利用這個莊嚴的保護編造謊言傳送謠言八卦。你是護衛這個？或者說，你護衛著一千句胡話謊話任它流竄傷人，只為得到一句有意義的思辯話語（這一千比一是否樂觀了？）？你確定這一句不會淹沒於如此喧囂之中？

所以可想而知，一九六〇年美國著名的蘇利文案，大法官最終決議，即便誹謗依然受憲法第一修正案的保障。做出這一決定應該很難受，憑他們豐碩的司法經驗，也必定預知這會一併保護了多少不值得保護的人和言論。在安東尼．路易士所寫的《不得立法侵犯》此書中，便追蹤了日後好幾樁悲慘實例，無幸的受害者因誹謗八卦而家破人亡，被第一修正案保護而家破人亡。

「你說的話我並不同意，但我願意用生命保障你說話的自由。」我說過，我比較喜愛的是比爾．布萊森的生動版本，咬牙切齒版本：「你講的屁話我半句也聽不下去，但我願意用生命保障你當個十足混蛋的自由。」

仔細想一下就知道，自由和寬容幾乎就是同一物，只是我們此時心想的事不盡相同、因此注視的點稍稍位移了而已。所以《寬容》此書的序文，先講的就是自由，人的自由以及因此才可能獲取的更好世界，房龍藉一個虛擬的原始部落故事，試著告訴我們，只有寬容，人才有自由，因此茲事體大。

同理，於寬容，我比較喜愛的也是這個人性版本：「忍一時風平浪靜，退一步愈想愈氣。」

房龍跟著這麼寫：「如果我就這麼說野蠻人是最不寬容的人，並非是要侮辱他們，……在他們所處的環境中，不寬容是理所當然的事。」——我想，房龍要指出來的是寬容的某種最困難處境，人自救無暇，尤其人和他人處於一種零和的、你有我就沒有的狀態下，人第一時間（而且通常是沒盡頭延續下去的第一時間）會做的，求生本能，恰恰都是和寬容完全背反的事，攻擊、驅逐，殺戮，斬草除根云云；但這是否也說，寬容並非生物本能性的，不同於其他高貴德行，我們惚兮恍兮似乎還可能在自己身體裡找到某些蛛絲馬跡，某些低聲呼應（如孟子奮力抓取的惻隱之心云云），不管是不是我們一廂情願。寬容觸犯著考驗著太多「人性」，人很難自然的想、發生，它比較像是外部來的「教訓」，殺不動了，兩敗俱傷俱殘心想這所為何來，人發覺自己的荒唐和愚蠢了，乃至於，人困而知之，付了慘痛代價因此變聰明了些許，眼光放遠的可以看清更完整的利害，看見世界原來這麼大這麼空闊暨其種種較美好可能，縱馬南山之陽，放牛桃林之野，人不該如陷腳泥淖的困這裡爛在這裡，人得設法讓自己恢復自由才行。是有些詭異沒錯，在如此人最不易寬容的處境裡，寬容竟然是人（唯一）能掙脫此一困境的路，不，是一道得一路披荊斬棘才走得出去的小徑。

「野蠻人實際上正是身處惡劣環境中的我們自己。」——我很喜歡房龍這讓人清醒的話，所以我們也不過是生活「暫時」過得還好還安全的野蠻人。

不怕多說點實話下去。但是，只有兩軍基本上實力伯仲，極大機率兩敗俱傷，人才願意（但不必然，有個詞叫「死磕」）彼此寬容。若小大懸殊單方輾壓，且不管輾壓一方仍得付什麼沉重代價，我們看到的通常是更為殘酷的不寬容，如又一次陷進那種醒不過來的噩夢。災難之後，並不一定跟來寬容。

再多幾句實話。如果我們像房龍這樣再走一趟人類歷史，也同樣能看到這一近似荒謬的真相。寬容的好時光總是短暫，無法保存無法堅持。更多時候，寬容並非來自人的普遍「醒悟」，而是得自於某些奇奇怪怪的人和現實交錯縱橫，包括無能，包括明智或說狡獪的權力策略。像是十六世紀上半的波蘭，房龍告訴我們，這個總是最保守的不幸國家，居然成為當時歐陸的避難所，保護了全歐因宗教信仰飽受迫害的人，但這是因為，「波蘭這個共和國很長時間都是歐洲大陸上管理最糟糕的國家，可謂臭名昭著。」這讓我想到我自己親身經歷的台灣解嚴前後，一樣來自無能怠惰，以及對自身政治信念的不相信不堅持。今天人們急著修改歷史記憶好迎合新掌權者，把它說成如極權如暗黑長夜，但歷史記得，那絕對是一段遠比日後民進黨當政更寬容更無禁忌的歲月。

但怎樣？那樣子的波蘭就是保護了存活了這麼多人，這是實實在在的；或說德國的腓特烈大帝（他於宗教倒真的寬容，但更因為他志不在此），房龍說他給了歐洲整整三十年時間「第一次感受到幾乎完全的宗教自由」，三十年，人可以大大喘息，可以心無恚礙的思索談論，可以多少積累些好東西以抵抗來日的風暴，不珍貴麼？

誤打誤撞的寬容，不得已的寬容，以及，如此得之、存之都不易的寬容。

寬容勉強，而且難得，我自己的想法是，所以就別再要求它得伴隨笑顏，像雞湯文雞湯智慧那樣輕飄飄說話。人寬容，至少得努力克制憤怒，克制仇恨，克制恐懼，克制據說是生命最大驅力、最難克制住的自私之心（以上種種俱是生物性本能），已經非常非常為難了，就不要讓它變得更難。讓寬容就是寬容，能寬容多久就多久。

這裡，便碰到這個較高端。甚富意義的疑問：所以要原諒他們嗎？——房龍顯然也察知這個，他只如此簡單處理：「法國有句諺話——知道一切就是寬恕一切、這似乎過於簡單，我想補充一下，把這句話修改成『知道一切就是理解一切』。在很久以前，仁慈的主寬恕眾人，我們還是把寬恕之職留給主吧。」

甚至不必原諒。這的確最為難，特別是對那些用心高貴的人，因為諸神衝突，是非善惡，仍是非常需要堅持的東西，一邊務求線條清晰，另一邊則得抹平得遺忘得放手，讓世界鬆軟。在這樣極不舒適的衝突裡，寬容的確有著較多的現實理性成分，無法任情盡性，總奮力尋找某一也許永遠無法放心的「寸界」，也總是在是非善惡窮盡稍前一刻鬆開，不論是基於悲憫（人生命中最終的那點悲憫如物傷其類），或因為深刻知道這無法真正窮盡，如李維-史陀講的，「知道在哪個點適切停住，這是人明智的判斷。」

要說仍是妥協，也是竭盡所能讓妥協極小化。

我笨拙的一個一個人想，那些我了解較深，以為最激烈窮盡是非善惡如不饒人、但根本上終究不改寬容的楷模之人（比方葛林、比方納布可夫……），我也自省到此為止的自己。做得到的，至少，是非善惡總是具體的，有其特定的人事時地，所以它可以「包裹」起來，不讓它泛溢出去，不胡亂延伸使用傷及無辜，不追加多餘的懲罰和報復，不扯謊不造謠把你以為有其他理由必經懲罰他的人扯進來云云。

歷史現實裡，我們求之不可得的寬容，也不過就是這樣。

其二

房龍重述人不寬容、人迫害人的不堪歷史，依強度、依字數比例，彷彿仇大怨深的向著基督教而來。當然，這相當程度是歷史既成事實，但還是可以問為什麼？

我這麼看——

房龍把不寬容分為三種，出於懶惰的不寬容，出於無知的不寬容，以及出於自私自利的不寬容。這大致是可靠的，房龍進一步說，第一種不寬容相對來說較無害。第三種「實際上它是一種嫉妒的表現，就像痲疹一樣普遍」，這讓人有點無奈，當然仍得設法限制它（尤其在某種集體匱乏的生存資源爭奪時刻會變得很可怕），惟更多時候這毋甯像是個前提，像人生命的一個「常數」，必須在每一次具體的寬容要求時審慎的列入計算，並找尋和解之方。房龍以為最嚴重的是第二種，「無知的人僅僅由於他對事物的一無所知而變得極其危險」，「但是，他如果為自己的智力欠缺找尋藉口，那就更可怕了」，所以這也是人最有事可做的一種，並自自然然併入到文明曙光時日人求知、人尋求更美好生命樣態的覺醒之中。

循此，若純概念的來推想，應該可以樂觀。畢竟人的無知由黯而明是正向進展的，陌生的會逐步的、一個一個熟悉起來，既是理解，也是習慣其存在。這樣，首先去除掉的便是恐懼，而恐懼正是人無知的第一個火藥庫，如困獸之鬥，可以是至死方休的。此外，我們應該也可注意到，早期的各處文明進展，對於人的自私自利之心皆是抑制的，從集體利益想，也從個人的品質想，抑制到甚至令人不安，感覺過度了虛矯了異化了。自私自利之心的首次正式解放，除罪化，得等到十八世紀亞當·史密斯寫出了那本《國富論》。

歷史粗略看也大致如此走向，人類世界的建構搖晃的、進進退退的前行，如房龍指出的，到羅馬帝國時成果令人欣然，尤其宗教寬容——羅馬人務實，不鑽宗教的牛角尖，而且，羅馬人信仰的基本上是改了名字的希臘諸神，這是泛靈的、世俗色彩很濃的信仰，諸神喜怒無常如大自然但十分親切，他們的思維和情感甚至和一般人無異。主神宙斯，房龍說他確實是通情達理的，而且，「最主要的是，他有幽默感，並沒有把自己或他的天國看太重。」這話說得好，《聖經》裡的耶和華便毫無幽默感（除了〈耶拿記〉少許），這是巨大缺憾。

「在古希臘，對真理和謬誤從未有過條例森嚴的規定。由於沒有現代概念中的『信條』，也沒有嚴酷的教理和靠絞架推行教義的職業教士，各地的民眾都可以按照自己的好惡來修改符合自己需要的宗教思想和道德觀念。」

得鄭重澄清一個歷史誤解。宗教寬容的羅馬帝國的確「迫害」了宗教不寬容的基督教（不覺得此一事實頗怪嗎？），據說兩位最重要的使徒也因此死去成聖，一個是承接耶穌權柄的彼得，一個是承接耶穌智慧的保羅。但事實真相毋甯是，所謂對基督徒的迫害一開始應該只是司法判決及其量刑，具體針對某個大敵當前拒絕服兵役、詆毀土地法、不停叫囂鬧事要拆掉神廟神像的人云云。想想，就算二十一世紀今天台北，某個基督教會什麼法律也不服從，且天天聚眾要拆除（不時真的動手）所有的傳統廟宇、佛寺、道觀和清真寺，乃至於衝進人家搗毀祖宗牌位，我們對這些人作何感想？我們可以寬容但還是依法究辦是吧。不依不饒的基督徒一路把衝突推高到不可收拾，最終也確實遭鎮壓、迫害。儘管如此，房龍還是合理懷疑其迫害的強度、廣度和深度，畢竟，日後這段歷史記敘是由獲勝當權的基督徒寫的，他們有諸多超越事實真相的需要。「我們不禁納悶，一個屢遭殘酷迫害的宗教究竟是怎麼存活下來的？」

這段歷史，房龍在《人類的故事》裡這麼寫：「接下來我們要講的是，一個馬槽和一個帝國的戰爭，奇怪的是，馬槽贏了。」如講述一個美麗神蹟；如今，在《寬容》裡他說的是：「基督教雖然生於馬廄，卻在宮殿中結束。」如追蹤下去並講出更多事實。

也可以說，不寬容贏了，逆轉了此一珍貴歷史進程，且持續了一千年，整整一千年。

但這一千年人類終究挨過去了不是嗎？基督教會大體上也退出了凱薩的領域，只偶爾在某個特定議題作點怪（比方同性議題）。寫《寬容》，已一九二五年了，如此重掀基督教會的黑歷史做什麼呢？是真的讀書意不平？還是房龍有所察覺有著煩憂？感覺此一歷史風暴並未終止並不真的停歇，人在歷史災難裡學到的不盡然是教訓而是種種詭計。

我們從「無知／不寬容」這條線再追一下。無知緩緩由暗而明如人智漸開，但基督教快速的創造出一個全知的一神，在那樣一個人仍普遍所知甚少的年代。道理上，高高在上看著人一切的神什麼都知道這沒毛病，毛病在於，人「竊取」（抱歉，用了這麼重的詞）了神不可讓渡的全知，把自己極有限且極可疑的種種認識認知，轉換為神的親口話語，快速創造出一大批全知的人，所以，教宗的話完全正確，所以，葛林嗤之以鼻指出「教會有全部答案」，所以，世界上只有、只需要一本書叫《聖經》，其他的書皆當拋棄甚至焚毀。

不是咬文嚼字，不是噁心的套用某種句型。人原只是無知，但這麼搞比無知還再加一大個無知，一種更糟糕、且再難掙脫如牢籠的無知——那就是一人連自己無知都不再知道了。

用我們稍前的講法是，人從自認正確轉向自認貴據真理之前，這個最重要的。如煞車裝置的清醒消失了，所以寬容進不來，唯一正確的幻覺把其他所有人都視為犯錯、犯罪、甚至於不止如此。

幽靈般，這樣的全知離開了神，飄蕩於歐陸空中，可以存活嗎？——接下來的歷史問題是這了。

渥特．本雅明最後一部如遺言的著作《歷史哲學論綱》（已成定名了，很土氣但只好用之），坦言此一事實——借助歐洲十八世紀的著名魔術裝置「土耳其棋弈木偶」，本雅明指出，當然不是木偶下棋，而是躲在木偶裡操控棋局的侏儒，這個侏儒才是棋弈大師。而今，這個木偶名叫「歷史唯物主義」，躲它裡面真正下棋的是神學「這個蒼老且醜怪的女僕」，神學女僕讓唯物主義「戰無不勝」。

「本雅明你這瞎說什麼大實話？」（借用大陸年輕人愛用的此一句法）——是有點尷尬沒錯，因為馬克思本人明言宗教是「鴉片」，本雅明這簡直是把唯物主義的偉大人民革命講成另類的鴉片戰爭了。所以有關《歷史哲學論綱》這一宛若沉船桅杆傳回來最後信息的著作，尤其華文世界裡，大家集中討論的總是遠較模糊（或詩意），更像來自猶太神祕教義，那個被歷史暴風倒退著悲傷推入未來的新天使（不覺得和馬克思的進步歷史描述也幾呈背反嗎？），略過這個其實置於全書卷首、我以為才是論述起點也解釋更多事的神學木偶；甚至，我注意到某些華文譯本「為賢者諱」的精巧節譯了，還更精巧的改了、微調了修辭。這樣，究竟算寬容了，還是不寬容其言也哀的本雅明？

但沒事的，問題不在於唯物主義，而是神學，或直說是此一全知且排他的思維，它可以藏身各種木偶裡，比方納粹乃至於今天的美國共和黨，比方日本那些曬太陽旗、放軍歌吵死人的極端右翼；它可左可右，可以在髒亂的民族主義裡，也可以讓乾淨的科學變成絕不科學的科學主義（史賓塞醜陋的達爾文主義算不算這樣？真正的科學家都知道自己懂多麼少、宇宙中多小的一塊，並且不輕易踏出自己限制重重的專業一步）。當房龍指出，如果說「不寬容」這個詞幾乎完全和「宗教不寬容」同義，這說的是表相事實，也同時直指這個隱藏的核心思維。

更新的進展是——全知且唯一正確，生出戰無不勝的力量，我們把前後因果弄懂，此一現象便成為詭計。這很容易察覺，更容易執行所以很快的遍地都是，想要這個戰無不勝的宗教力量，你只要不顧一切不管顏面的把話說大說滿、說成唯一正確。

「一條小船把保羅和巴拿巴從亞洲送到歐洲，帶來了希望和寬容。／但是另一個乘客偷偷溜上了船。／它戴著聖潔和美德的面紗。／但面紗下的嘴臉卻是殘暴和仇恨。／它的名字是：宗教的不寬容。」

所以這個巨大的不寬容也就不隨著基督教的千年統治消失。包括像是基督教本身的反省和改革，最富現實成果的無非是路德和喀爾文，但歷史真相如房龍說的是，「宗教改革實際上就是一場戰事。沒人乞求饒命，也沒人會饒別人的命，喀爾文創建的國度實際上是個軍營。」路德至少還試著開明，說人不應該把自己的邏輯體系強加於上帝，說燒死異教徒（不只是不信基督之人，更直指所有以不同方式信基督的人）是違背聖靈旨意的行為，惟僅限於他尚未強大掌權之時（「日後卻燒死了理論顯然比他更高一籌的敵人」）；喀爾文則直接就像舊約走出來的人，以利沙或以西結那種的，他的教義和手段彷彿耶穌從未來過，也正是他這支信仰教派，日後進入英國再進入新大陸，在舊教逐漸鬆弛世俗化時，硬生生把宗教法庭宗教迫害延長百年時光，至今在美國南方仍餘音裊裊，仍禁錮著民智。

「這便是政革運動的悲劇，它無法擺脫大多數支持者思想上的桎梏。」房龍如此指出，之前只有一個至高無上的當權者（羅馬教廷），現在卻變成兩大個，乃至於湧現出難以數計的小當權者，每一個都想按自己方式專制，他們唯一相同的，就是都非常仇視跟自己意見不同的人。唯一正面的效應是，不只一個的「唯一正確」相當程度瓦解了單一的神聖性，遂在不同的監獄之間形成了灰色地帶，房龍稱之為人「精神上的無人區」，在這裡，人得以喘息，得以自由思考。

然而，宗教的不寬容終究已成落日餘暉了。於寬容，歷史的新課題是此一神學式的唯一正確如潑散開來，不只進入唯物主義而已。

《寬容》一書的末章，這段歷史走到一九二五年，他做出這樣的暫時總結：「然後大戰爆發。／世界發生了很大變化。／本來只有一種不寬容的制度，之後又有了十幾種。／本來人對同類只有一種形式的殘忍，現在有了幾百種。／社會剛開始擺脫宗教偏執的恐怖，又不得不忍受更多讓人痛苦的種族不寬容、社會不寬容以及許多不足掛齒的不寬容。十年前，人們甚至沒有想過這些不寬容形式的存在。」

房龍停在一九二五，如果有人想找本書繼續讀下去，我會推薦漢娜．鄂蘭的《極權主義的起源》。當然，鄂蘭的論述厚重多了難讀多了，閱讀者更需有所準備。

Totalitarianism，極權主義，據說這個字首次出現，很巧，便是一九二五年。

其三

「正如歷史上經常發生的情況一樣，平民百姓的寬容精神並不如統治者。他們生活貧困，不一定就是品德高尚的人。」這番話，房龍當個常識般一早就直說出來（第三章，〈禁錮的開始〉），這一再發生，現實指證歷歷，卻直到十八世紀以後才被認真對待，做為一個歷史通則，或做為一個重大的現實警言。托克維爾、小彌爾、乃至於我們才說過的夏多布里昂，他們在光芒萬丈的法國大革命途中，深刻看到這陰森、恐怖的一面。

平民百姓個體的不寬容或不足為懼，但這些個體會匯集為群眾。《烏合之眾：大眾心理研究》，法國心理學者勒龐的著作，一八九五年，有華文譯本，值得一讀的書。

也許有更簡單的認識方式。今天，任何想確認群眾比統治者不寬容、聲嘶力竭喊打喊殺的人，只要上個網去看海峽兩岸網民的交鋒發言即可，總想盡辦法把話講到最難聽、最沒教養。所以頂好只一眼掃過，沒有內容，不可能有任何啟示，只有像是某種毒癮上身的人才一再回頭加入，沉溺其中；多看兩眼，只讓人沮喪，對人更失望，威脅你的寬容之心，也威脅你對人類自由民主的必要信念，如二千五百年前雅典的柏拉圖。

把群眾認真愛個寬容難題來思索，總會第一時間想到蘇格拉底之死（如漢娜．鄂蘭），這當然絕非歷史首例，但確實是最刺激人心、最沉甸甸壓人心頭的悲劇，不設法恰當的解開，人會不相信很多值得一信的東西。

希臘城邦，或就說最光輝的雅典、愛奧尼亞，奇花異草般原是最早的自由、寬容典範。但讀政治學、社會學的人都知道，這是初級階段，也是很脆弱的，此一自由寬容係生於、成立於某種自然基礎之上，即托克維爾所說的，小國如希臘城邦這種 size 的，如此互不隸屬、個體崢嶸發展如野花野草生長的「初級民主」正是其自然狀態。但不可能稍長時間停於這個階段，歷史前行有各種考驗各種要求，包括托克維爾無情指出的，滅亡的威脅永遠是小國的宿命難題。順利的話，它會擴張並層級的建構起來（比方日後的羅馬帝國），但這是很緩慢的政治工程社會工程，得記住，容易先到來的是，個體的群眾化，每一次或大或小、或真或假的危機都是聚合力量，而危機正是任何地點任何時間的人類社會最不虞缺乏的，必要的話，也容易製造，就說台灣這最近五年（二〇一七—二〇二二），我們便人工的製成了多少回滅亡危機，以至於「芒果乾」（亡國感）居然成為生活日常詞彙。

審判、毒死蘇格拉底的正是雅典群眾。今天，我們花一點點時間（比看一場球、一集韓劇短的時間）重讀一次蘇格拉底的申辯全文，必定會再次看到這個——德爾斐神諭說，蘇格拉底是最智慧的人（這間接成為蘇格拉底的罪名，由此講他不敬神明並敗壞年輕人云云，可見群眾妒嫉之心的可怕）。但不相信自己最聰明的蘇格拉底，遂找到一個一個他認為更聰明的人談辯驗證，最終，蘇格拉底說，我發現我的確比他們聰明，因為我比他們多一個智慧，那就是我知道自己無知。

怎麼看，這都是一篇樸素、親切，試圖講道理的申辯文，但不會有用的，如卡西勒在他《國家的神話》書裡所說的，道理攻不穿它，哲學攻不穿它，三段論攻不穿它；我們甚至還知道，就連科學都打不穿它，就像今天美國仍有一組為數驚人的群眾要求立法禁掉演化論，學校應該教小孩《聖經》的創世論；就像今天台灣，最終仍有近百萬人反科學的堅信高端疫苗，且不以無知為恥。

審判耶穌的也是群眾。他們選擇釋放真正的罪犯巴拉巴，堅持用十字架釘死耶穌，辜負了羅馬總督彼拉多的善念，以及他為猶太群眾精心鋪設的最後下台階（〈馬太福音〉：彼拉多見說也無濟於事，反要生亂，就拿水在眾人面前洗手，說：「流這義人的血，罪不在我，你們承當吧。」／眾人都回答說：「他的血歸到我們和我們子孫身上。」清清楚楚，彼拉多稱耶穌為「義人」，但日後諸多基督教會仍把罪名賴給他。罔顧事實和公然說謊，也是群眾的兩個不變特質）。而耶穌背著十字架走上各各他（髑髏地）刑場，一路上譏笑他侮辱他傷害他的也是這些猶太人群眾。

群眾的聚集，十八世紀末法國大革命是最重大的歷史節點，至此脫胎換骨——它得到進步意識的支援並引為盟友，進一步得到道德豁免甚至擁有了難以冒犯的道德光環（尤其日後強大的左翼思維），且從此舒舒服服活在自由民主的羽翼之下，這個最不寬容的力量遂一直得到最大的寬容。房龍的說法是，法國大革命「將暴力神聖化了」，便是在這裡，托克維爾等少數人看到了極權主義的歷史胚胎。但看到了又如何？除了小心翼翼說它兩句？——比較悲傷的是，二〇二二今天台灣，許多人連講它兩句都不太敢了不是嗎？由執政者直接餵養、操控、驅使的網軍群眾，才是台灣這些年真正的「護國神山」。

和君王的層級性統治不一樣，現代極權體制根本上是「反體制」的，它的真正面貌是，夷平一切，摧毀中間，剩一個教主人物，和一望無際原子般、棋子般的群眾——這仍可溯回神學，溯回基督教。房龍說：「基督教是第一個實實在在宣導人人平等的宗教。」這原是正當、覺醒的，或直說就是福音，讓人找回自己該有的、原有的東西。但世路多歧啊，善意鋪成的路也可能岔向地獄。此處有個值得一記的歷史現實通則，人最美好，且看似最自然的主張，如平等，如民主，如生而自由，往往有著最嚴苛的現實條件要求如同某些需要細心照料的精緻作物，要不然為何他們總在某種「歷史末端」才現身、才堪堪成立？所以，說成是人的天賦之權，其實是我們需要它們，且全無保證；是我們得認真護衛它們，而不是說了它們就會自動保護我們。

我想起盧梭那句型漂亮的名言：「人生而自由，卻處處發現自己在桎梏之中。」在現實撞得頭破血流、懂得遠比他多的赫爾岑嗤之以鼻：「這好像說，魚生來是要飛的，卻處處發現自己只是在游。」

但人類世界不得不層級的建構起來（馬克斯・韋伯對於這個「不得不」有極陰鬱、近乎絕望的憂愁），這和君不君王可以完全無關。這也許比什麼都自然，人類每一處文明、每一個社會都這樣，只因為這就是事物（仔細想，其實包括生物構造的演化，從單細胞開始）進展的形態，也是專業的形態；人類社會得層級的編組起來，才能留存得之不易的學習成果，也才可能極大化的使用人其實極有限的力量暨其資源、材料。如今，二十一世紀了，此一「不得已」更不得已了，只因為得在變得如此之小的地球養活八十億人口還得養得好（你讓每個人降回生物性的基本攝食水平試試看？沒手機都跟你拚命了）。夷平層級，回歸那種返祖的自然生命形態，生物學者簡單估算，其躲不掉的前提是，人口數降回到六千五百萬左右，可以嗎？

我這樣一個有著某種無政府靈魂的人，說這些話，說真的，有點痛苦。

還有，事實證明（遠先於理論，理論不情不願），層級系統相當程度的、實實在在的分權，因為專業存在的緣故。在垂直性的層級中，專業圍出了一個個有限但有效的空間，在這裡，人有機會用道理用是非對錯抵擋、說服蠻橫的權力，甚至擁有著一些自由，當權力無知、懶惰以及酣睡之時。對垂直性的權力而言，這每一層級都是一處迴旋，一個緩衝，甚至一個減速剎車機制。是以，層級性的君王體制，在那樣沒立法終極限制、把權力說成天授理論上可大到無限的年代，始終無法把權力極大化，遠遠比不上我們正對權力高度警覺、防範時日的現代極權主義。

最後，我們來看這個，房龍所提出的大貝莎巨炮──「但有哪一個比發射大貝莎巨炮更荒唐？」我猜，房龍敏感的察覺這個新發明新武器的大有歷史文章，但還不真的知道會怎樣，他甚至有點「想錯」方向了。如果他知道此物的可怕暨其日後的陰森森歷史，他會收起他那一點莞爾的笑容。

大貝莎巨炮，最簡單說，就是那種射程極遠的大炮，重點不在它的威力，而是，發射者看不到彈著點，更看不到他造成的破壞和傷害：「操控大貝莎巨炮的弟兄們生活在一個奇怪、虛假、孤寂的世界中。」

證諸日後歷史，我們可以把大貝莎巨炮當一個模型。對傷害者而言，它解除了人最後一道脆弱但依然極其珍貴的防線，那就是人當下先於思維的感官反應。我們都曉得，惡之欲其死的恨一個人，和面對面手刃他開槍射殺他，是完完全全不同的兩回事。而二次大戰亞洲區的收場，投廣島的原子彈小男孩，一次殺死二十萬人，投長崎的原子彈胖子，一次殺死四萬人，但從杜魯門總統到執行的機組員，沒人真有愧疚之心（有也是事後應景式的），沒人看到自己所殺的人，當下看見的只是一朵巨大無朋的蕈狀雲，壯觀，美麗，奇景——我只是按了個紐而已。

歐洲區，納粹意圖一次滅絕猶太人的「最後解決」，死者人數更達好幾百萬，但也沒誰有什麼愧疚負罪之心——我只是造名冊而已，我只是安排列車運送而已，我只是關個門而已，我只是按了個鈕而已。

史大林名言的另一版本——殺一個人是悲劇，殺幾百萬人就只是數字而已。

事實上，依紀錄，納粹當局很快就發現，那些忍不住同情、心懷悲憫的人絕不能用；更精采的是，那些快樂殺人的喪心病狂之人也得排除。這兩種人都撐不久，「最後解決」需要的是那種沒情緒、只負責按個鈕的人——迫害、殺人「進化」到無需激情無需仇恨，人人得而為之；而且從假日狂歡的形式，轉換為每天每時的日常工作。

著名的阿道夫·艾希曼審判，一九六一年，負責報導的漢娜·鄂蘭駭然發現，這個世紀大屠殺的主持者，並不是什麼惡魔，反倒是一個極度沉悶、普通、平凡得可怕的人，平凡到感受不到一絲絲變態和殘酷的氣息，也似乎對猶太人沒什麼恨意。但就是這麼個平凡的人，沒有惡念，卻做出人類歷史上最邪惡的事，成了新形惡魔——從艾希曼，漢娜·鄂蘭提出她著名但陰森的「平庸的惡」之說。

大貝莎巨炮模型，我以為，還有再更進一步的演化。

美國的校園槍擊案，如今已從駭人新聞變成了經常性新聞，我印象極深，大概此生不可能忘記的是，其中一位 teenage 殺手，警方不可思議的指出，他幾乎每個受害者只發一槍，這連訓練有素的射擊老手都做不到。面對真人目標，執槍者仍必定是緊張的、激動的，也通常持續射擊打光子彈直到目標倒下完全沒有威脅了為止。所以，這位才多大年紀殺手的極度沉靜冷酷，應該難有其他解釋，這來自電玩，電玩射擊，你必須節省每一顆子彈，以及時間，擊中，立刻轉向下一個目標。

不再是物理空間隔離，而是把人目標化，真實的人成了二維的擬真圖像，我仍然只是按了個鈕而已。

房龍講的最好的是這一句——如今的群眾，「生活在一個奇怪、虛假、孤寂的世界之中」。

其四

此時此地，我們幾乎人人都有一門大貝莎巨炮。電腦鍵盤，以及手機——匿名，遠距，且更容易的隨時呼朋引伴，執行砲兵要求摧毀目標的同步威力射擊，稱之為出征，或叫灌爆。

我「有幸」親眼目睹了類似漢娜．鄂蘭在耶路撒冷看見的圖像，就在我每天書寫的咖啡館，隔壁桌——五個人，其中，耐心講解吵個要死的那個大概就是所謂的（小）網軍頭子，攤著傳說中的梗圖，另四位，清一色宅男模樣，兩眼昏茫如難見天光，高情商稱之為平凡，低情商則直說是愚蠢。艾希曼答辯時還說得出康德和他的「無上命令」，這幾位則連自己要效命的政治人物都認不得幾個，問出來的問題會嚇死你（諸如「可是孫中山他不是殺人魔王嗎？」這種的）。但我相信他們能立即上線完成任務，不就只是按個鈕嗎？

想想台灣這些年係由這種人決定，重大政策、是非公義、歷史命運抉擇云云，乃至於下列小到水果外銷，不寒而慄。

這一生，我所在的六十年，此時大概是民主政治評價最低落的一刻了，幾達棄之毫不可惜的地步，其令人悲傷。施行民主的國家嘲笑它甚至自認倒霉，不行民主的國家不再欣羨更加嘲笑它。而且乍看，還真像是它自己搞出來的不冤枉——混亂沒效率這是老把柄了不多說（我自己毫不認為這是民主大病，這是權力限制權力分散的必要，很多事「快速」才可怕，如已故艾可在《玫瑰的名字》中說的）；選出的領導人一個比一個難看如開玩笑（包括文化底蘊如此厚實的英國，曾以為首相梅伊已是下限）；和財富力量的勾結共謀日日加深加廣如單行道，而且看似無解；人們對權力的集中毫無戒心還熱烈歡迎（台灣、中國大陸乃至於美國）。當然，這是歷史通則沒錯，即災變困阨時日權力總是內縮凝聚，人們求救般會交付掌權者更多，但如果說此一因果前後已倒過來了呢？是人為的讓災難發生、持續，好保證權力的集中呢？這些年東亞、海峽兩岸的一觸即發不就是這般？這已經是經常性現象的詭計了，誰都知道了，民主體制要不要拿出個方法來抵擋它、消除它？

我們是有自然天災沒錯，而且巨大迫切，即全球本當與時間賽跑的氣候暖化鉅變，但我們還在擱置它甚至反向而行，我們忙的是那些毫無必要的人為災難，包括不肯讓它結束的戰爭，包括試圖逆轉歷史重返冷戰重返霸權，把全球分工的完整供應鏈碎成片片……

我另一個真實經驗是，也才十年左右吧，偶爾出書去到中國大陸，會一直聽到（也被詢問）有關自由民主的認真討論探索；現在，這一話題幾乎完全消失，錢永祥也證實，他那些自由主義傾向的朋友都閉口了，人們說的是大國崛起，非常興奮。

也許，我們仍可樂觀看待這些，堅信這只是一時反挫（端看我們用多長的時間之尺來想）。說真的，我自己真正憂煩（其實該說討厭）的也可以不是這些，而是——人品質的趨劣，社會品質的趨劣，如大人類學者李維-史陀在歐陸先一步看到的，他說的是「美德的消失」；這已不只是現象了，更像是一道下滑曲線的趨勢。這會和民主制有關嗎？我也因此屢屢想起錢永祥幾年前回應我的那番話，老錢講他這些年想的已不是民主體制云云的問題了，而是價值、信念、規範、素養、道德這些看似不急也急不得的扎實東西。

民主，流傳著這句順口的陳腔濫調：「如果民主出了問題，那就用更民主的方式來解決它。」——除了重申對民主制的堅定信念，這其實是完全沒內容也不打算有內容的話，它的說服（催眠）力量不是道理，而是「句型」，如此漂亮到宛若充滿機巧智慧的句型。

真相在相反的那一端。我以為應該問的問題是：民主為什麼不就是民粹？這明明是它完整實現的模樣；所以，接下來應該問的是，這幾個世紀下來，抵擋著，沒讓民主不直接墜落為民粹是哪些東西？

價值、道德、專業，就只說這三樣最大的。正是這些外於民主、扞格著民主的東西，沉默的、堅定的護衛著社會的品質、人的品質，讓民主完全不同於那種原始的混亂和無序，仍然有是非對錯，有善惡，有承傳和累積，讓思索討論有意義，而不是用數人頭來替代（波赫士說的：「美國人把選舉箱弄成一種數人頭的遊戲。」）。只是，這都是層級性的，和夷平性的民主制有著難以解除的處處衝突，因此，遂也都是這幾百年來受傷嚴重的東西——是的，民主制一直在訕笑、拆毀保護它的東西。

現實總是讓理論驚訝、始料未及，因為現實如此稠密。民主制實踐幾百年了，灰頭土臉的教訓一堆，是早該從那種初級的民主思維畢業了。就像所謂的「直接民主」，曾經被認為是最終極的、最純淨的民主（孫中山直接民主式的、也設定為最高權力所在的國民大會，事實證明毫無用處，托天之幸只是毫無用處），但歷史證明這不是理想，只會是人禍。如今，就只瑞士這個自成一格如置身人類歷史之外的怪國家還如此行。要不要也認真想想，是什麼東西保衛著瑞士濃度如此之高的直接民主不出事？

我們早該換想法了。民主，並非什麼歷史神祕法則使然，更不是自動降臨人間，而是人的選擇，人相信這最公理、最公平、最宜於人居，人拚了命才得到它。但是，民主並不堅固，還滿是歧路絕不安全，人想一直生活在這一制度裡，就得保護它，設法給它健康的生存環境長得好，且時時看護它、修護它，如使用一個並不成熟的產品。

哈柏瑪斯指出，現代世界，追根究柢就是平等的政治和層級的社會的衝突。但這不是個二選一的命題（千萬別是，只選一邊會讓我們痛苦不堪）。兩者的和解，兩者邊界的恰當維持，關鍵在政治民主這邊，它是意識形態強勢的一方，也是攻擊者。民主要進入現代，先得做到這個——面對價值、道德和專業，它絕不能仰仗自己人多，它必須曉得自己無知，從而謙卑（已被台灣徹底用爛掉的一個好詞），聽不懂也要假裝認真聽，久了自然而然會真的聽懂一些。民主思維（尤其核心的平等思維），一定會不斷滲入每一處價值、道德和專業的領域裡，它一定要學會小心翼翼走路，而不是那種宛如闖入瓷器店裡的發情公牛。

再說一次，民主並非自然而然，也別相信它會自動修護。這些年，我好像一直在說民主的壞話，說得自己都要笑出來了，每回我都會想起葛林《一個燒毀的痲風病例》裡那個了無生趣的主人翁奎理，他找柯林醫生爭辯連柯林醫生都不再講的左翼思維，找神父院長爭辯院長都不再講的基督教義，滿嘴譏諷，然而，我竟然是僅剩一個還拿左翼思維、拿基督教義當真的人嗎？——「我竟然是僅剩一個還拿民主政治當真的人嗎？」當然不是真的，真的就慘了。但那些只揮舞民主如一紙符咒，好像這樣就能赦免一切惡行並保衛台灣的人絕對不是。

題目是寬容，但還是不能不說到民主政治。畢竟，在人類歷史試過的政治體制中，民主絕對是和寬容親和性最高的一個——不該再回頭去賭運氣吧，賭你碰到的掌權者是腓特烈大帝還是喀爾文。

在文明的二〇二二年今天如此書寫，我真正的沮喪和房龍一模一樣：「在文明的一九二五年撰寫論述寬容思想的書其實相當荒唐。」——房龍列了三點原因，尤其第三點：「第一，作者和自己定下的題目接觸時間太長，難免會厭倦。第二，作者懷疑這類書一點實際價值都沒有。第三，作者擔心這本書只會被不那麼寬容的同胞當成一個採石場，他們在書中隨便挖幾段簡單的事實就可以為自己可惡的行徑辯解。」

自然的誤讀，以及我們在台灣愈來愈常見的，故意的誤讀，找茬的誤讀。

說個恐怖故事（仿大陸網友的此一發語句）——諾貝爾獎動物行為學者勞倫茲認定攻擊是生物本能，但也因此演化出抑制攻擊的相對生物本能，才得以躲過天擇，免於自相殘殺滅絕。勞倫茲進一步指出，攻擊性愈強的生物，對攻擊的抑制本能愈強大，狼群便是個幾近完美的實例；所以另一面，攻擊性弱的生物便沒發展出此一本能，以至於在同類相爭時反而最殘酷，對已屈服已無抵抗力的同類不會停止攻擊，血肉模糊，比方水鼠就是這樣，以及鴿子，勞倫茲以為鴿子被選為和平象徵完全是天大誤會。說到這裡，大不祥的訊息來了，做為生物，人攻擊力薄弱，也就一樣沒演化出抑制攻擊的本能，但最終「人是使用工具的動物」，人搖身成為攻擊力排行榜的壓倒性王者，已不只核彈了，如今連晶片、天然氣、糧食、肥料云云無一不是攻擊利器，像那種武俠絕世高手，信手拈來，一花一草皆致命。勞倫茲說，人抑制攻擊，只能靠文明靠自覺。或像葛林講的，靠我們原始人祖先不知道從哪裡「演化」來的那個該死的同情心。

寬容什麼時候真正完成、放心、and the world will live as one，大家疲憊的雜坐下來，抬頭看共有的美麗星空？——房龍說他不願扮演預言的苦難先知（「老天千萬別讓我這樣！」），他只說人應該立即做對事情，「為了這一天的到來我們可能要等一萬年，也可能要等十萬年。」

說真的，我自己沒從這個角度看，人類歷史千頭萬緒，總是同時存在各一堆正向逆向的糾纏力量。我們其實有收穫的，比方同性問題，比方膚色問題，明文律法也一條一條增加（不管暫時實踐到什麼程度，「爾愛其羊我愛其禮」），只是，如小說家阿城說的，「每一代人都有每一代人的絕境。」我以為最麻煩的是，我們這代人的寬容絕境，隨著人各種能力各種工具的強大，容易變得極端，變得承受不起，不寬容的代價太大了。

最終，房龍隱約把反抗不寬容說成某種戰鬥，我也有點害怕這樣。

我自己的圖像很不過癮，有蛇尾之感——年輕時，我的老師告訴我，最重要的事總像是掃地，掃過了還是會髒，那就再掃，這是每天的工作。

我不相信完成，更加不相信會在我所剩不多的生命時光裡完成。

快速回想一次小說這東西

應該沒有錯，當前一整個世界持續向著大眾端、通俗端傾斜，這相當恆定，也其勢未止，至於會止於哪裡，則有賴於人的決定，如李維-史陀講的，當事物注定從A向B變化，選擇在哪個點恰當的停下來，這是人明智的決定——但願如此。

李維-史陀毫不沮喪的這段話，說的是「可以」，人不單單只是承受者而已，人在其中有事可做並且仍有相當的決定力量；還曖昧的包括「必須」，人必須加入，必須明智，儘管兩邊大小如此懸殊感覺有點荒唐自不量力，但所謂文化，正是人不斷選擇的成果，自覺或像是不自覺，頑強或像只是順流而下；文化的豐厚更多來自於人不一致的選擇及其跟著的行為、行動，來自於人希望自己成為什麼樣的人，在某個歧路時刻放下了第一顆小石子滾動起來。

這不止文學，這是整個世界的傾斜。像是，很多年了，我們聽義大利三大男高音和藹可親的開始唱各種歌，也看到帕華洛帝和席琳·狄翁、多明哥和江蕙同台云云。我們得意識到文學的外部環境是如斯光景，某種基本處境。文學專業，可能進一步只能更專業，但當然仍在世界之中；文學不是數學，文學想什麼、做什麼乃至於以為自己飛離多遠，世界都在著，跑不掉。

先多講一下世界這部分，畢竟這裡有文學書寫者通常不太樂意多看它的部分，遂一直有點懸著，但這還是必要知道的；很多書寫者以文學為志業，正因　抵拒著這個令他不舒服的實然世界。但不有趣的真相仍是真相不是嗎？你知道它也不見得要屈從它——恆定，這裡我們先確切的稍微模糊它，好讓它沒那麼不可撼動無可商量。波赫士曾說是「疲憊的歷史引力」，或更早亞里士多德乍聽有點天真未鑿的很有趣說法，他講萬物都有它「喜歡」的位置，所以輕煙最終會回到天上，石頭會落到地面。

舉個例，做為人類學者李維-史陀當然也思索人類婚姻、家庭結構，他指出來，人類最終總是走向一夫一妻制，只因為這樣最「自然」，恰恰好就是人類生育1：1的雌雄比例（太多物種便不如此，這無法學也不值得學。當然，我們今天普遍多一種選擇，那就是不婚，管你什麼比例，連根拔起）。我們曉得，特定的時間空間裡會發生種種特別的事，起著不一致的作用，「暫時」改變這個比例，像是一場戰爭（沙漠生存的不斷征戰，形成了穆斯林的多妻制，這原是用心悲憫的補救舉措），或某種對不同性別不對等傷害性的疾病肆虐，乃至於權勢的蠻橫力量硬生生破壞這一「均衡」云云；但我們曉得，特定的事各有它的時間盡頭，時間拉得夠長，會稀釋掉特例讓它如殞沒，讓它的干擾力量漸漸弱下去，水花般不必再去計算。

萬事萬物，都是過去數不清事物的結果，也必將是未來數不清事物的原因。但是，但丁《神曲》給了我們如此一具精采無匹的時間老人像，這具巨大塑像係由金、銀、銅、好鐵，以及泥土所構成，每個部位的材質不同，抵拒時間浸蝕的能耐也不同，最弱的當然是泥土的雙腳（所有的重量竟然都由這最弱的雙腳承荷），果不其然，由這裡生出了裂縫，流出了水，但丁說，這水匯入冥府，就是忘川了，成了必然的消逝和遺忘。多年來，我自己就一直這麼做，在必要對當下、未來事物的變化有所猜想時。眼前事物，在它數不清的形成原因裡，還是可以努力分離出來，原因的強弱、長短個個不同（強弱和長短並不等同，老子便說來得猛的去得快，飄風不終朝。此一不屈的判別需要勇氣，人得夠剛強才不被嚇退），這些原因會如何依序退場，從而事物會朝哪一方向傾斜、傾倒，形成何種新樣貌；更精密些，還能仿數學的「計算」出大致何時、何比例何角度的變化云云。這甚至成了我個人的某個私密遊戲，每天，看著街市，看著商家，看著人們，世界不再是扁平無縫一片，而是有了前後縱深，且像是搭建出來的，顫危危就建在時間大河上，「不思議的死，不思議的生，風、花朵、城鎮，全都是這樣的。」（《神隱少女》主題曲）

二〇一三年，我在北京和八〇後年輕作家們（忽焉已不年輕了）交談，做出了些判斷，稱之為「三大奢侈」，講大陸文學（小說）的三個大華美景觀應該不會持久，即聲名、書寫材料和經濟收益；稍後，我也說了大陸長篇小說的某種異常書寫（驚人的字數、驚人的數量）是通俗化走向的清楚表徵——多年後看，這說的幸好都不算太離譜，但當時我想的正是世界的此一傾斜現象，我有點擔心，記得現場還補了這番打預防針也似的話：「等你們接替了上代書寫者，成功站上了現在王安憶、莫言這些前輩的位置，極可能會發現，那時的文學世界和對待你們的方式，已完全不會是你們現在看到的、想望的這樣——」這些話，對聽者和說者都並不愉快，但可能必須講，否則我會有一種把人騙進文學來的共犯感。馬克斯．韋伯講的，說出不舒服的真相，這是上一代人的道德責任。

世界持續向通俗端傾斜，我以為有個最耐久、甚至連結著人種種生物性本能的主理由，那就是大眾的形成，崛起，並源源增強其尺寸和力量，一塊一塊的接管世界，「勝利歸於大軍這一方——」。這最早係由文學外的托克維爾（以及小彌爾）所提出，十八世紀，他看到的是所謂的「絕對平等原則」，以為此一意識一經喚醒就無法再退回，不僅深植於人性，竟然還占據著道德優位（世界由少數人掌握、發號司令，這難有容易的道德解釋），所以托克維爾用「無可阻擋」來說它，並斷言這不會只存在政治層面，絕對平等原則必定衝入每一領域，社會、家庭、學校云云，翻轉、夷平其層級結構，因為這一單純且強勁無匹的意識和所有的複雜性不相容；跟著來的是資本主義的完勝，由此，大眾再獲取一個強而有力的經常性新身分，「顧客」，或精確點說，大眾購買力的量變讓年深日久的顧客身分質變，大眾不再只是承受者聽命者，大眾的話語權日增，最終，這是資本主義而非傳統意義的「顧客」，人們甚至拿上帝來誇張比擬它，由它來說最後一句話，而且據說永遠是對的。

於是，所有的工作成果遂成了「商品」，至少都走在朝商品去的路上——很多領域的工作成果，擔憂的或許不是成為商品，而是無法順利商品化，商品化意味著成功踏出了第一步；但文學該擔心的不同，是那些難以符合商品簡單遊戲規則的種種東西怎麼辦？是不成其為商品就沒意義、不值得去想去做、就等於不存在嗎？這相當尷尬，文學書寫者總是那種比一般人多停留一會兒、多看一眼、多想一下的人，文學的根本思維抗拒著簡單，文學說的總是，如昆德拉講的，「事情比你想的要複雜——」

是的，我們來到這裡了——確認一下我們當下的歷史處境，以為背景，以為一個根本的引力，我們就可以來談小說了。

面向一個完整的世界

現代小說書寫，大致說是十八世紀初，始於亨利．費爾丁、丹尼爾．笛福等人，這個新穎的書寫形式呼喚著、回憶起、創造出自身的來歷，比方英國人上溯到喬叟、法國人想起了拉伯雷、西班牙人廢話當然就是塞萬提斯云云。但小說另有一個任誰肉眼可見的更久遠源流，直通上古，那就是「故事」，人類講故事已持續了百萬年了。

這其實是相當不同的兩道源流，匯流一起先帶來豐饒，要到很後來我們才不斷察覺兩者的不易完全和解，各自指著不一樣的走向。這裡我們嘗試這麼來分別，講故事是口語，而現代小說書寫用的是文字，文字帶來了一個大門檻，不是誰都能立即跨過它，這先就排除掉不少人，包括書寫者（說者），如本雅明直指的，說故事儘管能耐有高下，但仍人人能夠，都能參與跟著說出自己的故事，或至少，能再傳頌它並（不知不覺）添加上自己的重現它；也包括讀者（聽者），普遍能看懂文字是人類歷史耗時又耗力的進展工程，但文學書寫的要求不僅止於識字，真正在人類世界發生的是，人好不容易看懂字了，但文學書寫又已使用更難的字，講述更難懂的東西如甩開眾人，像一趟令人疲憊不堪的莫及追趕。

本雅明津津樂道這個說故事人、聽故事人的聚集和流動，很形象的把它描繪成一個動人的小世界，篝火旁，四面八方來的人圍擁著，火光在人臉上跳動。人歡快、沉迷、笑語不斷，交換著故事，把自己的故事融入他人的故事之中，如此，個人再沉慟不堪負荷的特殊生命經歷都融化、分解於眾生之中，本雅明說這是人最大的安慰，人其實需要的只是這樣，不是要某個答案，生命只是得繼續下去而已。

不太一樣了，但也並非完全不同。今天，我們仍可用眾人圍擁著、忘情揮動著螢光棒如星光如波浪起伏的某場演唱會，來想像本雅明的此一圖像。本雅明自己會這麼看嗎？

相對的，本雅明以為現代小說講的不是一般性的故事，而是某個人生命中「無可比擬」的事物。無可比擬，意思是沒有、難有比較，也就無法、難以理解，所以讀者（聽者）加不進自己，兩者的關係成為單向，人得不到安慰，聽者的安慰，以及說者回音般唱和般如同被理解被碰觸的安慰，其極致便是小說單子化了，現代小說書寫成為人間最孤獨的一門行當——本雅明總是縱跳的把話講極端，這也是他魅力之所在，喜樂和憂傷都帶著詩也似的末日感，帶著某種神祕的、宗教的神諭性，往往，我們更傾向於把他看成先知（一種已逝於除魅歷史的古老人物），而不是唯物主義理論家。但現代小說的大線條書寫軌跡確實如他說的這樣，也的確出現過如此極端的單子化小說，比方上世紀五、六〇年代讓大家又驚異又痛苦不堪的法國新小說就是。

思索小說的人，以小說為志業，至少該實際讀一兩本阿蘭・羅伯－格里葉的小說感受一下。

但現代小說書寫並不是這麼開始的，核心來說，現代小說比人類歷史之前、之後的任一種書寫，都更加試圖面對、談論一整個世界，完完整整的世界。就算到今天，小說彷彿一樣被擠壓成為某種封閉性的專業東西，但正如卡爾維諾在他諄諄叮嚀的《給下一輪太平盛世的備忘錄》講演裡說的，只有小說（文學）不只用單一方式思索，如今只剩小說（文學）仍試圖翻越過每一堵專業豎起來的高牆，寧可籠統不肯遺漏的看世界、描述思索世界。卡爾維諾當然知道很多文學書寫者已不這麼做了，所以他把它說成是小說（文學）非扛起來不可的一個任務。

分割世界，離開眾人，不是書寫原意，也是很後來才發生的事。正好相反，現代小說寫的原是眾人的故事而不是書寫者自身某一無可比擬之事，這是人類書寫史的第一次，書寫的大轉向，因此也是書寫者最「無我」的時刻，書寫者毋寧更像是個旁觀者，一個 O.S. 聲音，甚至一直到今天，小說仍是最謙卑的文體，小說書寫者仍多是隱身的，或如波赫士講的代數學，把自身巧妙代入小說人物 X 之中（當然通常就是主人翁），如福婁拜令人驚駭的宣告：「包法利夫人，就是我。」（把自己融進性別、性格、生活習性、品德以及用情方式如此迥異的愛瑪．包法利裡），但福婁拜另一句書寫名言並不矛盾是：「書寫者，應該讓讀小說的人並不感覺他存在。」

書寫第一次描述眾人，所以我們可以說，書寫這才第一次面向一整個世界，以及，完整世界，正是由現代小說帶到人面前的。

逐漸靜默下來的小說

之前，世界上下分割，上頭是公侯將相，下面是販夫走卒，我們從文字書寫來看，這道分割線變得更明確，文字原比人更不意識、更不在意下層世界的存在。但說來有點奇怪卻很人性的是，口語的下層世界，說的竟也是帝王將相聖哲英雄的故事，人想聽的是更華美的故事，和本雅明講得不大一樣或說微妙曲折，人以某種更謙卑更夢境性的方式聚集、代入自己來得到歡快和安慰。逃離（以遺忘為核心）才是總力有未逮的人們更經常也更可靠的安慰方式——日後，巴赫金分別稱之為「第一世界」和「第二世界」，這是書寫順序，而不是歷史現實。下層世界當然遠遠早出，百萬年了；人數也更多不成比例，但這個更廣大的世界是沉默的，從來沒真的被說出來。

所以，對某些敏銳的、心有所思的人，極生動的，他們所看到的便不僅僅是一種新書寫、幾部不同以往的作品而已，而是一整個藍海般全新世界，撲面而來，非常興奮。

稍後現代小說進入到俄羅斯，別林斯基讀果戈里書寫烏克蘭下層人們生活現場的《狄康卡夜話》，激動說出口也正是：「這是個全新的世界。」

一個全新世界，一種即將獲得自由的點燃起人心的無情力量，是以書寫空前的忙碌起來、潑散開來，遍地是新東西、新故事，如低垂的果子伸手去摘就有，這是（小說）書寫的豐饒幸福時光，早已逝去不返的時光。

現代小說生於此，是這一全新書寫所摸索出來、凝結出來的強而有力特殊文體；但這一書寫也許有個更恰當的說法，稱之為「散文化」，小說包括於其中，是散文的一種，相對於之前詩的書寫，相對於之前只用較少文字、大喇喇講述第一世界大人物、大故事、大情感的那種書寫。

《唐吉訶德》，提前出現的現代小說，昆德拉所說或許就是第一部現代小說的小說（所以，個體有超越性，不完全困於集體的時代限制，這一需要有點英勇的認知，對尤其是以個人為基本工作單位的文學書寫者很重要，既是嚴苛的要求又極富安慰）。書中，挨了一頓粗飽狠揍的老拉曼查騎士肉疼於也心疼起自己不運的牙齒，正色的又訓示起桑丘．潘扎，說牙齒是比鑽石還重要的東西云云（人上了年紀後會知道這無比真實）。昆德拉指著這一段莞爾的告訴我們，過去的騎士小說，過去的大英雄故事，絕對不會有人在戰陣上關心牙齒，這是第一次。

也許我們可以回頭查看一下，比方特洛伊十年血戰的《伊里亞德》，或死傷更慘烈的《羅蘭之歌》。書寫要進去廣大人們的每一生活現場，鑽入每一處邊角縫隙，聆聽並再現人內心每一種近乎不可聞的微弱聲音，便得動員手中全部所有還不夠，這包括文字使用。我們說，有所謂不入詩的字，太粗鄙、太瑣細、太醜怪、太乏味、太罪過黝黯云云；但沒有不入小說的字（我記得波赫士曾這麼講過吉卜林的書寫，「使用全部文字」，意味著吉卜林是面向一整個世界書寫），還隨著書寫的深入得不斷鑄造新字新詞新隱喻新象徵，如老工匠因應工作的種種細部要求設計針對性的新工具。現代小說書寫，小說家維吉妮亞．吳爾夫英國式的優雅說法我一直印象深刻，她講現代小說因此「變得有點淫蕩」。

口語和文字，於是有了消長，並在稍後形成所謂黃金交叉——過去，人們以為口語連續，是完整的、稠密的一方，文字負責簡要的、粗疏的記錄它，偏附從性的；但如今，文字才是更完整、更稠密的，文字突破了事物的表層，惟危惟微，諸多文字發現的東西已難以用口語來說了。

這裡容易有個肉眼性的錯覺，以為詩是文字的、文謅謅的；小說才是口語的，連同人講話的語氣表情都試圖保存下來，小說尤其大敘事小說，不是遍地是你一言我一語的對話嗎？——我以為，這其實是文字歷史階段性進展暨其使用的錯覺。早期，人們因為種種現實限制，只能用簡約的文字來記錄口語，遂也「詩化」了口語，像我們今天讀的《詩經．國風》，乃至於看《論語》孔子和弟子的口語問答，人在生活現場不會這麼講話，早期人們更不會這麼說話（彼時、口語尚未倒過頭來吸收文字成果，尚未有文字性詞彙），否則我們極可能會得到諸如一群身披樹葉獸皮的初民卻之乎者也講話的超級詭異畫面；而「之乎者也」，日後變成文言、人喬張作致說話的代稱，但原初，極可能皆只是素樸的擬聲之字，話尾的直接聲音記錄而已，我讀小說家林俊頴成果斐然的《我不可告人的鄉愁》（半部以早先閩南話、半部以現代文字交織寫成，如重返口語和文字乍相遇的曙光時刻），再次證此為真。是以，早期小說鉅細靡遺的記錄、重現話語，只是第一階段小說強大寫實要求之一，書寫者謙卑的盡可能不遺漏的記錄、重現這個全新世界，如是我聞，先記下再說，管不了意義，甚至管不了美學。

看過達爾文、華萊士他們這些第一代生物學家的動植物工筆畫嗎？現代生物學開啟，生物世界以某種全新意義、全新視野來到人前，彼時又沒方便的照相機可用，因此繪圖成為生物學者的必備技藝，地球各地不可思議的植物、不可思議的動物，你不能漏掉每一個細節，甚至其長度、弧度都可能不是偶然的，每一個細部都可能是珍貴的證據，攜帶著生物億萬年演化的真相。

第一階段小說的寫實要求，事實上強烈到已神經質的地步，不僅寫實，還要證明我寫實。是以，我們不斷看到，早期小說常多一個開頭，那就是告訴我們此一故事的由來，來自某個老人，某個遠方水手，某一份輾轉流傳到我手裡的信函、日記或歷史文件云云，有人證有物證。就連非文學中人的大政治思想家孟德斯鳩都這麼幹，他「最富文學性」的著作《波斯人信札》，便託言一名在法國旅居的波斯貴族青年，由他寫回家鄉的一百六十一封批判信函構成。我們可以進一步說，寫實是個更大更普遍的彼時思潮，不只要求文學要求小說而已，當然，有人乾脆把《波斯人手札》說成是孟德斯鳩的唯一一部小說，這麼說也行。

但口語和文字不會一直這麼相安無事下去，愈往下寫愈會發現這是不盡相同的兩個東西。現代小說書寫，循文字之路前行，逐漸和口語分離，我們好像可依小說中的口語比例來大致推斷現代小說的書寫時日或說書寫階段，稍稍誇張的玩笑來說，口語成份有點像碳-14同位素，所謂的放射性碳定年法，我們根據它的殘餘量來估算某一生物體的存在時間。口語逐漸跟不上小說書寫的及遠及細要求，和已成熟自主的文字愈來愈格格不入，賈西亞．馬奎茲便經驗的證實過這個，他盡可能不寫對話，指出，西班牙文描述時是極優美的文字，但怎麼搞的一寫成對話就感覺虛假感覺非常造作難受，但這應該不是西班牙文的特殊缺憾，就只是文字和口語的分離和扞格，朱天心說中文書寫也是這樣，她總是把對話解開為敘述。

同時，也是因為小說和世界、和讀者已緩緩取得某種協議，用不著再強調自己為真，幾世紀下來，我們對真實和虛構有更深刻也更複雜的認知，也曉得不能只從事物表層來判別定義，昆德拉說：「如今真實和虛構的邊界已不必派人看守。」

確實，現代小說逐漸失去「聲音」，成為一個靜默下來的文體。於此，波赫士有著類似本雅明的終極性憂慮，也許既是詩人又是小說家散文家讓他敏感、不捨。波赫士很溫和，他反覆講聲音帶給人的難以替代感受，講古英國詩歌的鏗鏘有力聲音，講模仿一個人的腔調說話是想成為（或進入）像他那樣的人，想像他那樣想事情、看世界，他也最常提起人類最早那些大師如畢達哥拉斯、蘇格拉底、耶穌都只用口語云云。這裡，我們先只簡化的這麼說，文字存留、話語飛走，聲音稍縱即逝的另一面，正是聲音的輕盈如翼飛翔，語言的確有較多的物理性限制，但這卻也極可能是它最特別之處，有更多的臨場感、即時性成分，有諸多那種難以言喻難以捕捉的「一瞬」；語言的對象也比文字的對象更靠近更熱鬧，往復交流更頻繁，也許少了思索，但也就少了思索的多疑和防備，有卸下武裝的輕鬆感解放感——語言直通群眾，文字則最終回返書寫者單獨一人。

散文化，現代小說使用全部文字，動員已知所有，當然也「納入」已說了百萬年堪稱為最嫻熟的故事，只除了改用文字來說；也是，人「認識世界」，能有憑有據掌握的硬實東西還太少，仍處處空白，只能用想像用傳聞來填補它。而這也非首次，稍早文藝復興時已這麼做，我們至少還可以再上溯羅馬時代的維吉爾，像他的《埃涅阿斯記》便不是歷代口語流傳故事的記錄，而是一個人的書寫。現代小說，只是把場域移到一般人的世界，第二世界，開始說一般人的故事罷了。

故事，不是一個單一畫面，而是連續性的一段時間，如此，便引入了變化，更引入了因果。大哲學家大衛．休謨說的，時間即是因果，素樸排列的、最根本的因果形式，引進了因果，這個人、這件事、這一畫面便分解開來，可以理解了。這也正是我們每個人都有的生命經驗，要認識一個才見面的人，我們會很自然把他放回時間之流中，我們會要知道舉凡他的家庭和出生地點，他上過的班，他念過的學校，他的交友和他談過的戀愛等等，乃至於，我們總是從這個人各種生命重要時刻的選擇、變化，才能較準確深刻的了解他的為人、他的心性、他內心種種隱藏的東西不是嗎？

故事，我們總把說者想成是個完整經歷了某事、一臉風霜、跌入回憶般話說從頭的人，就像《白鯨記》裡那個要我們喊他以實馬利、不肯告訴我們真實姓名的傢伙，他上了捕鯨船皮廓德號，經歷了阿哈船長和大白鯨莫比敵克那場壯麗但不可思議愚蠢的搏鬥，最終每個人都死了，連同那幾隻等著分享食物的海鳥，只有他一人幸運抓住棺材改成的浮子，活著回來，帶回來這個史詩故事。

吉卜林的神奇短篇 The man who would be king 也是這樣（拍成過電影，由辛恩．康納利和米高．肯恩兩個英國佬演出），深夜敲門的正是昔日的騙子故人（米高．肯恩），但一身殘破形容難識了，他討了點威士忌喝，包袱裡是他死生夥伴（辛恩．康納利）的頭骨和那頂從七千米雪山掉落下來的皇冠，帶回來這個兩名騙子如願短暫成為國王的不可思議故事。

也因此，本雅明把說故事的人說成是行商和農夫，也就是遠方旅人和在地老者，都是某種時間老人，都經歷了什麼，慣看了什麼，沒足夠時間不足以完成故事云云。但《白鯨記》的書寫恰恰好告訴我們，至此事情可能恰好倒過來，比較像是想寫出這場人鯨搏鬥及其悲劇，從而回想（創造）了這些人、這些來龍去脈。

也許，故事原來是這麼來的，某個人完整經歷它、完整攜來（我自己很懷疑），但小說書寫倒轉了過來，愈來愈如此。我們聽過太多這樣的書寫宣告，小說的故事，總是開啟於一個單一畫面，某一個驚異的、飽滿到都要溢出來、深植書寫者心中不去的生動畫面，像是賈西亞・馬奎茲的，一個小男孩第一次看著一塊冰，以及兩位身穿喪服的母女模樣女人在大熱天午後急急趕路，以及一名衣裝體面卻已破舊的紳士模樣老者焦急但掩飾的在港口等待著送郵件的船，這每一畫面稍後都寫成了絕好的小說；福克納，一個小女孩爬樹上看著自己祖母的喪禮，渾然不覺自己露出髒汙內褲，這是《喧囂與憤怒》，小說史名作；納布可夫，學會使用畫筆繪圖的黑猩猩，牠先畫出來的是關牠的黑色籠子，這太不可思議是《蘿莉塔》。

想要弄清楚（或擺脫）這個又呼之欲出又單子似難以擊破的畫面，是以，故事進入小說裡，有了更多認識的成分、理解的成分。

潛伏下去的故事

但這裡真正觸動我的是，在如此強烈的寫實要求之下，這些總是神佛滿天、生命實體經驗如此稀薄的傳說故事，如何能夠和現代小說相融？

我曉得問題不會出在現代小說初始，而是末端。我要說的是，彼時人們不見得會認為這樣的故事「不實」，基本上，這仍然是彼時人們看世界、想世界的方式，在那樣人們仍傾向於相信萬物俱靈的年代（當然得以各種生動的、滲透的、躲避的方式來應付基督教的一神命令，事實上，基督教自己就偷渡了不少，像聖誕老人、像萬聖節狂歡皆是，一神信仰太寂寞太冷清，如英國的某種神學家講的，人很難在實際生活現場時時處處遵守），至少，當時人們相信的世界，遠比我們如今認為的深奧，比我們眼見的神奇。

事實上，這已是二十世紀後半的事了，賈西亞·馬奎茲親口告訴我們，《百年孤寂》裡我們稱之為魔幻的那些東西，他寧可說是寫實（所以才 1+1 組合成「魔幻寫實」這一古怪之詞），因為這正是他祖母說故事的方式，他祖母乃至於諸多哥倫比亞人仍信其為真，而且人證一堆指證歷歷，就像書中那位黃蝴蝶環繞他翻飛不去的郵差，就是他祖母親眼所見，且屢見不爽，不寫實嗎？或一定要乏味的猜想這傢伙噴了某種花香味的香水嗎？

尤其書寫者，他們如我們多少認定的總是某種「怪怪的人」，他們是較喜愛、受吸引於萬物有靈世界的人，就像《浮士德》的詩行，我們眼見的尋常天光雲影，他們看到的卻像是這個，奇異的飛翔：「或許夜行者／把這月暈叫做氣象／但是我們精靈看法不同／只有我們持有正確的主張／那是嚮導的鴿群／引導著我女兒的貝車方向／它們是從古代以來／便學會了那種奇異的飛翔。」——這是我的偏見，我總相信每個文學書寫者，也許限於、藏於某一靈魂角落，都是個泛靈論者（以及，無政府主義者），不管他平時如何理性，信仰哪種宗教和政治主張。

但現代小說的這一「寫實」強調，終究讓它開始多疑起來，踏上不歸路也似的持續遠離傳說故事，甚至，遠離故事，拋棄或至少輕視情節，如第一階段大敘事小說的衰落。這包含於人類世界更大範疇的思維變化之中，人，定向的，更嚴苛理解、定義真實，這就是我們所說的「除魅」，不是一次認知，而是一長段歷史，一物一物的對付，一個神一個神消滅，像是《唐吉訶德》，隨機先遭嘲笑、瓦解的便是原來的騎士故事，拉曼查的這個老好人吉哈諾先生讀了太多騎士故事瘋掉了、痴呆掉了，故事裡那種裝逼的所謂騎士風範和作為，在天光之下，全成為愚行。

如今，我們會用「神話」「傳奇」云云的類似含糊字詞來指稱傳說故事，這是「假的」的典雅有禮貌說法，意即直接標示如警語：「真實世界裡事情不會這樣子發生」。這樣的故事一一被判定為不實，遂只能從「認識」這個較正經的領域退走，不再參與嚴肅的思索，說者也逐漸被擠壓到生活現場的邊角去，成為較單純享樂的、搏君一笑的技能，人數已不足，再搭建不起那種熱切添加傳送的必要生產鏈接，當然，時代大空氣、社會的建構方式云云也變得不宜，所以，再沒《吉爾伽美什》、沒《奧德賽》、沒《摩訶婆羅多》、沒《封神榜》、《三國演義》了。他們如零星散落，時至今日，我們仍能在每一鄉間看到，總有一兩個那種天花亂墜性好吹牛的人，很煩或者很受歡迎，尤其在收音機、電視機到來之前，漫漫長夜，人吃了晚飯後還可以做點什麼好？

伍迪．艾倫的有趣電影《收音機時代》，抓取日後這個宛如夾縫的時刻，當然也直接就是他自己、以及我們這代人共有的生命記憶，我們在場，切身經歷著這一口語故事持續喑啞、卻又像重新找到出路、人群重新聚集起來、又突然喧囂起來的奇異歷史時刻；當時渾然不覺，現在回想起來還真有點驚心動魄。

印度的大吹牛者、大說故事人吉卜林，成功轉換了口語和文字，還因此拿了諾貝爾獎（一九〇七年，當時這個獎珍貴多了）。誰都看得出來，他小說的異樣風貌風情，像觸到了人塵封已久、以為已流逝不返的某種亙古記憶，我們稱之為「史詩小說」「大小說」云云，文學這個誰怕誰的領域，如此意見一致還真少見。斯德哥爾摩頒獎典禮現場，有記者如此脫口而出：「真希望看到他手上還抓著一條蛇。」

但事實上，傳說故事仍一直「藏身」現代小說中。人類世界的驅魔作業從沒真正完成，人的生活現場太碎太多死角太多今夕何夕兮之地；文學、小說尤其，這個世界以個人為基本單位，代表著最多樣、最寬容、最固執、最多例外。波赫士講：「我想，人不會厭倦於聽故事。」這句輕描淡寫的話提醒我們，真正頑強的是此一人性成分，這個需求持續召喚供應，必須得到滿足，也許是某種改以文字來說的故事，也許是某種更合適它的全新載體如日後的收音機、電視機。它潛伏著，等待風起。

強烈的認識激情

至此，我們可稍做整理。

現代小說書寫打開一般人的世界，但書寫者仍舊是能嫻熟使用文字的上層之人，這得持續相當長時間，也在現代小說傳入每一國度反覆重演，俄羅斯、日本、中國都是這樣。

惟世界自有它的節奏速度，並不同步於少數人的覺知。

也就是說，書寫材料轉向一般人，但其眼光、其意識依然來自這些過好生活的、至少衣食不愁也不仰靠書寫換取生活的人。因此，書寫有著強烈的志業成分，其核心是嚴肅的（一直到今天，我們仍使用「嚴肅小說」這詞），其當下課題就是（重新）「認識這個世界」——昆德拉曾引述現象學大師胡塞爾晚年的那次著名演講，胡塞爾以為「古希臘哲學在歷史上首次把世界（做為整體的世界）看做是一個需要解決的問題。……並非為了滿足某種實際需要，而是因為『受到了認識激情的驅使』。」

海德格過度漂亮的說法（他一直這樣）：「對存在的遺忘」。存在，如存在百萬年才開始被認識被思索的第二世界，人一直只模糊的當它是個「自然」，只有此一特殊的少數人激情，才將它首次置放於人的好奇目光之中。昆德拉一路數下來現代小說的此一認識之路，如一層一層剝開這個世界：「事實上，海德格在《存在與時間》中分析的所有關於存在的重大主題（他認為在此之前的歐洲哲學都將它們忽視了），在四個世紀的歐洲小說中都已被揭示、顯明、澄清。一部一部的小說，以小說特有的方式、以小說特有的邏輯，發現了存在的不同方面：在塞萬提斯的時代，小說探索什麼是冒險；在薩穆爾．理查森那裡，小說開始審視『發生於內心的東西』，展示情感的隱祕生活；在巴爾扎克那裡，小說發現人如何紮根於歷史之中；在福婁拜那裡，小說探索直到當時都還不為人知的日常生活的土壤；在托爾斯泰那裡，小說探尋在人做出的決定和人的行為中，非理性如何起作用。小說探索時間：馬塞爾．普魯斯特探索無法抓住過去的瞬間，詹姆斯．喬哀斯探索無法抓住現在的瞬間。到了托瑪斯．曼那裡，小說探討神話的作用，因為來自遙遠的年代深處的神話在遙控著我們的一舉一動，等等等等。從現代的初期開始，小說就一直忠誠的陪伴著人類。它也受到『認識激情』（被胡塞爾看作是歐洲精神的精髓）的驅使，去探索人的具體生活，保護這一具體生活逃過『對存在的遺忘』，讓小說永恆的照亮『生活世界』。」

由此，昆德拉再三強調小說書寫的此一「應然」，強調小說該專注去做這件「只有小說能做的事」。我想，他充分知道小說的真正不凡威力（知道此點，不只是一種認知，還是一種能力，需要有足夠厚實的書寫實踐和不斷反思），小說是此一散文化全面書寫所摸索出來的最特別文體，文學的能耐因此上昇了一個檔次如插上翅膀。包括小說（承接著傳說故事）被單獨賦予了虛構特權，這讓小說可以進行「實驗」，固定、捕捉甚至控制變化，追問一個又一個隱藏的生活真相。

就像說麥克．喬丹應該打籃球而不是打棒球，這才是他最擅長的，而且籃球場上，還真有些事只有他才做得到。

但一定也是昆德拉環視周遭的當前憂慮對吧，他怎麼可能看不出小說的此一認識激情的杳逝、杳逝中？今天，小說如他說的，將只是、已是些「絮絮叨叨的東西」，已沒有「遠方」了。

但我們的感想可能正相反，至少我自己，我反倒極驚訝這一不應該會普遍的非本能激情居然可以存留於小說中這麼久，至今仍餘音裊裊。「並非為著滿足實際的需要」，這意味著人必須放下手中工作，去做多餘的、乃至於可能危及他生活的事。長達幾世紀時間，它居然還能說動一般人跟著走，虔敬的當是大事，別說，我真還有點想念那般光景，咖啡館裡，如今完全絕跡了，但還真的曾經有過這樣，人安靜坐著讀厚厚一部小說一兩小時，人們熱切談論比方《卡拉馬助夫兄弟們》裡的大審判官寓言，儘管都說得坑坑疤疤的，而且，絕不只是文學科系的大學生而已（聽得出來，課堂要求的討論不以這種方式這種語言）；文學、小說，曾經是人的「生命基本事實」，和人的生活直接聯繫著，並不需要其他多餘理由。我曾經見過的日本更是如此，電車上閱讀的人是日本最普遍的一個風景，還多是岩波文庫的袖珍本，包著淺褐色的薄牛皮書套。袖珍本，直接可上溯百年前英國企鵝出版社著名的「六便士小說」，巴掌大，一包菸的價錢，就是為一般人設計的，買得起，可隨時隨地讀，如馬拉美說的「是可以攜帶的」，可攜帶、不離手的小說。我想，也應該有日本人如我，會想念那樣的日子，那樣閱讀的人們吧。

《百年孤寂》裡第一代的老阿加底奧，由於吉卜賽人梅爾加德斯的到來，是第一個正面迎向新世界的人，也是最熱切想認識這個大世界的人。這讓他從一個精力充沛衣著整齊的年輕族長，變成一個滿臉鬍鬚、丟開生計、喃喃自語的怪人，還挖出妻子烏蘇拉藏床下的金幣去換放大鏡。我總是把老阿加底奧帶領馬康多村民的出走，當個豐厚的隱喻——截然不同的兩次出走。第一次，大家興高采烈的跟他走，「甚至堅信他發瘋的人也扔下自己的家庭和活計，跟隨他去冒險。」第二次，就沒人要去了，包括他的妻子烏蘇拉，儘管他試圖用自己的幻想誘惑她，在那樣的新世界，在地裡噴上神奇的藥水，植物就會依照人的願望長出果實云云，但烏蘇拉要他管管兩個兒子，「野得跟兩頭驢子似的。」

賈西亞·馬奎茲漂亮的描述第一趟旅程，這種流水的、平板的、容易寫成交待的地方他最會寫，他的文字有那種每個字每個詞都成隱喻如閃電的魔力——眾人順河北行，進入叢林，吃腐屍味的金剛鸚鵡充飢，路愈走愈淒涼，雜草愈來愈密，鳥的啼聲和猴子的尖叫愈來愈遠，「在那兒，他們的鞋子陷進了油氣蒸騰的深坑，他們的大砍刀亂劈著血紅色的百合花和金黃色的蠑螈，遠古的記憶讓他們受到壓抑，整整一星期，他們幾乎沒人說話，人夢遊似的在昏暗、悲涼的境地裡行走，照明的只有螢火蟲閃爍的微光……，回頭的路是沒有的，因為他們闢出的小徑一下子就不見了，幾乎就在他們眼前長出來新的野草。」最終，他們在晨光中看到一艘西班牙大帆船，內部只一大蓬花開著；再四天，離船十二公里，就是大海，翻著髒汙不堪泡沫的一整片，老阿加底奧絕望的大叫：「該死，馬康多被海四面八方包圍。」

是認識激情，「並非為著滿足實際的需要」，但實際需要是沉默持久的更強大引力不是嗎？所以這也就成了一處軟肋，它給了如此書寫的人種種較苛刻的要求，包括他得有錢有閒才行。但世界能夠一直這樣上下截然二分嗎？就算可以，小說書寫者能夠一直留第一世界，保有這個不愁吃什麼穿什麼、只尋求祂的國和祂的義的舒舒服服位置嗎？

怕什麼來什麼，而這也將是人類歷史一一發生的事。

仍是由上而下的書寫

不由一般人書寫，但現代小說仍能夠依此緩緩進入、滲透入眾人，有點像佛家的小乘、大乘之別，林中分歧為二徑，同樣面對世界面對佛理，一組人皓首窮經繼續隻身深入；另一組人則回過神來，想方設法把深奧的佛理「翻譯」為一般性的話語，簡化為歌詠為儀式的及於眾生，如此。

現代小說的始生時日，包含於人類世界一個更大的覺知，我們也會用所謂的「啟蒙時代」來說它，由上而下，不只描述他們，還要告訴他們。

早期承接說故事形態的所謂大敘事小說，幾乎每一部都看得出兼有著此一存心。但我們用較明確的「科幻小說」類型來說明。

應該直稱為科學小說較對，這大致始於稍後的十九世紀初，瑪麗．雪萊的《科學怪人》，隨科學大爆炸性的進展，在十九、二十世紀之交如花綻放。總是先提到這兩人，法國的儒勒．凡爾納，以及緊跟他身後的英國人赫伯特．喬治．威爾斯。

這組小說，原不以享樂為其書寫目的，或者說，如此精采好讀的故事毋甯只是糖衣，來自於書寫者的洋溢才華和精湛技藝。直說，這是宣揚「科學福音」用的，書寫者站在科學新知和眾人之間，小說高度樂觀的氛圍（幾乎就是小說史上最樂觀的一組作品），和彼時人們對科學的無比信賴和依賴同步，假以時日，沒什麼是（未來）科學不能幫我們解決的。你看這不是嗎？如今我們繞地球一圈只要八十天了，如今我們已曉得兩萬哩海底什麼樣子、地心什麼樣子云云；而且，馬上我們會登上月球了、會開始星際旅行、還會發明出來時光機器回到過去進出未來。和佛經、和《聖經》的描繪宣揚樂土天國沒兩樣，而且感覺更富底氣如同下訂單，科學是實實在在的不是嗎？我記得波赫士無比喜愛威爾斯的《時間機器》尤其結尾，主人翁一身風塵歸來，帶回時間彼處的一朵玫瑰花以為信物。

科學是新宗教，小說家是其使徒之一，天國近了，你當悔改皈依。

科學小說陰鬱起來是稍後的事，也是來自於科學的「觸底」也似折返。我們漸漸看出了它的限制，看著它闖的大禍小禍，也感受到未來惘惘的威脅。這組小說的光度黯了下來，一部分開始反思、質疑，另一組這才真正「幻」起來，成為另一種神鬼小說。

偵探推理這一更大類型小說也大致如此開始。威基．柯林斯的名著《月光石》，我們說，在日後偵探推理類型成立，才回溯成為其始祖之作（事物的成立，回憶出、創造出它的來歷）。但其實也可以只看成是一部以謀殺為題的小說，謀殺儘管並非太尋常，但不也是我們生活中的一般事實嗎？《月光石》的考夫警探，曉得嗎？並沒成功破案，他只奮力走到水落石出前的臨屆一步，唉，身為推理探長怎麼可以不破案呢？所以我們可以很合理的這麼想，柯林斯關懷的不是此一最安慰人心、享樂者不可或缺、視為權利視為報酬的完好收尾，他感興趣的是此一漫漫罪惡，蕪雜的牽扯到歷史傳統、社會結構、家庭結構，以及人心。考夫警探更像是領路人，以及眼睛，類似於《神曲》中的維吉爾，維吉爾也沒走到最後，他進不了天堂，把最後這一截工作交給但丁摯愛的貝雅德麗齊。

更有趣的是，警探沒有破案卻又寫得極長極亂，以至於，很多《月光石》的版本都做了刪節，得砍去些枝枝葉葉，骨幹才能顯露出來。

是的，就跟杜斯妥也夫斯基也寫謀殺犯罪一樣，《罪與罰》、《卡拉馬助夫兄弟們》云云——事實上，偵探推理小說也屢屢將杜斯妥也夫斯基納入，迎來大神加持。

但我們曉得偵探推理有更直接、輕快的來歷，始於愛倫坡（他稍微悲苦），大成於英國——那就是上層文人的智性遊戲，茶餘飯後，想出個精緻典雅的謎自娛娛人，考考大家，也彰顯自己的機智云云。像大文學者卻斯德頓寫布朗神父探案，柯南・道爾的福爾摩斯探案也是，他不怎麼看重這組日後讓他留名的小說，他真正想寫的是那種武勇貴族的歷史小說。所以謀殺沒什麼血腥味，屍體只是謎題，所謂的「屍體會說話」，書中偵探甚至不怎麼在現場，更多時候他們的辦案地點是自家的安樂椅，最重要的破案工具是大偵探白羅指著自己腦子所說的「灰色小細胞」。是吧，這完全就是上層之人、貴族之人的思維暨其生活習性。

每種通俗類型小說都有它的一些特殊基因，年深歲久，至今科學和推理仍是智性成分最高的兩組小說，毫不奇怪，它們的頂級作品，屢屢可以好過一般水平的所謂正統小說。

但這樣的由上而下書寫，感覺還是未完成，感覺還是不完滿，尤其在絕對平等的思維空氣裡。左派尤其不滿意不領情，像我認得幾名堅實左派友人，比方以工運為一生職志的鄭村棋，或多年投身外傭外勞權益工作的顧玉玲，至今我仍時時聽他們這麼說，如往日重現。

也許更珍貴的外部位置

於此，左派有一個過度簡單的理想，總傾向主張，下層世界的小說，就該由下層世界之人自己來寫，即日後所謂的話語權云云——他們對權力的警覺，一直高於對內容的關注。

認識，從不是這麼簡單的事，更不這麼截然二分。我們直接來看這兩部了不起的著作——屠格涅夫的《獵人日記》和契訶夫的短篇小說集。兩者都直書彼時俄羅斯下層種種辛勞貧苦的生活現場，屠格涅夫貴族出身，以一個打獵的貴族老爺身分，追著鳥獸足跡，從外部進入到每一個現場；契訶夫農奴之孫破產小商販之子，當然，他就活在這世界裡面，這些人就是他的親人、朋友、鄰居、熟人、同鄉云云。這兩部著作都精采無匹值得一讀再讀，失去哪一部都是小說史的巨大遺憾。

我們只簡單說，完整的認識目光必須也來自內部也來自外部。內部的認識如見樹，親切、準確、稠密、細節滿滿，有著強大到幾乎無須解釋的事實力量和觸發潛能；來自外部的認識如見林，最珍貴的則是整體感，不落入到單一特例的陷阱，不困於惑於一時一地的時空限制，能夠把認識從存在的遺忘「拎出來」，進一步置放於人類的總體認識之中，連接更寬廣的人類經驗並得到深度。這兩者各有其限制的盲點，交互補充交互觸動，也得彼此糾正，像是，內部的實地摩挲就制止著外部認識的輕率和急躁，外部的恢宏視野則擺脫細節的糾纏，人的認識得以提速云云。但我們得說，現代小說帶給文學書寫的最珍貴禮物，其實就是此一來自外部的目光或說此一位置。小說往往始於某一事實的「陌生化」，以一種新鮮的、清澈的目光再審視它（所以很多小說偏愛某種孩童式如初見的觀看敘述），包括對自己，如昆德拉說的，書寫者站到稍遠處回望自己，對這個忽然陌生起來的自己感到驚異。小說於是成為最（需要）冷靜和理性的文體，詩和散文（一般意義的散文）可以直書最荒誕最特殊的事實，小說也可以但不能只直書，小說必須想出、講出道理，追出它的來歷和可能因果，說出它何以如此、至此。也因此，某些太過荒誕太難以解釋的事實並不容易寫成小說，如小說經常性的感慨，「事實往往比小說更荒謬」。

左派歌詠人勞動的雙手，也屢屢一不小心低估了人的腦子——但終究，小說是人腦而不是人手的技藝，而且，如李維－史陀這研究每一種人生命現場的人說的，人腦，永遠是比人手更精緻的工具。

先讀，而不是先寫

人類世界持續上下流通，也為書寫帶進門來下層世界的人，書寫有重重門檻，但沒這種勢利眼。文學極可能是人類所有行當最不勢利的一種，來自下層世界的新書寫者，如果夠好（並不苛刻程度的夠好），並不被排斥，反倒是直上C位的驚喜，彷彿把原有的文學圖像「刷新」一次，還往往得到超過真正評價的注目和讚譽，俄國的果戈里、契訶夫是如此，日本的林芙美子爾後也如此。

只是，這比想的要慢、要難。

首先，要有足夠數量的下層世界之人能熟練掌握文字，從中冒出來夠格的書寫者，這是等於要讓整個世界脫胎換骨一次的人類大工程，沒個幾世紀耐心是做不到的。

固然，個體有超越性，不必等待集體齊一完成，甚至，我們可以相信波赫士說的，「每一人的一生，都可以寫出一本極好的書」（亦即，人一生夠厚夠重，材料上絕對夠）。事實也是這樣，足夠強的生命素材，對文字技藝的依賴可以降到極低，所以起步即顛峰，第一本書用的總是生命中最珍貴最厚積的材料，甚至如賈西亞·馬奎茲說他自己寫的第一部小說《枯枝敗葉》，「總以為這輩子只寫這本書，恨不得把自己所知的一切都用進去。」不只來自下層，時至今日小說世界從不間斷出現所謂的素人小說家，且往往第一本書就是他最好的作品，至少不出前三本，這個現象如今在通俗類型小說是通則，不這樣才是例外。

原因可以極直接說。人的生命經歷，就一本書而言太多，但對一生的書寫則又少得可憐，兩本三本就差不多空了，所有認真的書寫者都可證此為真。寫下去，書寫的重重門檻這才一個一個來，感性生命材料的快速消耗，得由人的思維、以及文字技藝來補充來替換。因此，「讀」和「學」變得比「寫」更重要；也就是說，書寫得是專業了，所謂「素人」只是暫時性身分，不轉入專業，就得離開。

你當然也可以同時是礦工、同時是書寫者，這可能但不切實際，也難以持久，借用葛林的話說，「你遲早要選一邊站的」。

就來自下層的書寫者而言，更直接的難題是，如何取得這個「有錢有閒」的書寫位置，或平實的說，如何同時擠出足夠的物質條件和時間，這無疑還早，現實世界還差得遠。

因此，小說向大眾傾斜、翻轉，不是走書寫之路，而是閱讀之路——做為讀者，遠比做為書寫者便宜、省時間，而且識字即可，但即使如此，也還是得費時幾個世紀。

在笛福·費爾丁當時，工業革命才起步，書籍是極昂貴的，就連夜間照明的蠟燭都算奢侈品，如中國古時的窮書生得靠雪光或螢火蟲微光，甚至冒著痴漢罪名鑿牆壁來偷。換算，彼時一本書的價格相當於一個工人兩個月的工資，也就是說，相當於今天用六萬台幣來買一本書，這讀得下去嗎？所以，很長時日，在這個下層的勞動世界，閱讀一直被看成是「有害」的，敗家、浪費時間而且徒亂人心，讓人上不上下不下無法安分於生計。

閱讀，緩緩的以某種蜿蜒的、滲透的方式進行。像是，買不起書的人讀可以傳看的廉價報刊，上頭印有連載的、當然多為享樂成分較高的小說；同理由，小說也拆冊出版，如我們熟悉的分期付款概念。此一迢迢長路，甚至一直延伸到我這代人的童年，也就是一九五〇－六〇年左右的台灣，買書依然是得下點決心的事；更多人通過報紙副刊連載讀小說，如歷史小說是《聯合報》的高陽和《中國時報》的南宮搏，武俠小說是《聯合報》的臥龍生和《中國時報》的東方玉云云；武俠小說也仍拆冊出版，一部武俠可拆到四、五十小冊，且不由購買、而是從租書店租來；此外，閱讀有害論仍餘音裊裊，尤其讀小說，通常得躲著父母和老師。

美國的冷硬私探小說，也是從彼時的《黑面具》雜誌開始刊載，包括其代表作，漢密特的《馬爾他之鷹》。

此一長路途中，至少有這兩個重要節點——一是、所謂「讀小說的廚房女傭」；另一是、企鵝出版社的「六便士小說」。某種意義來說，是前者促成了後者，真正改變了人類世界的閱讀風貌。

閱讀（小說）如打開缺口的流向下層世界，開始於廚房女傭而非一般勞動者。女傭畢竟是彼時最貼近上層世界的人，她可由女主人處借來小說；之前，她從主人和其友人的交談就先聽到有關小說種種，有相當的閱讀準備，她也有燈光，晚飯後的休憩私人時間，廚房一燈如豆，但足夠她看清書上文字——

六便士小說，一本書可用一包菸而不再是兩個月的工資取得，小說閱讀至此才真正開向一般人，而這已經是一九三五年的事了。價格×數量＝營業額，最簡明的換算公式，低價當然是閱讀的福音，但愈是影響深遠的大事，總愈有著某種潘朵拉盒子意味的種種效應，你打開它，不會只跑出來單一一個東西。書價可壓這麼低，便得以數量的大增為條件；也就是說，數量從此成為小說成書的一個大門檻，而且，數量的命令聲音，會愈來愈響亮愈堅決，書寫者多出來一個得小心侍奉的神，還是一個不怎麼在意品質、偏感官享樂的神。你怎麼可能只要這邊不要那邊呢？

遠離一般人的生命經驗

平行於此，我們回頭來看小說的持續認識之路——我們只最簡易的來說。

認識的不易通則是，由大而細、由近而遠，但在認識的後半階段，我們更該留意的是由顯而隱——離開表象，離開感官，進入到偏概念、偏思維性的世界。

因此，每一道認識之路，the bridge too far，總逐漸遠離眾人、遠離一般性的生活經驗，凝縮為一個個森嚴的專業，小說也很難逃出這個基本認識宿命。

會遠離到什麼地步？我們用物理學來說，物理學走進極細的量子世界，像是普朗克常數，量子力學的最重要數字，6.62607015X10^(-34) m^2 kg/s，這是個什麼東西？我們如何以自身的生命經驗來吸取它感受它？所以普朗克本人把話說得如此沮喪，他說物理學的認識，已無法再用一般性的語言表述，只能用數字和方程式了——不僅遠離生命現場，甚至脫離「物理」自身（普朗克的沮喪應該來自於此）。物理學賴以成立的核心思維，原是客觀性觀察、經驗的歸納，量子力學則持續是向數學的演算和演繹，不得不。

小說的認識之路，最像這個的應該是喬哀斯的鉅著《猶力西士》，「探索無法抓住的瞬間」。一九〇四年六月十六日都柏林市李奧波德．布盧姆這個人的一天，用百萬字仔細書寫難以計數的一瞬，而這每個一瞬如微中子穿透人身，一個也留不住，也就毫無意義——這是一部最虛無的小說，或者說絕望的小說，日暮途窮，但人就連日暮途窮都不知道了，也就不會像阮籍那樣放聲大哭，這只是尋常又尋常、淡乎寡味到不起泡的一天而已。

從荷馬神鬼征戰的九死一生返鄉十年故事，到喬哀斯的就這一天——《猶力西士》已不再是個故事了，它毋甯只是個意念的揭示及其證明，一個冗長無比的證明，只告訴我們，這所有一切全無意義，到盡頭了，時間切碎成無數個瞬間，全無聯繫，全無順序，這是單子了，打不開，進不了記憶，即生即死。

也因此，這部小說的評價斷成兩極，不是歷史前十、前三乃至於第一，就是乏味無聊失敗。我多年下來模糊的統計，大致上，叫好的傾向於文學的專業之人，尤其學院中人，他們喜歡抓單一概念，而且不怕、也習慣煩瑣的證明；質疑的偏創作者同業這端，小說怎麼可以這麼寫？小說從不是只為說出最後那句話（愛倫坡這麼主張，但這是不對的），小說不該是康德的《純粹理性批判》，小說不服侍某個、某幾個單一概念，不管這概念如何了不起云云。這包括喬哀斯的愛爾蘭後輩書寫者杜伊爾，他坦承自己讀不下去，且發出這樣宛如國王新衣的疑問——那些聲言《猶力西士》是小說十大的人，真的有被它片刻「感動」過嗎？

波赫士，他曾說這部小說寫得「太機械」，他用最溫和的方式說，小說不應該這麼寫。

我自己不反對、且支持任何肯讀一次《猶力西士》的人，是的，好東西不一定有趣，漫長人生，人至少總該從頭到尾承受一次這樣極度乏味的美好，這是很好的生命經驗，甚至該說是必要的。我唯一的諫言是，這是不必讀兩次的小說，那些毫無反應流過布盧姆的一瞬，同樣毫無反應流過閱讀的我們。好小說都應該重讀，但這不適用於《猶力西士》，這是一種「我知道了」就可以的小說。

我以為，真正讓創作者這邊不安的是，喬哀斯直接觸到了大家志業最深處的憂煩——每個夠認真的小說家早晚會切身的察知，小說一定會被寫完，就像太陽也會燒完自己，如今，小說還剩多少、還多遠？這個高懸每人頭上的小說末日鐘，喬哀斯有點魯莽的直接把它撥到零。

疑問遠遠多於答案

認識的另一個醒目通則是，一樣尤其在後半階段，人們發現疑問的比例總是遠遠高出答案。

現代小說昂首進入的是人完整的生命現場——這和昔日希臘人的認識大大不同。用愛因斯坦的分類，古希臘哲人面對的（或說取用的）是「水晶機構的世界」，精準、剔透、秩序井然，至於那些蕪雜凌亂的東西，如柏拉圖，那只是完美理念原型的缺陋摹本而已，可以也必須忽略；現代小說探究的、書寫的則是「木頭紋理的世界」，秩序，如卡爾維諾講的，只形成於某個小角落，甚至，秩序還是短暫的，人好容易才抓到某個確鑿東西，馬上更大一堆背反東西撲上來，「把剛剛給你的東西，又通通要了回去。」（卡爾・亞斯培）。

李維・史陀所說「無序，統治著世界」，不止康德講的二律背反而已。

走這樣的認識之路，現代小說於是（不得不）成為不停發現問題的書寫，找麻煩的書寫，懷疑、顛覆、破壞的書寫，原來我們認定堅實不疑的東西，全脆弱不堪；現代小說遂總是低溫的（杜斯妥也夫斯基小說那種地獄熊熊之火東西不算是溫度吧），冷血的，蒼老的，塵滿面，鬢如霜。

所以我們說，世界上只有情詩，從沒有「情小說」，小說不用為讚頌，更無法拿來奉侍（不管是人是神甚至自己），寫篇小說告白求愛那是鬧劇甚至找死。愛情在詩裡可以精純、光輝、不染如黃金，而小說中的愛情，只能是糾葛的、狼狽的、麻煩一個又一個的，又總是流逝的（這比什麼都致命）──除非書寫者很天真，裝天真，「天真得可恥」。

小說裡的正面東西，曖昧難言，於是總像是僅剩的、非應允的，這是人拚盡全力才勉強保護下來的有限之物（如葛林小說），甚至是人不肯屈服、訴諸信念訴諸希望的將信將疑之物（如福克納小說）。這麼說，小說最終的正面上揚，比較像人站在南極點上，你不會更往下去了，你朝哪走都是向北，「在極度的悲觀之中，所孕生出的那一點點精純的樂觀精神。」（李維-史陀）

當然，這一點中國國足（或稱男足），可能是僅有的例外，如球迷們愛說的──「你以為國足已到谷底了，原來他們還能挖洞。」

如此一路行來，一個一個拆毀，但回頭看這彷彿注定──《唐吉訶德》，昆德拉所認定的第一部現代小說，已動手拆騎士小說了，樂呵呵拆掉人類百年千年心馳神往的騎士神話。

人，絕大部分的人，很難生活在這樣一個世界裡──無憑無依，人沒有什麼可放心相信，人心漂流難以安駐，人會太沮喪、太孤單、太悲傷。有必要強韌心志的人終歸極少數，用黑格爾的話講，這是一種英雄主義的態度，是以這樣寫的小說不宜家宜室。

不許重複，真的嗎？

認識之路，給現代小說最嚴苛的要求，極可能就是這個——不許重複。

不重複，弄懂了就丟下，箭矢一樣永遠指著、射向前方，如此英勇，小說書寫馬上碰到的麻煩便是故事的快速消失——我們直接取用李維-史陀的結論，這個研究人類全部神話故事的人指出，故事，所謂的原型故事其實數量極有限，即便訴諸歷史長又長的時間、不同生命現場難以數計人們的集體經歷、想像和夢境，真正發生的並不是新故事的源源而生，而是這有限故事落在各種不同時空的彼此交織及其輝煌變奏。

日後，推理小說的書寫設計，把不許重複這個命令執行到成為天條。但老推理讀者心知肚明，詭計原型就那些，光《福爾摩斯探案》一書就用掉多少，而且一個短篇一個，如此浪費如此討債，日後的推理作家怎麼活？所以美國范達因的代表作《格林家殺人事件》，便原原本本繼續使用福爾摩斯〈鵲橋血案〉的精妙詭計——抱歉得劇透以為實例。〈鵲橋血案〉，人自殺於橋上掩飾為他殺，關鍵的凶槍處理方式是，槍拉著繩子繫上石頭，石頭懸於小橋欄杆外，中槍鬆手，石頭便把槍拉入湖中消失，福爾摩斯從橋欄撞擊的新痕識破了詭計，如此。范達因照著來，只除了他精采的利用了紐約冬季積雪不融的在地條件，選擇第一場大雪紛飛的晚上，槍被拉出屋外埋入新雪中，等來年冰融這一切已成定局。

不重複，受此沉重壓迫的當然不只故事，人有限的存在，有限的情感，有限的感知理解能耐，有限的突圍創造能耐，全部，如有涯逐無涯，殆矣。波赫士便曾忠告，文學的隱喻其實數量有限，但也不必勉強去發明新的隱喻（只因為隱喻是從文字夠長時間使用中自然生成如結晶，書寫者是感受它存在如發現，是使用而不是製造），我以為他是察覺了這一個相當普遍的誤解，也必定讀了一些令人尷尬不已的作品。不少書寫者把認識的英勇要求，異化為機械性的所謂「創新」，一再出現那種「除了創新，什麼也沒有的作品」。

小說外部，人類世界也變得愈來愈不合適生產故事。如書寫大上海的王安憶感慨的「城市無故事」——在領先城市化的歐陸，這甚至還早近百年，「總是轉過一個街角就從此消失了」。依本雅明，先是「行商」，遠方的故事，奇人奇物奇事；然後是「農夫」，在地的故事，如作物緩緩生長出來，這於是需要很長的時間，讓事物有頭有尾完整顯現，「你凝視得夠久，便可以從岩石的紋路中看到某隻獸、某一張人的臉」。但在城市裡，建物櫛比鱗次，人的目光不斷被阻斷，時間碎成片片，碎成一瞬；而城市又是最趨同的東西，若還有什麼不同你所居城市的奇妙東西，都是歷史的殘餘物，也都在流逝之中。

然而此事千真萬確——一般人並不在意重複，事實上，他們喜愛重複甚至不停尋求重複，如《浮士德》經典的那一句：「這真美好，請你駐留。」

重複是熟悉，是安全，是不害怕不迷途。生活裡，我們所能擁有的任何美好時光都太短暫，所以我們設法複製，重複等於駐留它，讓自己一次又一次回去那天、那地方、那些人，尤其那個幸福滿滿的一刻。如焦急追劇的人們，享受相同的故事，相同的情節轉折，相同的高潮暨其完滿結尾，甚至就為等待著那一句每集必定再被說出來的關鍵台詞，你和劇中主人翁同聲唸出，那一刻，故事裡的那人就是你自己。

山田洋次的寅次郎《男人真命苦》系列，我幾乎看完全部五十集，但是，「我出生東京的葛飾—柴又，洗禮於帝釋天寺之水，姓車名寅次郎，人稱風天阿寅——」然後渥美清親唱的主題曲揚起，我依然胸口滿溢如初次，我甚至去了好幾趟柴又那道寅次郎老街。

所以可能得這麼想，不是感慨而是感激。如此「不人性」的現代小說之路，居然能長時間說動這麼多讀者跟著走，四個世紀一代代人你寫我就讀的信之不疑，想起來真不可思議，也真的珍貴，尤其在路末端的今天（他們只是少了，並沒完全消失）。他們一直圍擁著小說前行，說小說賴他們以生存並不為過，尤其在已無意識形態的時尚魅力、純屬個人信念支撐的今天。我想起來波赫士所說閱讀小說是一種「略帶憂鬱的享受」，說真的，我對現代小說讀者的敬意並不低於那些仍奮力書寫的小說家。

小說書寫從無法（其實也無須）做到完全不重複，有些好話說一次、聽一次怎麼夠呢？小說只是擺盪於有限故事的變奏（如喬哀斯《猶力西士》、福克納《我彌留之際》是數千年前《奧德賽》返鄉故事的輝煌變奏），和掩飾性的重複之間，至於傾向哪邊也許並不必深究。重複，更多被保留在那些享樂成分較濃的小說中幾百年如蟄伏，最終，在讀者方的需求黃金交叉（或死亡交叉）逐漸越過書寫方的主張之後，一一「獨立」成為一種又一種的通俗類型小說。

蜜蜂分巢也似的小說世界

我們順文字的線索再往前想一些。

文字是人類的驚天動地發明，當然人是事後愈想才愈察覺其驚天動地，所以中國人說倉頡造字那天（把它說成一天、一人），「天雨粟，鬼夜哭」，意思大致是，「造化不能藏其密，故天雨粟；靈怪不能遁其形，故鬼夜哭。」的確，沒文字，人類很多事做不到，有太多自然限制衝不破過不來，從最實質的生產力提昇（即支撐人類文明的下層基礎）到最尖端的思維創造可能；人類世界的建構，應該只能止步於所謂的初級部落形態是吧。事實上，整整幾千年時間，人類真正能夠突破物理性時空限制的載體，就只文字一種，文字承擔起幾乎全部，包括適合它的、以及那些其實並不太適合它的。

尤其在文字散文化、進入每一種生命現場之後。所以現代小說初始，即所謂大敘事小說，總顯得「臃腫」，它以認識為核心，但也是「多功能」的，加掛著一堆其他任務，包括知識的負載、哲思的探索、現實的報導、政治社會大事的討論甚至用為糾眾起義的旗幟號角云云，當然還包括口語故事的享樂要求。

也許因為起步最早時間從容，也沒日後各國的救國救民壓力（如中國），早期英國小說最明顯這樣，像狄更斯小說就什麼都是，他甚至連「人體自燃現象」都直接寫了（當時是做為一個科學題目探討），而狄更斯好用最強烈的、意圖嚇人的描述，基本上，就是早出的電視連續劇。

小說有一處致命的「弱點」甚至成為諸多小說家的心病，那就是書寫的必要遲滯，從當下起心動念到成書出版，動輒綿亙三年五年時間。是啊，如凱因斯說「長期人都死了」，你要拯救的那隻貓、要發出警示的那個危機、要挽回的那場戰爭云云，全來不及了。這在世界變動較緩的早期時日或可忽略或可忍受，但加速度是這四百年的人類歷史事實，因此，對於那些更富現實關懷之心、見不得世間悲傷不平之事的小說家，會感覺無力、荒唐，像李維-史陀講他們人類學的工作那樣，事物總在你發現它同時就察覺它正急速流失，「你心急如焚，卻只能用某種地老天荒的節奏工作」。所以葛林這麼感慨，他說終小說家一生，很難不生出那種「一事無成之感」，而你的聲名不就建立於這一個個悲劇之上嗎？這讓人更加難受，所以也不乏有人會丟下筆，直接投身於現實工作，去作戰，去救援，去革命。

阻止、傷害小說書寫的，也有用心高貴的理由。

先發生的是文字世界自身的分割，這是歷史單行道，割出去就再回不來——像是、現實即時批判首先讓給小冊子（早期最暢銷的書種）；新聞新知報導由報刊、乃至日後龐然大物的大眾傳媒接手；知識一一成熟、及遠、細分為各門專業學術工作；革命征戰則老實回到詩、回到歌，簡單有力的直接撞擊人心而不是要他們想清楚，去革命（詩）和思索理解革命（小說）是兩種事，甚至是背反的兩種事。凡此。

如同蜜蜂分巢，長大了，就一隻一隻飛走，最終，小說成為（某種意義的回歸）如今模樣，我們難以名之，總感覺不大踏實的或稱為正統小說、嚴肅小說，剝落只剩核心、更純粹樣貌的小說。

至於享樂需求，由讀者側日漸響亮的集體聲音推動，或用經濟學術語，有購買力的需求稱之為「有效需求」——在還只有文字可使用的歷史條件下，羅曼史、推理、科學、驚悚云云，裂土分封，一一獨立於小說內部成為國中之國，並等待下一種載體的出現，下一對翅膀下一次風起。

更適合它的不是文字，而是聲音和影像。

成為職業，又不成其為職業

這是真實發生的，二〇〇五年，我們的日本小說家朋友星野智幸到台北——我曾在書寫中引為實例一次，並更多次私下講給台灣、大陸的年輕小說書寫者聽，當他們（合情合理）抱怨當下的小說處境時，做為一個安慰，稍稍苦澀的安慰。

星野當時風華正茂，是中堅世代的「旗手」小說家，圈內非常期待。我關心他的書寫狀態，他告訴我正在和出版社編輯討論下部小說的主題。我無比好奇，這還要商量嗎？星野說：「我現在的地位還不到想寫什麼就寫什麼，而且，字數限制大概是八萬字。」我想起當時我所屬出版社宮部美幸、湊佳苗的厚厚小說。星野講：「哦，那不一樣，他們的書很能賣，不受這些限制——」

幾年後，星野在經濟上有點撐不住了，不得已去早稻田大學開課教小說創作。

日本，人年均所得早超過四萬美元，且好學好讀書出了名。我們印象裡，事實上也真沒多久不過一代人時間，日本的大小說家不都是雲上人？台灣出版過一本三島由紀夫的書寫和家居寫真書，住宅、起居室、書房、書桌、所用的鋼筆文具，以及收藏物擺設物，用小說家阿城的話說：「都是好東西啊——」

小說歷史，這絕對是被嚴重低估的一件大事——那就是小說書寫終究成為一個「職業」。

「職業」其實是個極可疑的說法。不是人類社會真的成功讓上下階層泯滅（只是複雜化了，且分割方式由權勢傾向財富，如今權勢和財富又有重新世襲化的反挫趨勢），而是小說書寫者逐漸失去了上層世界的種種「庇護」，他逐漸成了必須自力更生的人，小說書寫必要的「錢」和「閑」都不再理所當然，必須設法從自身擠出來。

我老師朱西甯，幾十年時間是台灣最頂級的小說家不動，但我始終在場完全清楚——他有基本的退休終身俸（不到五十歲就早早申退，損失更優厚的給付來換取書寫時間），他是文學編輯，他演講、出任文學評審，他在大學兼課，以及更穩定的，我師母劉慕沙速度較快的日本文學翻譯收入云云。也就是我說過，某種「東邊拿一點、西邊拿一點」方式拼湊而成。小說的經濟收益（從報刊連載到版稅），當然是其中必要一項；但這也是說，只靠小說書寫不夠，小說是「被養」的。

也許我們得直說，小說書寫從未真正成功成為一種職業。很短暫很局部的，在某個國家某段時日好像成立，比方中國大陸過去這些年（以十多億仍有相當求知之心的人為閱讀基底），但都不持久，而且，這裡面隱藏了太多小說家身分的種種「周邊收益」。

這幾乎是每個小說書寫者的共同經驗，血肉真實，不是意識形態作祟——要讓書寫徹底職業化、商業化，一路上總有什麼一直制止你、拉住你（包括這裡那裡不可以這麼寫，不能輕飄飄的寫、不能討好沒節操的寫、不能煽情灑狗血的寫、不能違背自己本心如說謊的寫、等等），而且，感覺自己一路在丟東西，那些你辛苦多年才堪堪擁有、也自豪的珍貴東西，直到自己像完全空了，一無所有，感覺自己是「轉行」了而不是寫另一種小說而已。是以，這裡有一種確確實實的「高傲」，甚至「逞強」，以為自己只是不為而非不能（儘管純商業書寫也不是簡單的）。我想起日本松子・Deluxe 說的悲傷話語：「你知道，有些人不逞強就活不去。」有些東西不逞強就留不住。

確實，這是兩個不同的神。小說之神要求你太多，商業之神幾乎只要你做到這一點但非常嚴厲，那就是放空自己，擱置舉凡信念、價值這些麻煩糾葛東西，無我。這有老子哲學的況味（所以老子哲學是真正的末世之學，謀略、兵法云云皆生根於此），你要不爭如水，趨下如水，隨世起伏，不執著不抗拒，保持靈動，這才能跟得住集體這難以捉摸如時時變臉的聲音，嵌入到商業的巨大體系之中。你需要的不是任何成形的哲思智慧，那都太多太危險，通俗類型小說是「有限」的小說，你真正需要的僅僅是機智，盡可能只用機智來寫小說。

容易嗎？也容易也並不容易，看人。

真正成功讓小說書寫成為職業的是通俗書寫——但出乎意料的是，這竟然也不持久，人類世界真的捉摸不定。

聲譽的量變到質變

優雅自嘲的英國人有種說法，「美語原是英語的一支，如今，英語只是美語一種怪腔怪調的地方方言而已。」

正統小說，可見將來，會不會只是一種怪腔怪調的小說而已呢？

這不好說，我自己也沒敢過度期盼過度要求——現在，我甚至不敢勸人踏進文學領域，遑論勸人去寫已這麼難寫好、又現實處境趨劣的小說。對那些仍不屈服的書寫者，我敬意滿滿。

我較擔心這兩事。

一是小說的評價一樣跟著向通俗端傾斜——很長時日，好小說和受歡迎小說是不會搞錯搞混的兩個東西，甚至被認定是背反的，一如電影獎把最佳影片和最受歡迎影片並置，前者信任專業眼光暨其鑒賞力，後者則單純是集體聲音，票票等值以多為勝。記憶中，也從未選出過同一部影片，而我們真正在意的、記得的總是前者。

但那種一字之褒寵逾華袞的時代已杳逝，它漸漸叫不動眾人如老阿加底奧再叫不動馬康多人——我在京都祇園一再看到如斯畫面，那幾家典雅但清冷了、賣著不合時宜好東西如和服腰帶、髮簪、摺扇云云的老店，依然高掛著昔日將軍家指定商家的榮寵木頭牌匾。但絕對平等原則年代，一人兩人的津津讚歎連基本顧客都構不成了，那只是知己，相濡以沫。

小說評價逐漸向中間合流——愈來愈多人真心相信，也敢大聲說出來，諸如村上春樹的小說就是最好的小說云云；中國大陸，也許更多人認定就是那兩部說來說去的金庸武俠。一如最好的電影漸漸是周星馳的比方《大話西遊》，還一再有人好心教我們如何看懂周星馳的《功夫》。有這樣的意見倒不奇怪，比較特別的是其聲量和數量快速增強，持續量變跟著往往是質變，果然，專業的文學工作者、評論者的呼應聲音日多，且總是以某種「我這是更誠實」「我與時俱進」的昨非今是方式說出。這些年我斷斷續續當文學獎、小說獎評審，已漸漸習慣這樣的評價方式、這樣的表情。

我曾用一整本書想聲譽（以及權勢和財富）這東西，聲譽如此鄭重、如此需要保衛，不在於「虛名」，而在於它是一根繩子，繫著、拉著某些寶貴的東西，且往往只剩它還拉著。因此它得盡可能正確、盡可能強韌。

認真、上達志業層次的文學書寫，一直由聲譽所拉動。就連自由資本主義之父亞當．史密斯都這麼認定，《道德情操論》而非《國富論》，他比較各行各業，說聲譽是文學書寫者最主要的報酬，極可能還是唯一報酬。你拿走它，有點難看的把它奉給已有豐厚財富報酬乃至於權勢報酬的對象，也就把書寫者驅趕向財富權勢之地。

聲譽也拉著我們最重要的文學記憶，拉住我們所有最了不起的小說，斷不得，也錯不得。

愛默生曾把書籍說成是「死物」，人們不想起它不打開它，它就一直沉睡於洞窟（或墓穴）之中，萬古如長夜。電子化，所謂的長尾、無限清單云云幫不了我們多少，這只是成功改建、擴大了墓室而已，你不記得，就等於不存在、不曾存在。就算莫名留住一個空洞名字也沒啥意義，還會變得好笑，我搜尋過，如今，唐吉訶德毋甯是超大型連鎖商店，而不是那個作不可能之夢的愁容騎士和那部小說；夏多布里昂則是菲力牛排中段最鮮嫩、布滿油花那三十二盎司，而不是那個被拋擲在民主曙光時代的最後貴族之人，那一根歷史鹽柱，那本宛陰森森如由墳墓中傳出、來自彼岸的回憶錄。

通俗享樂小說可寫到極好，像是推理的卜洛克，像是間諜的勒卡雷。我幾位程度極佳的友人如錢永祥，便直接認定勒卡雷最好，沒之一的那一種最好，但即使我也愛讀勒卡雷，卻不得不出言駁斥——把勒卡雷推到最高，有太多比他更好的小說就沒位置站了，我們可能會輕忽它們從而失去它們，如托爾斯泰的、契訶夫的、葛林的、三島由紀夫的……，一長串的死者。

通俗享樂小說可寫到極好，並非商品要求的緣故（《格雷的五十道陰影》，全球銷量超過五千萬冊，卻連文句都不通，我說的是原文，華文譯本比原文通順多了），而是因為一直以來，好的通俗享樂小說家，一樣活於、生長於這四個世紀的小說世界，一樣讀這些偉大的作品，共有著相似的文學教養。所以，聲譽的轉向，通俗享樂小說的品質一樣會劣化，且應該更快劣化，只因為它的書寫者（尤其新加入的書寫者）會更遠離、甚至根本就不知道此一書寫傳說。

只生活著的小說家

我另一個小小憂慮是，正統小說書寫的進一步業餘化。

正統小說書寫無法順利職業化，這是不得已的初步業餘化，也是個有點荒唐的業餘化——台灣很明顯，我猜世界各地也多少這樣。真正心無罣礙能全力以赴書寫，反倒是年輕時日，未就業，在學；三十歲四十歲之後，就得由自己來養小說和自己，以及一個個多出來的家人。也就是說，書寫者總是以更少時間、更分散的心神，來寫得思索更深、考慮更多的小說，完全倒置，書寫者在自己家中，也屢屢從那個光輝的、家人引以為傲的早慧天才，慢慢退化成某種狼狽的、甚至連生活都難以自理的頭疼之人。果戈里說：「早夭，是天才人物的痼疾。」他指的是真的早死，但現實天才書寫者的早夭卻多是力竭、脫離、退場、轉業，黃粱一夢。我人在現場的台灣這半世紀，能夠一個一個詳列一紙長長清單，也知道小說世界魅力消退榮光逝矣，「公園池塘結冰了，那些野鴨子飛哪裡去了——」

荒唐的另一面是，較輕快書寫的通俗小說，反而是專業；較困難的正統小說，很難不是業餘的。

但我真正關心的是書寫者的內心變化，以及必然引發的實際書寫變化，因為這其實是可自主的。

二〇一七年我去上海復旦當散文獎評審，科系分明的大學生書寫，很容易讓我清晰看到此一現象，應該說是一個明顯的空白，一個應該要有卻沒有的東西，福爾摩斯最聰明的那一問（〈銀斑駒〉）：「狗為什麼沒有叫呢？」——只有一位生物系的大學生寫出了他的專業目光，其他，好像一進入文學世界，就得把自己認真所學、走最遠的東西留在門外如違禁品，得縮回成無差別的「一般人」。文學，很奇怪的，成了非專業、非職業的東西。

每一門專業，除了其內容，也都是一種看世界的特殊目光，一個穿透世界的特殊甬道——而這原是小說這一文體的最強項，它的雜語性、它的多人多重目光、讓它立體的、無死角的看人看世界。知識的持續細分乃至於逐漸脫離一般性的生命經歷，確實讓小說的使用造成困難，也不知不覺形成此一錯覺，跟著，通俗類型小說在小說內部的分割林立，更加深此一錯覺——小說一個一個領域讓開，小說不斷如此自我限縮，你說，最終小說會剩什麼、剩多少？

此一錯覺最糟的結果，我以為，它讓書寫者成為「最不用功的人」，或溫柔點說，「不曉得該如何用功的人」——正統小說的書寫者，比通俗類型小說的書寫者不用功、準備不足，這很尷尬，卻逐漸成為相當普遍的事實。通俗書寫，領域有限明確，布滿知識和細節，書寫者很知道自己該攝取什麼；而正統小說的書寫者，去掉一個個層級建構成形的專業領域，那就只剩一個膨鬆無序的世界，人只是「生活著」而已。

沒有任一門技藝、任一種行當，人的準備工作只是「生活著」。

正統小說一定可以寫更好

美國大法官，修補憲法，守護憲法，只九個人，終身職如志業，「就像崇高清冷埃及神廟裡的九隻聖甲蟲」。因此，他們每年能審理的憲法上訴案數量不多（美國憲法再明智不過的賦予他們任意選擇的權力，無須交待理由），但增加名額無助於此，因為大法官不是協同分工（只能得到一種看法），而是九個人各自獨立審理，是九個法庭而不是一個法庭——所以，不為追求效率，而是獲取九種各自面對同一憲政難題、九種探索真理的途徑及其可能結果。這也使大法官不像現代聯邦官員，而是古代、大真理時代的祭司。

一室九燈，燈燈相照，光不相互抵銷，而是織成某種光之網，希冀無闇處、無死角。

這像極了小說書寫，小說家如納布可夫說的，既研究「上帝的作品」（即世界），也研究「同業的作品」，一樣不是效率分工，而是理解、對話，觸動並尋求新的空白新的可能。每一個書寫者都單獨面對世界，都一個人從頭想到尾才真正說出來。

但更像小說書寫的可能是這個——大法官不接受抽象的法學詢問，那是學院教授的事，他們只審理具體爭議的案件，「只在有正反兩造真實攻防的法庭進行。」

小說總是從發現某一個具體事實，甚至僅僅是一個具象、揮之不去如纏上你的畫面進入世界。卡爾維諾告訴我們，世界是個巨大的網，你從任一個點進入，最終都會通向整個世界；我自己的土氣補充是，具體事實尤其具體疑問，是無法自限無法分割的，書寫者不是經濟學家，如熊彼得說的，經濟學者只負責回答問題的經濟部分，然後審慎的把問題交給別人，這稱之為「高貴的義務」。小說書寫者不能這樣，小說家的高貴義務毋甯是，想盡辦法利用每一種專業成果，並穿透每一種專業分割，能走多遠算多遠，設法恢復問題的完整、世界的完整。

各門專業學問的進展，只是讓小說書寫變得困難，包括規格的深度要求，包括書寫的知識準備幅度云云，小說面對的真實世界並不隨之分割；通俗類型書寫各據一隅，只是它自身的設限，並非是這一塊一塊領域的分離，立入禁止。

你看，一樣悲傷的寫叛國間諜，勒卡雷的名作《鍋匠．裁縫．士兵．間諜》，當然遠不及葛林的《人性的因素》以及《我們在哈瓦那的人》。

犯罪小說頂峯的美國冷硬派，一堆傑作，但漢密特、錢德勒、卜洛克等等，如何企及比方《卡拉馬助夫兄弟們》、《押沙龍押沙龍》？

安博托．艾可的《玫瑰的名字》，擺明了就是用福爾摩斯加華生醫生的古典推理框架，但書中詭計的精密度、複雜度及其隱喻力量（像那座隨字母組合變化如萬花筒、隱藏終極祕密的大圖書館），完全不同檔次，而威廉修士（福爾摩斯）借助《聖經．啟示錄》的人為（或說錯誤）解謎模式，卻能正確預言隨機性、偶然性的案情進行並找出凶手，這是記號學了，不是推理小說所能夠。

寫一個女子的情感和家庭悲劇，誰能到《安娜．卡列尼娜》的高度呢？

我們或許也會想起卡爾維諾，像是他科學幻想小說形態的《宇宙連環畫》，數學排列組合暨其演算也似的《帕諾瑪先生》，以及他直接用諸種類型書寫合成、又似實驗小說穿透可能的奇書《如果在冬夜，一個旅人》。卡爾維諾正是最早認真思索正統小說和類型小說分合的人，早我們很多很多，以他寬廣溫和的心胸、他豐碩複雜的知識、以及他精湛無匹的書寫技藝。

天下人走天下路，無處不可去，小說可以如此氣宇軒昂。是的，即使在類型小說已全面占領統治的各領域裡，正統書寫仍「一定」可以寫更好——我說的是「一定」。儘管類型小說書寫者有更好的現實條件，但最終仍只是有限的書寫，它的天花板設得不太高，容易滿足於某種商品規格的達成。像《鍋匠．裁縫．士兵．間諜》，就結束於叛國間諜捕獲的高潮，合情合理；而葛林的《人性的因素》，我們早早就曉得那是卡瑟爾，但小說沒停，繼續披荊斬棘前行。所以不是謎，而是處境；卡瑟爾也不僅僅是間諜，他更多時候是個人、完整的人，不可以讓他間諜的單一身分凌駕、吞噬人。賈西亞．馬奎茲讚歎再三，說這是一部最完美無缺的小說。

我自己喜歡如此攜帶著問題書寫的小說，小說如一靈守護，我幾乎要說這才是小說的「正確」寫法——問題如人心頭微火，照亮著、引領著小說前行；問題又如磁鐵（如《百年孤寂》老阿加奧底拖行的磁鐵），它會一直吸過來它要的、有助於思索它的東西。書寫者小心護著它不熄滅，感覺再無其他命令聲音，也不可被阻攔，有某種奇妙的自由，只止步於自己力竭，自己窮盡可能。

編入影視工業的通俗小說

最終，我們來說通俗類型小說的一個壞消息，比預想來得快。

一直，我們認定通俗類型小說擴展著小說閱讀版圖，讓小說不斷及於那些原本不讀小說的人們。也許曾經是這樣沒錯，但今天，我們得正視並設法解釋這個有點詭異的統計數字——小說不斷朝通俗端傾斜，但小說的整體銷售量、閱讀量卻以相當明確的速度在縮減。一般，帶點鴕鳥味的會簡單歸為小說、甚或書籍的一整個衰退，這沒錯但還是沒這麼簡單，因為急劇下落如墜崖的反倒是通俗享樂小說。也就是說，小說走向大眾，但看來大眾並不領情。

真正發生的是什麼事？我（以一個出版老編輯和老讀者身分）的回答是，關鍵極可能在文字。

聲音和影像，為物理性的時空所限制，無法存留，無法及遠，也無法再現，但如今不是了，它成功成為最有力量的全球性載體，即時、直接、生動、輕靈，尤其在今天這個大遊戲時代，在「馬康多人已不再追隨老阿加底奧」的時代。

本雅明說過複製時代的來臨和aura（靈光）的杳逝；昆德拉說收音機終結了音樂的崇高追求，音樂成為納布可夫講的「軟綿綿的音樂」——履霜知堅冰至。

聲音影像成功蛻變，暴現了文學、小說的根本大問題——文字真的太沉重了，文字本來就不那麼適用於享樂。我看日本電視上的搞笑藝人，他們最不能吐槽別人、已達營業妨害程度的話語，第一是，「你說得一點也不好笑」，第二是，「你這麼說太沉重了」。

沉重，如今是不赦之罪。

如果再補上這兩數字，訊息會更清晰——《哈利波特》系列全球銷量為七億冊，《魔戒》系列二億五千冊。羅琳應該已成功超車前輩女王阿嘉莎．克麗絲蒂，成為史上第一暢銷作家了，儘管她小說本數遠少於阿嘉莎。

一兩個贏家、其他全是失敗者的這一不太健康模式，我們應該頗眼熟。這正是不加節制晚期資本主義的商業模式，並最早完成於影視，然後商業運動（NBA、MLB、歐陸足球云云），以及亙古至今的，賭博。

所以說我們該老實承認了，通俗享樂小說已更遠離文學，它已被編入更華麗、更龐大的影視（以及電玩）工業體系中，不是個人書寫，而是集體作業的一項文字工作，並非那麼起眼、那麼優遇的一個工作。

丹尼斯．勒翰，原是冷硬派作家，寫駐地波士頓的「派屈克／安琪」雙私探系列。多年前我負責編輯他的新作《隔離島》，警覺他改行了——應該是前一部的《神祕河流》起頭，到《隔離島》已相當純粹是瞄準電影而寫，角色，分場，空鏡，特寫，對話云云。整個節奏是電影而不是小說，毋甯是寫得很詳盡的電影分場大綱；不是小說的稠密，而是電影分工的精密。果不其然，二〇〇二年後他直接就是編劇了。

順著勒翰的提醒，往後二十年我在華文世界不斷讀到這樣的小說，尤其大陸，大陸的影視工業來得比昔日好萊塢更急更淺更金粉，是一道撞擊喧譁的金錢之河，人心焦躁，得說，還真沒一部寫得比勒翰好。

進一步，就是通俗小說的「樂透化」。

我的老友盧非易，在南加大念的電影，學生的課餘時間不值錢，當時，他們一群室友便湊起來寫劇本，八大電影公司一家家投遞，被打回來那是原形，但萬一萬一——工會有最低酬付設定，萬一哪家垂憐或瞎了眼，那就可以打電話訂跑車了。

巨大獎賞，又取決於大眾捉摸不定的「感覺」，書寫者懷抱如此希望也並非不合理——用這個來解釋新進的通俗小說書寫，尤其大陸已是人類歷史奇觀的網路小說書寫，一目瞭然（信不信？我少說也讀了兩三百本網路小說，當然是快速讀過，我想知道他們在做什麼、想什麼）。

此地繁華，流滿牛奶與蜜，當集體蜂擁成形，我想，真正的小說書寫者就退到一旁了，小說書寫終究是個人的，集體需求的天花板太低了也太單調了，他聽得見更有意思的召喚聲音，也應該有著某種自豪之心。小說書寫者，如波赫士說的，「我們有義務成為『另一種人』。」

我信任小說

於是，小說只是變得更純粹而已——也許來的、以及留下來不是那些最聰明的人，這有點可惜。是有那種彷彿天生的小說家沒錯（我見過不少，比方大陸的費瀅），這讓他們很容易進入書寫，一出手就有模有樣，但也還是只保用於書寫初始，小說長路，要求人很多很複雜，各階段（比方年齡）也有不同的要求，聰明用進廢退，小說、文學從不是這麼淺、這麼簡單的東西。

回想過來，小說書寫並沒「失敗」，事實上這是個成果輝煌的文體，我們試著把小說遮掉，看現代文學還剩多少？也許正因為這樣，才讓如今小說變得這麼難寫，「好摘的果子都被摘光了」，而這其實也正是人類每一道思維之路的末端必然現象。我們說，小說真正不成功的，只是在人類的歷史變遷中沒能找出某種「經濟模式」，不穩定，狼狽，但還不至於致命（有人不以為意，有人覺得寫不下去），也不至於阻止好的小說出現。這四個世紀，或因某種集體處境，或因個人出身或生命際遇的不運，個別小說家一再陷落於生存底線處，有太多了不起的小說是這麼掙扎寫過來的，契訶夫、愛倫坡、林芙美子云云，以及自作自受的杜斯妥也夫斯基。日後，被譽為美國最偉大小說的《白鯨記》，出版時共賣出五本，梅爾維爾一生潦倒，波赫士講他一生和絕望共處，極熟悉絕望。他的聲譽在他死後五、六十年才姍姍到來。

我也想起我的老師朱西甯的小說初始時日，一盞小燈泡，一塊圖板墊著，在同袍們已酣睡的夜裡，只有這時間屬於自己，偷來的時間——一九五〇年代，台灣什麼都沒開始，誰都窮，但也許那樣反而沒事，人心思平和甯靜，聽得見昆德拉所說自己內心的活動聲音。

說這些不是暗示，更沒一絲道德綁架企圖，只是想正確的、完整的更了解小說這東西、小說書寫這件事，以及其全部可能。對於我這樣寫不成小說的人，話已說太多到僭越的地步了，終究，人和小說的關係是一對一的，小說書寫之事，只有書寫者自己能回答，能夠的話，麻煩直接用小說回答。

波赫士說：「我想沒有人會厭倦聽故事。」維吉尼亞．吳爾夫說，人活著並不只是吃飯記帳而已，人會感動，會思索好奇，會作夢，會抬頭看黃昏日落和滿天星斗云云。這都是對的，但這些年，因為某些難以說清的理由，也知道自己隱隱帶點火氣，我不再這麼說話，也不願把希望置放於這樣的普遍「人性」上。

我真正不改信任的，是小說這個東西，我仍然相信它是神奇的——小說是最不自戀最不任性的文體，小說也是最逞強的文體，小說無法自怨自哀，小說總是把困阨、悲傷「包裹」起來，設法置放到某個可理解的世界之中（現實不夠，便自己組合、創造一個應然世界），包括自身的困阨和悲傷。所以好的小說書寫者，總小心不讓自己的悲傷超過它的讀者，即使他的當時處境比任何讀者都艱難、都更像身在地獄，如卡夫卡、如去國回看都柏林的悲苦喬哀斯；小說甚至自討苦吃，如葛林說的，「小說家要描敘痛苦，就有義務同受其苦。」

小說這些特質，如果認真書寫，一定會一個一個內化為書寫者本人的人格特質。

那人比別人高出一頭
在芸芸眾生中間行走
他幾乎沒有呼喚

天使們隱祕的名字

我極喜歡從波赫士那裡看來的這四行詩，我以為這也是對小說家的最準確描寫——如果我們加進去一點期待的話。

INK PUBLISHING
文學叢書 715

我播種黃金

作　　者　唐　諾
總 編 輯　初安民
責任編輯　陳健瑜
美術編輯　陳淑美
校　　對　孫家琦　陳健瑜　唐　諾

發 行 人　張書銘
出　　版　INK 印刻文學生活雜誌出版股份有限公司
新北市中和區建一路249號8樓
電話：02-22281626
傳真：02-22281598
e-mail：ink.book@msa.hinet.net
網　　址　舒讀網www.inksudu.com.tw

法律顧問　巨鼎博達法律事務所
施竣中律師
總 代 理　成陽出版股份有限公司
電話：03-3589000（代表號）
傳真：03-3556521
郵政劃撥　19785090 印刻文學生活雜誌出版股份有限公司
印　　刷　海王印刷事業股份有限公司

港澳總經銷　泛華發行代理有限公司
地　　址　香港新界將軍澳工業邨駿昌街7號2樓
電　　話　852-2798-2220
傳　　真　852-2796-5471
網　　址　www.gccd.com.hk

出版日期　2023年 9 月　初版
ISBN　978-986-387-674-8
定價　490元

國家圖書館出版品預行編目(CIP)資料

我播種黃金／唐諾 作.
--初版. --新北市中和區：INK印刻文學，2023. 09
面； 17 × 23公分. --（文學叢書；715）
ISBN 978-986-387-674-8 (平裝)

1. 閱讀　2. 書評　3.文學評論
019　　112013465

舒讀網